K线③实战分析

金浩 著

廣東省出版集團
广东经济出版社

图书在版编目（CIP）数据

K线实战分析. 3 / 金浩著. —广州：广东经济出版社，2012.12
ISBN 978－7－5454－1566－7

Ⅰ. ①K… Ⅱ. ①金… Ⅲ ①股票交易—基本知识
Ⅳ. ①F830.91

中国版本图书馆CIP数据核字（2012）第248926号

出版发行	广东经济出版社（广州市环市东路水荫路11号11～12楼）
经销	全国新华书店
印刷	广东省新闻出版高级技工学校河东联营彩印厂 （佛山市南海区盐步河东管理区联胜村）
开本	730毫米×1020毫米 1/16
印张	15.75
字数	144 000字
版次	2012年12月第1版
印次	2012年12月第1次
印数	1～5 000册
书号	ISBN 978－7－5454－1566－7
定价	36.00元

如发现印装质量问题，影响阅读，请与承印厂联系调换。
发行部地址：广州市环市东路水荫路11号11楼
电话：(020) 38306055 38306107 邮政编码：510075
邮购地址：广州市环市东路水荫路11号11楼
电话：(020) 37601950 营销网址：**http：//www.gebook.com**
广东经济出版社新浪官方微博：**http：//e.weibo.com/gebook**
广东经济出版社常年法律顾问：何剑桥律师

前　言

K 线图是股价的晴雨表，它向我们展示了股票价格走势的过去和现在，同时也暗含股票价格未来走势的信息，股票所有内在的故事都蕴含在这一根接一根的 K 线图中。当今市场上盛行的各种股票分析技术，例如平均线、牛熊线、MACD、KDJ 等，都源于 K 线。可以毫不夸张地说，K 线分析是股票技术分析之母。

很多人都知道，K 线代表开盘价、收盘价、最高价、最低价，大阳线代表多头强势，后市可能继续上涨，大阴线则代表空头弱势，后市可能会继续下跌……事实上，K 线所蕴含的内容是远远不只这些。在实际交易中，我们需要了解一些关键 K 线的来龙去脉，了解它们处在不同的位置时所代表不同的含义，了解它们本身代表的意义，或者它们与其他 K 线组合在一起所形成的“势”。除此之外，我们还要了解 K 线图中各个阶段包含的故事，这些故事向我们讲述了股价走势形成的原因，并很可能预示了股价未来的走势。

在本套丛书中，笔者将向各位投资者介绍一些颇具价值的 K 线技术，以及这些技术的运用方法。在书中，笔者对每一项 K 线分析技术进行了详细的拆解，给出直观易懂的招式图解，进而总结出每种招式的操作要点，再根据这些要点展开实战解析，通过这一系列的行为，向读者朋友一一剖析 K 线图中蕴含的奥秘，并提炼出操作要点，方便读者重点记忆。同时，书中引用了大量的实例，颇具实战参考价值，期望能为读者的学习和实战操作提供参考范例。在此需要特别提醒的是，读者们在学习的过程中一定要保持思维的活跃性，千万别陷入照猫画虎、依瓢画葫芦的呆板思维，要弄清前因后果，懂得正反对照，学会举一反三，这样方可把握正确的方法。

当然，要想成为成功的投资者，除了掌握K线的奥秘之外，还有很多东西需要学习，例如一些基础的投资理论、基本面的研究和其他的技术分析方法等。本套丛书的目的是向投资者传授K线技术分析理论，帮助投资者打好学习技术分析的基础，因为K线毕竟是一切技术分析方法的源头，投资者在学习各种炒股技术的时候，无论如何也不能绕开K线技术。

尽管笔者潜心研究K线多年，也不代表能参透其中的全部玄机，只能尽力而为，将自己的研究心得与大家共享，并期待与投资者共同进步。希望本套丛书能受到投资者的欢迎，同时也感谢读者朋友们一贯的支持！愿大家在股票市场上取得更上一层楼的好成绩！

金　浩

2012 年 8 月

目 录

Contents

第1章 异动K线

异动K线的"异动"之处通常表现在价格异动或量能异动，即价格发生大幅度的变化，或者量能暴增。价格与量能都是K线图的重要观察对象，因此这些有异动现象的K线都具有很高的观察价值，在实战中有很高的利用价值。

第2章 看跌K线组合

看跌K线组合与看涨K线组合构成方式相同，但方向相反，K线的阴阳对换。看涨K线组合被视为买入或持股信号，那么，看跌K线组合自然被视为离场或持币信号。同样需要注意的是，这些信号有相当高的准确率，但不是绝对的，要学会应变之法。

第3章 顺水推舟——持续形态

持续形态其实是一种整理形态，股价在形态区间进行调整，为后市的发展蓄力。持续形态研判的价值不亚于见底形态或见顶形态，股价在脱离持续形态后的发展幅度大多同样能够可靠地测量，为操作提供了依据。

第4章 相辅相成——量价关系

K线与技术指标都是价格的单一表现，量与价的结合才能更好地体现交易的金钱属性。把价格与量能结合起来观察，能够更准确地把握交易主力的成本区间，估测上涨或下跌的动力，实战中便可顺势而为。

第5章 粗中有细——K线与分时走势

对于超短线交易者来说，K线图提供的信息有可能滞后，需要到变化更快的分时走势图中寻找交易时机。但不可忽视的是，任何短时操作都必须获得大环境的保护，就如本章所提的，分时图中的买卖点在得到K线买卖点配合的情况下方才安全可靠。

第6章 K线综合运用案例

在学习了诸多K线知识之后，本章为读者提供了一些实战案例，展示了各个知识点在实战中的具体应用方法、应用技巧以及注意事项。一切理论的学习最终都是为了实战，希望本章能为读者带来启迪和帮助。

第1章

异动K线

我们观察股市的技术情况，不外乎通过K线以及其相应的指标。那么在一根接着一根的K线当中，那些异乎寻常的K线恰恰能特别反映股价走势的动向，是最值得关注的。通过它们的细节表现，我们可以发现股市天气变化的前兆，从而把握先机。

一、前行受阻——长上影线K线

1. 招式图解

长上影线K线，是指上影线明显高于实体的K线（上影线至少是实体的一倍以上）。出现长上影线K线，意味着日内抛压沉重，股价可能会就此转入调整行情或者下跌行情中。根据K线实体的涨跌，长上影线K线可以分为长上影阳线（见图1－1）和长上影阴线（见图1－2），其中长上影阴线的看空意味更加浓厚。

2. 操作要点

通常而言，在一波明显的涨势中出现的长上影线K线，属于见顶信号（上影线越长，见顶的可能性越高），投资者应该考虑择机离场。不过，如果在长上影K线出现后的三个交易日内，股价始终运行在该长上影K线的范围之内，该股见顶的可能性大减，后市有可能继续上涨，投资者应该密切关注，随时准备重新入场。

至于在整理行情中或者下跌行情中出现的长上影线K线，属于看空信号，意味着股价仍有下行空间。这对于持币的投资者而言，没有太多的参考价值，通常可以忽略不计。

如图1－3所示，2008年3月6日，经过一波缓慢的上涨之后，世纪星源出现一根长上影线的阴线，意味着这波涨势接近终点，后市将进入调整

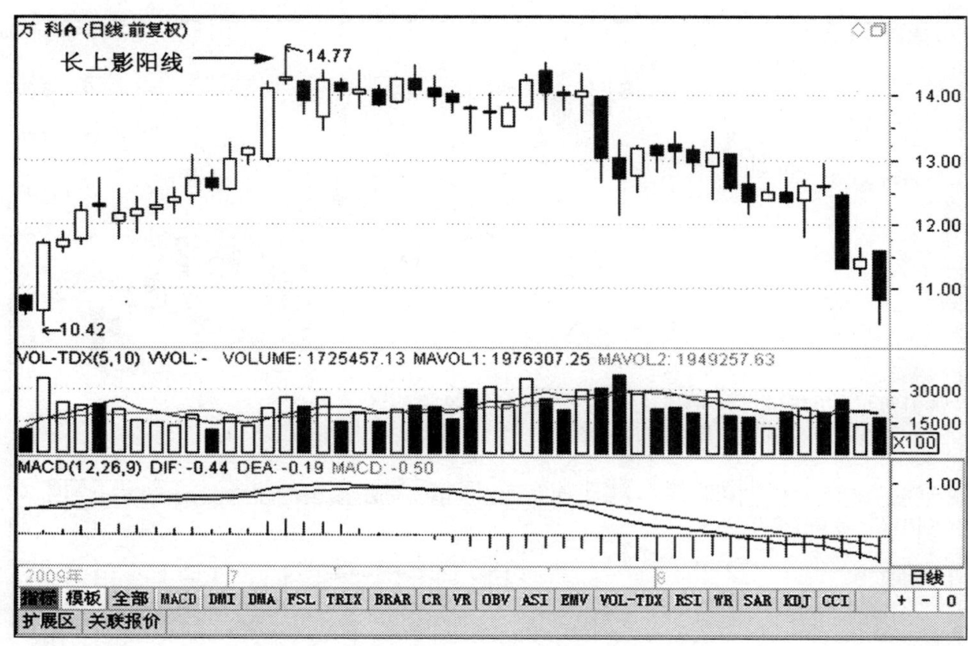

图1－1 万科A 000002

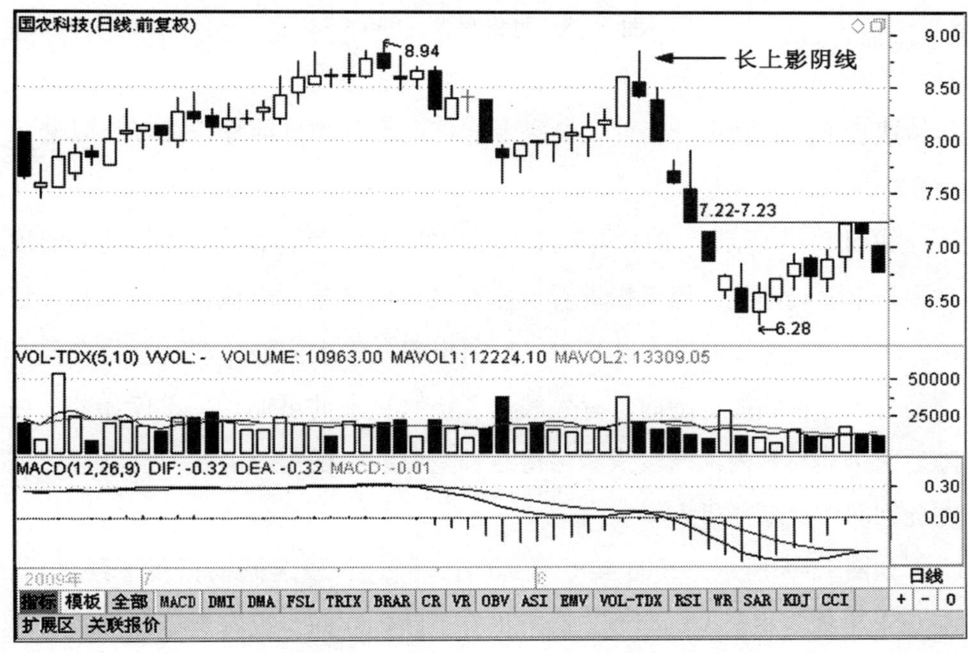

图1－2 国农科技 000004

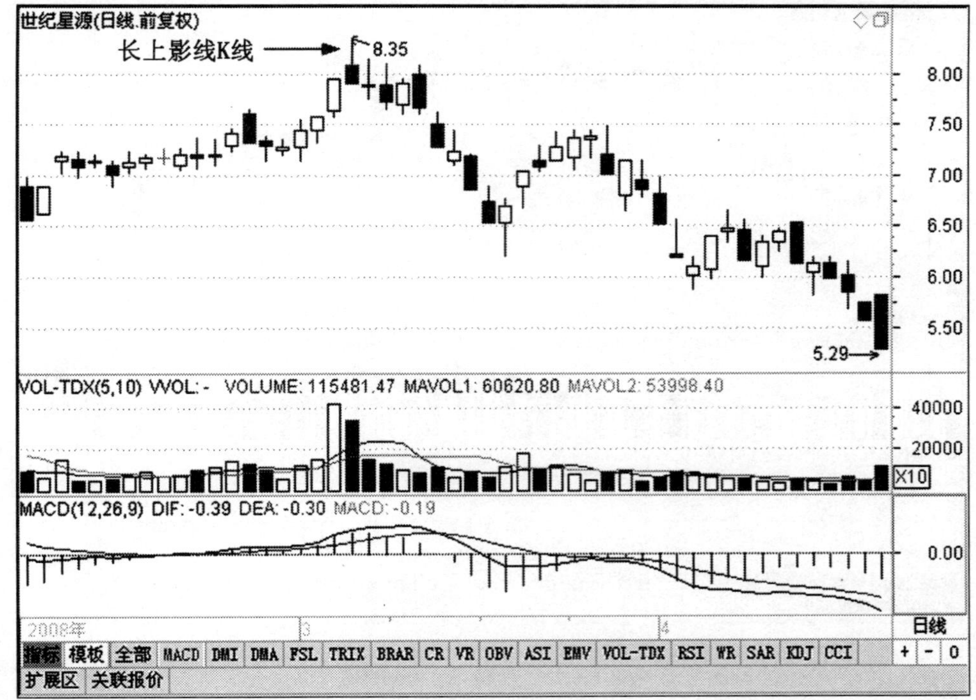

图 1-3 世纪星源 000005

行情或者下跌行情中。因此，投资者应该在当日收盘前择机离场，以避免潜在的风险。

如图 1-4 所示，2011 年 7 月 7 日，在一波上涨行情中，中国宝安出现一根长上影线阴线，提示投资者该股有见顶的迹象，应该先考虑离场。然而，次日该股并没有进入跌势中，反而出现一根大阳线，顺利企稳在前一交易日长上影线的范围内，有效减低了该股见顶的可能性。不仅如此，在随后两个交易日内，该股依然保持在长上影线范围内。因此，投资者应该在此期间内重新择机入场。

如图 1-5 所示，2008 年 6 月 10 日，经过一段时间的振荡下跌之后，宝石 A 出现一根长上影阴线，后市仍有下跌的空间，投资者应该继续耐心持币。

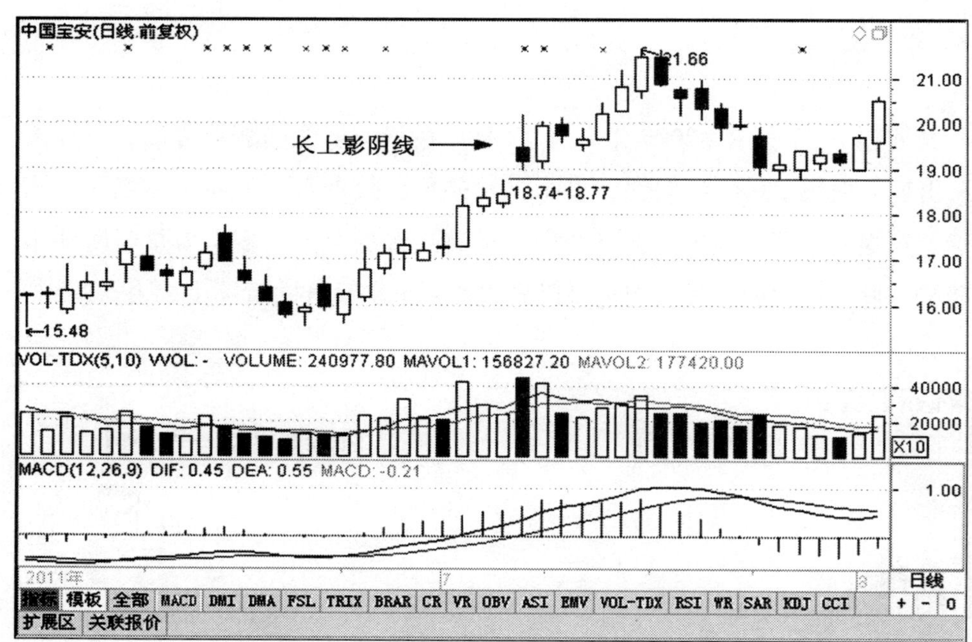

图1－4　中国宝安　000009

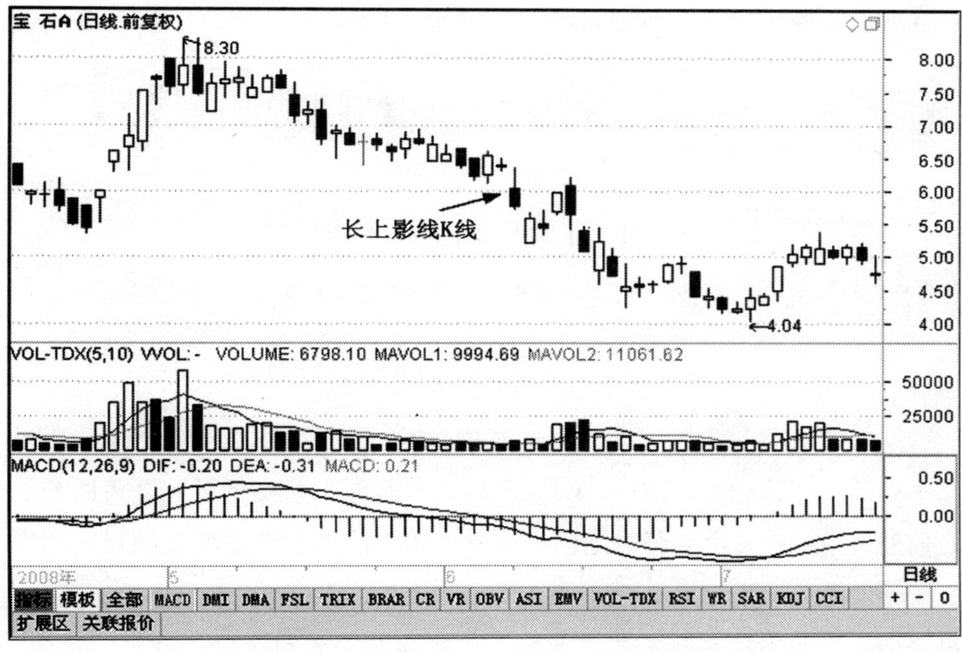

图1－5　宝石A　000413

3. 实战解析

如图1－6所示，2009年2月17日，在一波明显的涨势之后，深赤湾A出现一根长上影线的阴线，显示见顶迹象，投资者应该考虑离场了。当然，这根长上影阴线出现在一个向上突破缺口的上方，多空力量暂时还未明确分胜负。因此，投资者也可以多观察一个交易日之后再决定去与留。

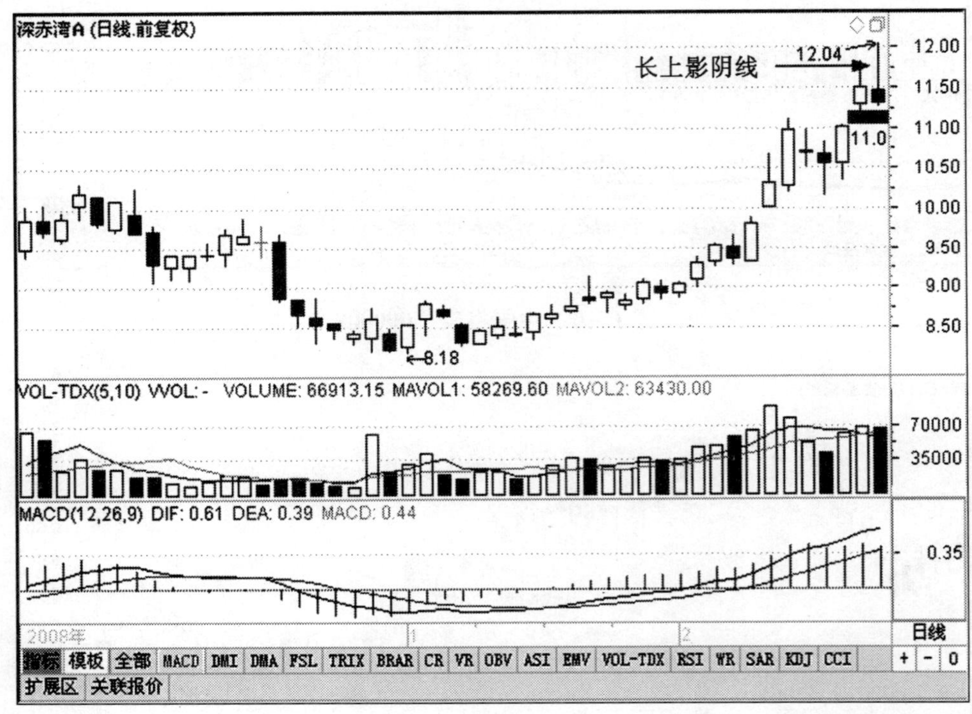

图1－6　深赤湾A　000022

如图1－7所示，2009年2月18日，深赤湾A跳空低开，直接回补了之前的跳空缺口。由此可以推断，此前的跳空缺口属于消耗性缺口，同样属于看空信号。换言之，促使投资者多留一个交易日的根基动摇了。因此，投资者应该在当日开盘后逢高离场，切莫在犹豫不决中贻误战机。最终，当日该股以7.52%的跌幅报收，走出一根大阴线（见图1－8）。

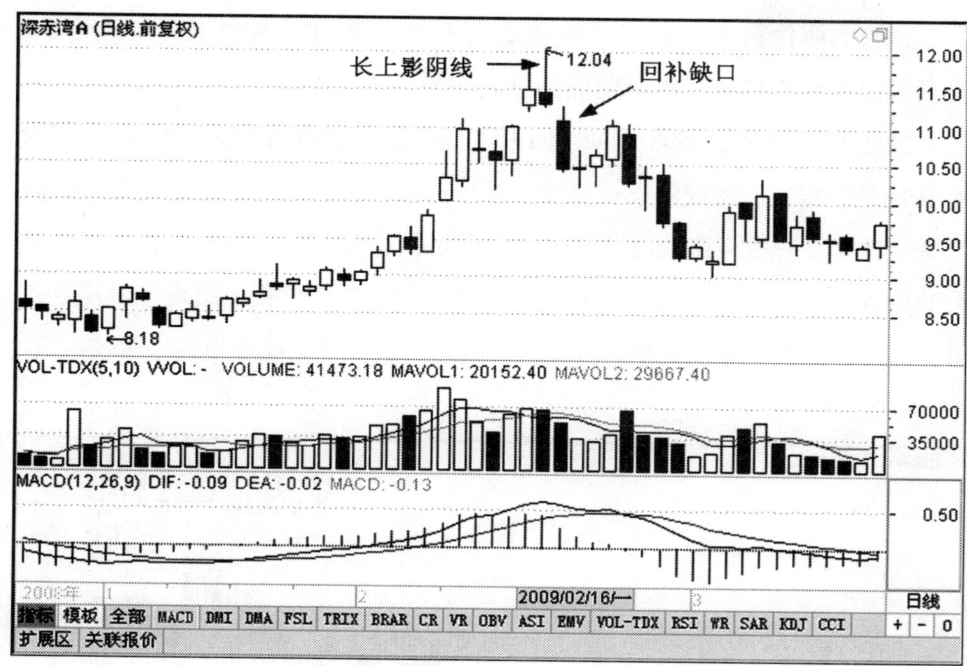

图1－7　深赤湾A　000022

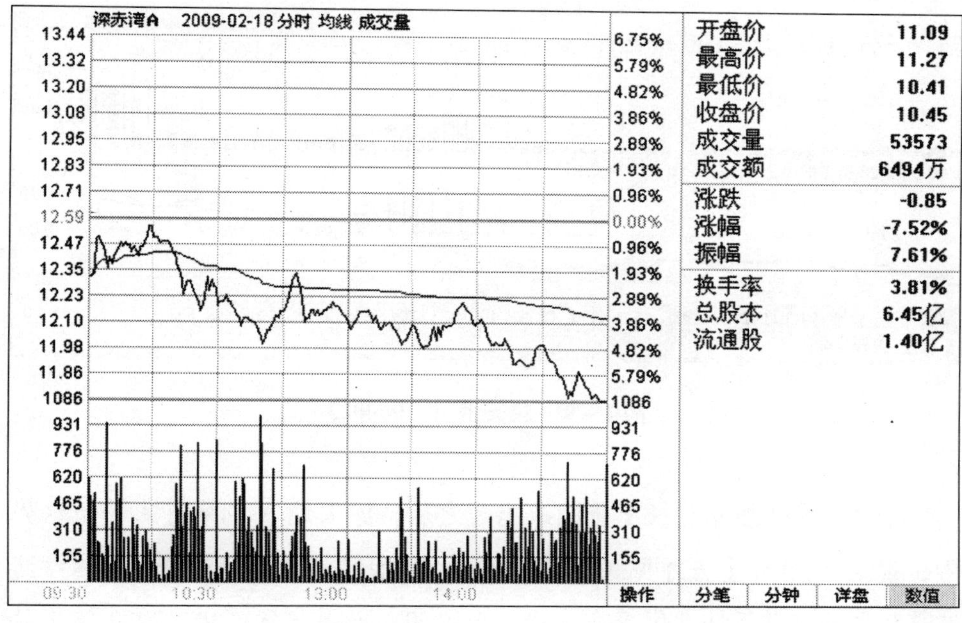

图1－8　深赤湾A　000022

这根大阴线出现之后，该股就进入振荡下滑的行情中了。在跌势中，投资者应该耐心持币，直至明确的见底信号出现为止。

如图1－9所示，2008年12月19日，经过一波短线快速拉升之后，深天地A出现一根长上影线的阳线，显示见顶迹象。不仅如此，当日该股大幅跳空低开，开盘后始终在低位振荡徘徊，直至收盘前才突然发力上攻，属于典型的尾盘拉升（见图1－10）。在呈现股价见顶嫌疑的位置上出现分时尾盘拉升，进一步加大了股价见顶的可能性。因此，投资者应该考虑离场避险。

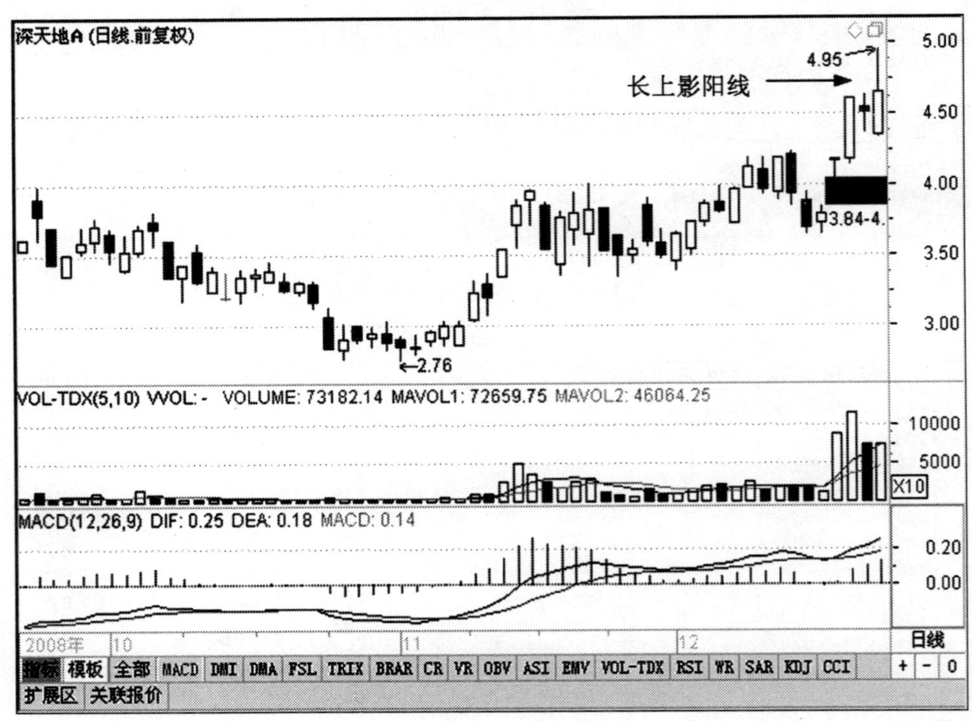

图1－9　深天地A　000023

如图1－11所示，长上影阳线出现之后，深天地A如期进入一波跌势中，直至3.50元上方才见底企稳。随后，该股转入到上涨行情中。尽管这波涨势的涨速并不快，但贵在一步一个脚印，走得非常踏实。2009年2月11日，在突破前期长上影阳线构成的压力位时，该股再次出现长上影线的

图1－10　深天地A　000023

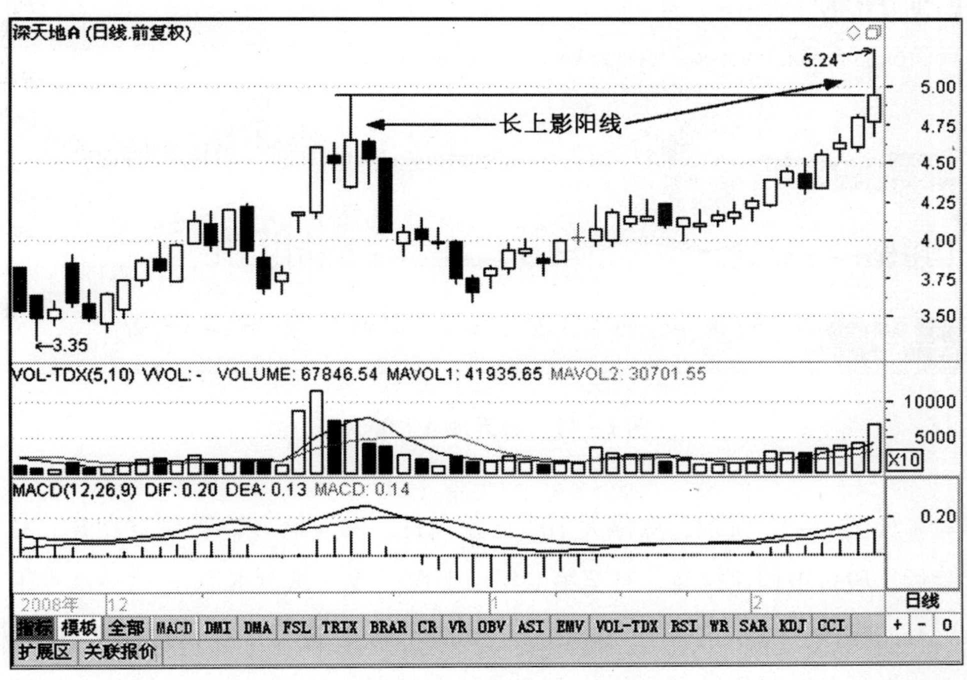

图1－11　深天地A　000023

阳线，显示见顶迹象。不过，在如此敏感的位置出现见顶信号，也有可能是诱空（或者说试盘、洗盘），投资者可以再观察一下。

如图1－12所示，第二根长上影阳线出现之后，深天地A先是出现一根长下影线的十字线，接着出现一根涨停大阳线，顺利突破了前高压力，意味着后市仍有上行空间。面对这样的走势，投资者应该在涨停大阳线出现当日择机重新入场。

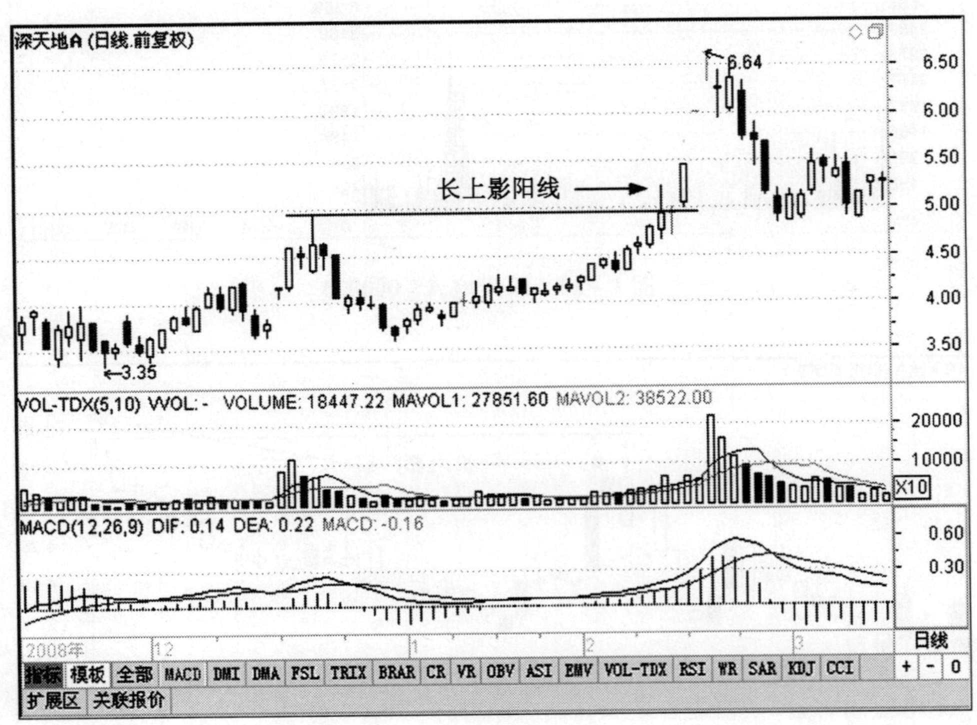

图1－12　深天地A　000023

如图1－13所示，涨停大阳线出现当日，深天地A略微跳空高开。开盘后，股价被快速拉高，直至第二根长上影阳线（试盘K线）的最高点附近开始振荡，显示出多方力量强劲。此时，投资者可以择机进行建仓了，比如选择分时股价线在均价线上方获得支撑时。13点18分，该股终于结束了横盘整理，开始放量上攻，又一个买点出现。最终，该股以涨停报收。

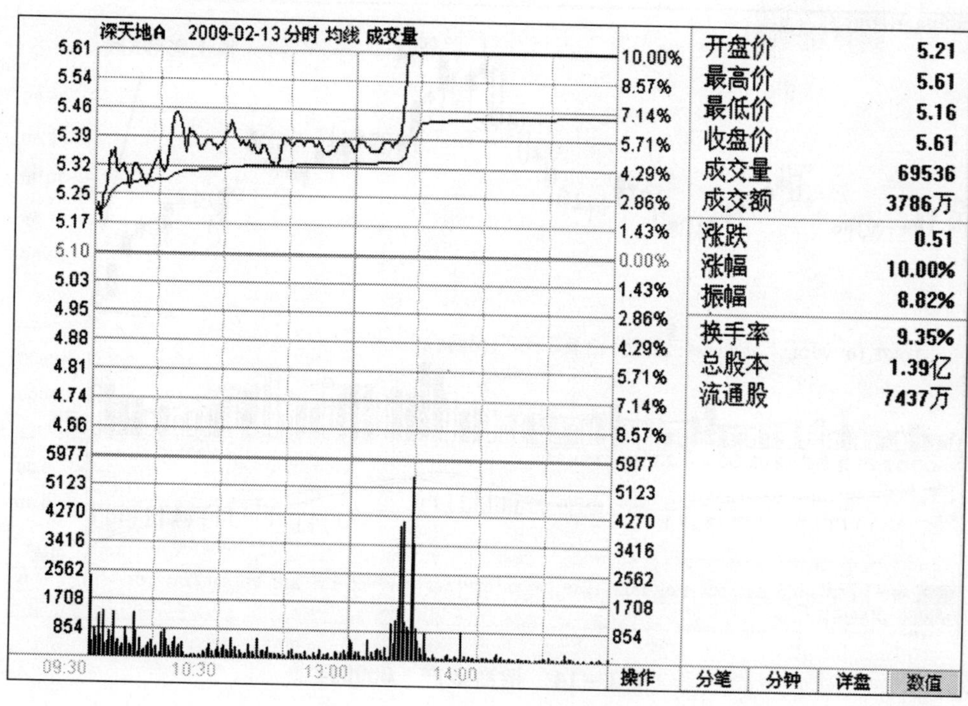

图 1－13　深天地 A　000023

借助这波冲击，该股在随后的两个交易日内又连续出现两个涨停板。如果投资者把握得当，从中获利胜出应该是易如反掌的事情。

如图 1－14 所示，2009 年 7 月 6 日，经过数个交易日的快速上涨，招商地产出现一根长上影线 K 线，发出见顶信号。随后，该股进入一波明显的下跌行情中。2009 年 9 月 1 日，在创出 21.90 元的低点后，该股又出现一根长上影线 K 线，后市按理看空。

如图 1－15 所示，不过，由于此前的跌势释放了大量的做空能量，在这根长上影阳线出现之后，招商地产没有继续下跌，反而就此见底企稳了。随后，该股转入一波明显的反弹行情中。

通过本例可以看出，本来属于看空信号的长上影线 K 线，出现在一波跌势中却能成为股价见底的象征。这感觉有些奇怪，但却是事实。在实战看盘过程中，有些投资者就不仅利用长上影线 K 线判断股价见顶，还用其

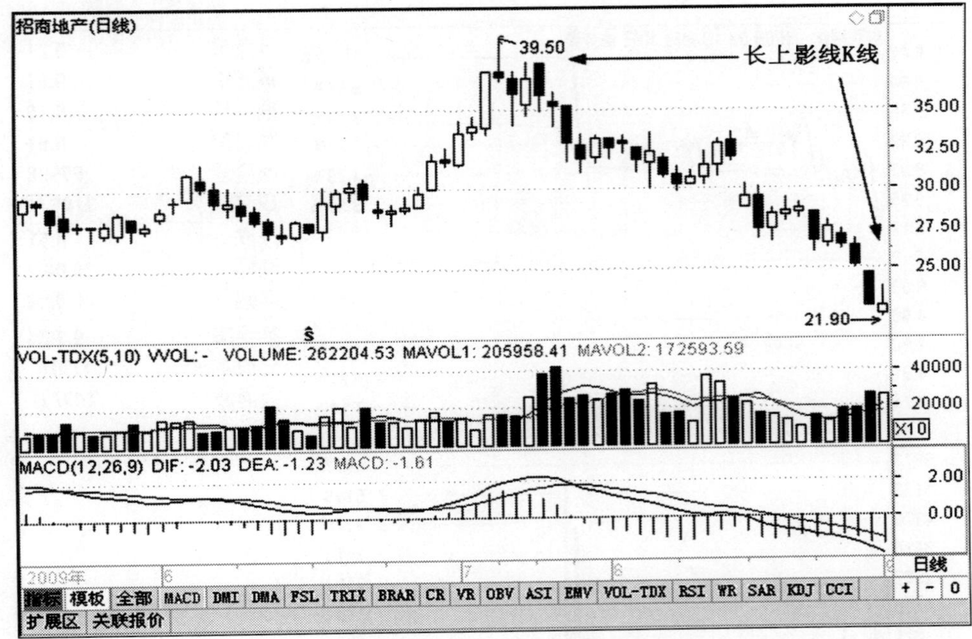

图1-14　招商地产　000024

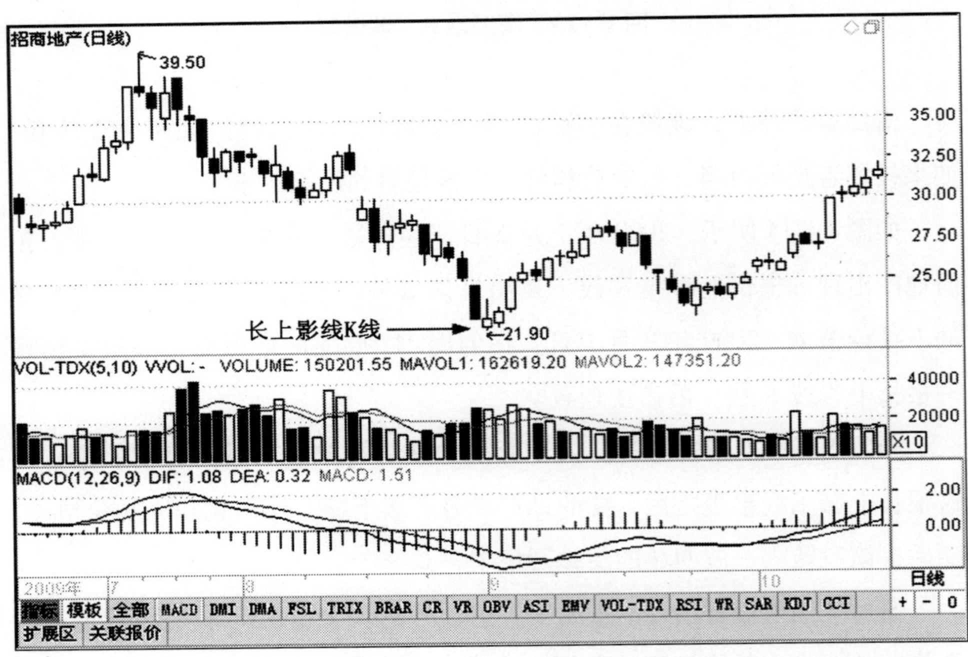

图1-15　招商地产　000024

寻找股价见底的痕迹。不过，这种寻底的方法风险较高，我们建议投资者不要轻易使用。

二、定海神针——长下影线K线

1. 招式图解

长下影线K线，是指下影线明显长于实体的K线（下影线至少是实体的一倍以上）。出现长下影线K线，意味着日内V形反转，股价可能会就此转入调整行情或者上涨行情中。根据K线实体的涨跌，长下影K线可以分为长下影阳线（见图1－16）和长下影阴线（见图1－17），其中长下影阳线的看多意味更加浓厚。

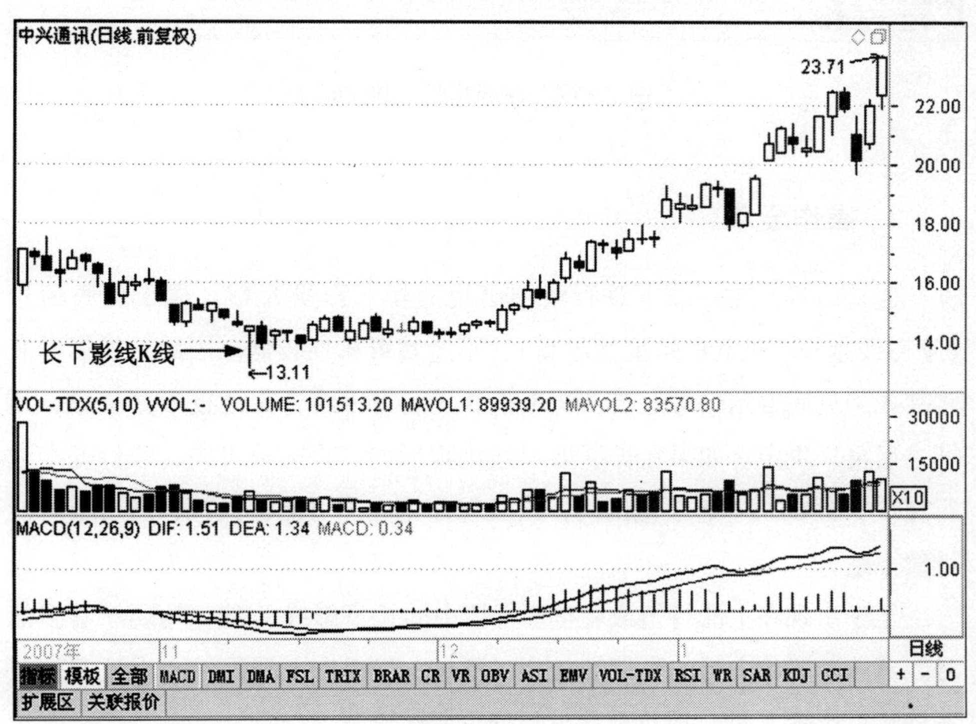

图1－16 中兴通讯 000063

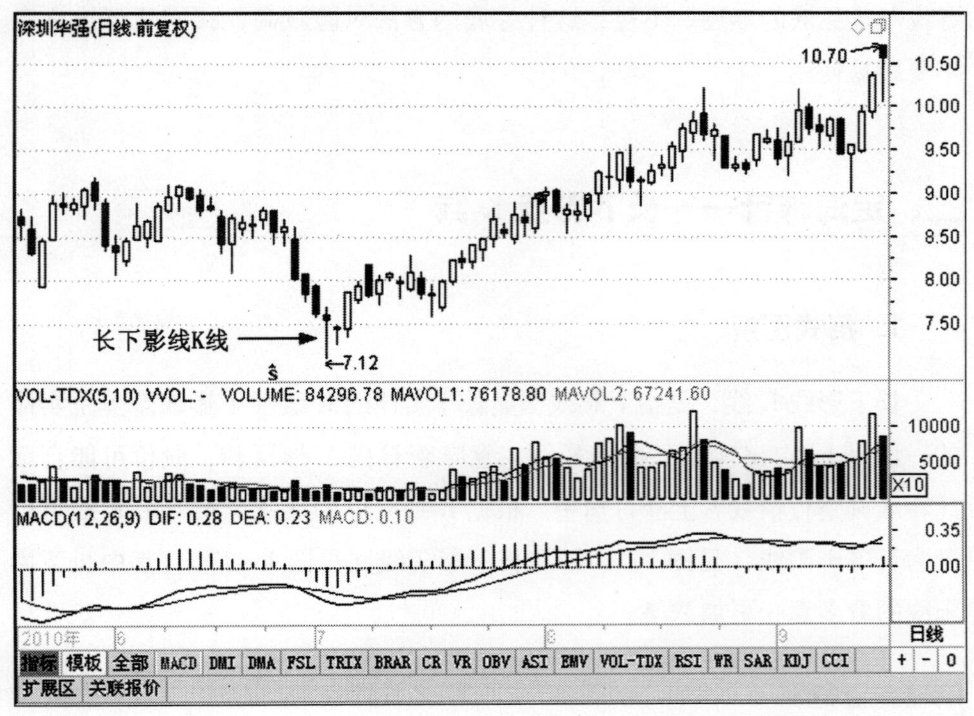

图1－17　深圳华强　000062

2. 操作要点

通常而言，在一波下跌行情中出现的长下影线 K 线，属于见底信号（下影线越长，见底的可能性越高），不过其可靠性较低。因此，投资者应将其作为见底警示信号对待，至于是否入场可以结合其他技术方法综合判断之后再来决定。如果在长下影 K 线出现后的三个交易日内，股价基本运行在该 K 线的长下影线范围内，该股就此见底的可能性大减，后市很可能继续下跌。

至于出现在上涨行情或者整理行情中的长下影线 K 线，均属于看多信号，意味着股价上行的可能性较高。不过，如果在上涨行情中出现宽幅振荡的长下影线 K 线，股价就此见顶的可能性较高。

如图 1－18 所示，2010 年 7 月 2 日，经过数个交易日的下跌之后，深天健出现一根长下影线的 K 线，显示见底迹象。当投资者发现这根长下影K 线，应该立刻意识到该股可能会就此见底。当然，此时该股刚刚跌破前低支撑，还处于下跌趋势中，投资者暂时不用着急入场。等股价重新回到前低支撑线之上时，能够推断此前的向下突破为假突破，后市看涨，投资者才可以择机进行建仓。

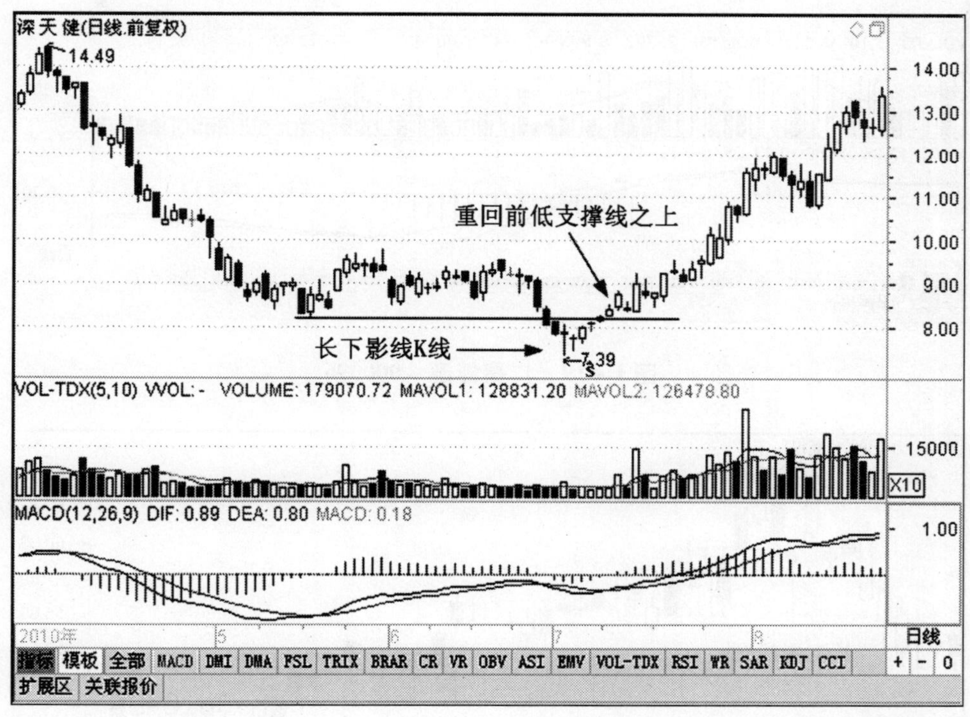

图 1－18　深天健　000090

如图 1－19 所示，2010 年 4 月 30 日，经过一波下跌之后，广聚能源出现一根长下影线的十字线，显示见底信号。然而，在随后的三个交易日内，该股完全活动于此前的长下影线范围，股价就此见底的可能性大减，投资者应该继续耐心持币观望。

如图 1－20 所示，2010 年 11 月 30 日，经过一波上涨之后，潍柴动力出现一根长下影线 K 线。由于这根长下影线 K 线的振幅接近 8%，意味着

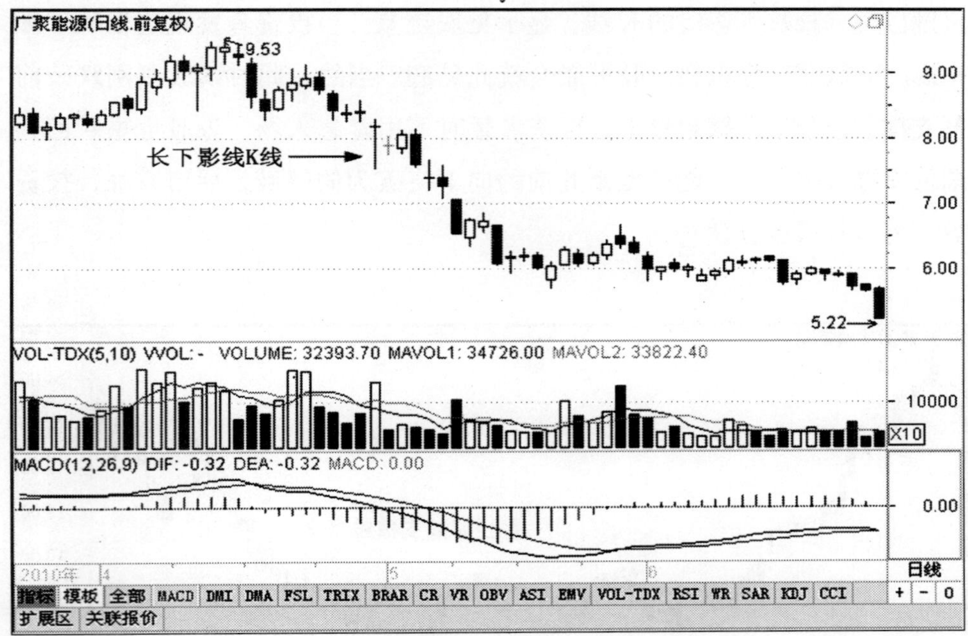

图1－19 广聚能源 000096

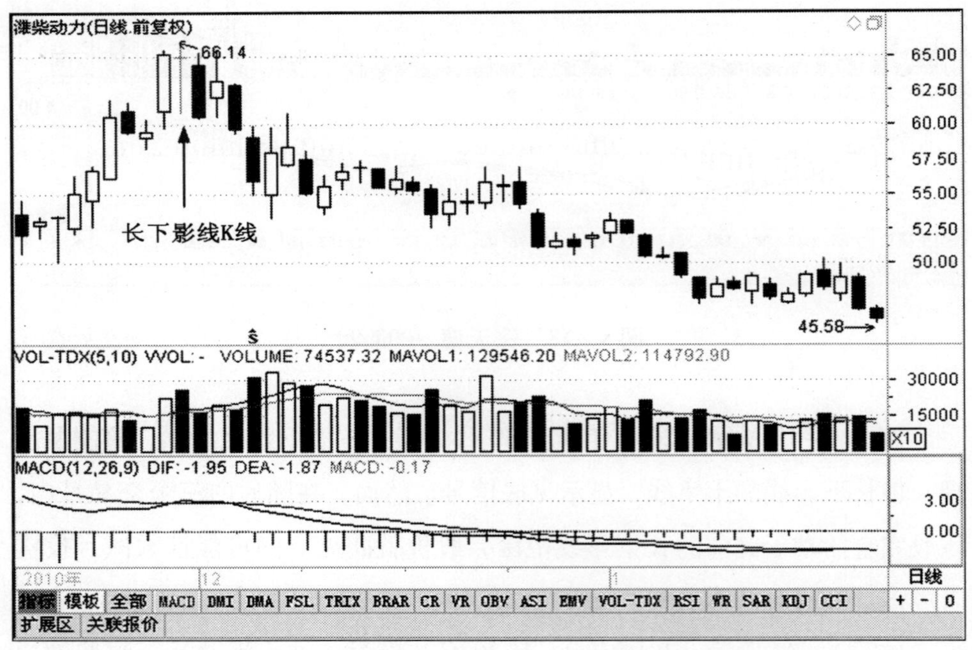

图1－20 潍柴动力 000338

股价可能会就此见顶，投资者必须提高警惕。次日，该股出现一根大阴线，与此前的两根K线构成黄昏之星组合，这是明确的见顶信号，投资者该择机离场。

3. 实战解析

如图1－21所示，2010年2月3日，经过一波下跌之后，许继电气出现一根长下影线K线，显示见底迹象。另外，这根长下影线K线出现在前期低点形成的重要支撑位附近，进一步提高了股价就此见底的可能性。因此，投资者可以考虑适度入场做多，当然也可以等行情更加明朗一些再说。

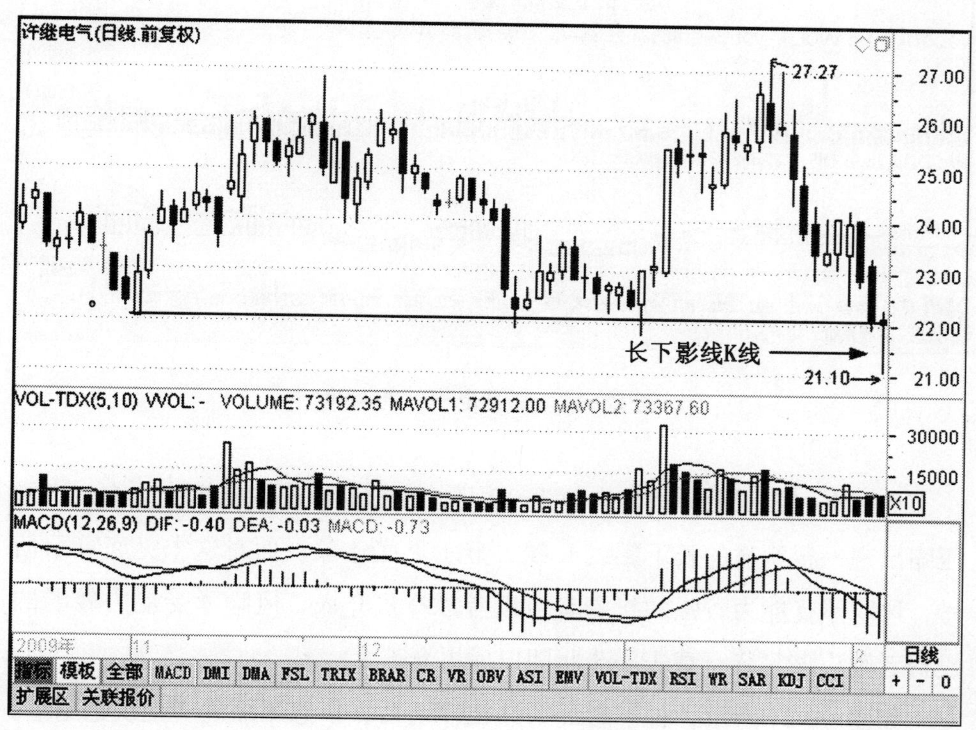

图1－21　许继电气　000400

如图1－22所示，长下影线K线出现之后，许继电气果真见底企稳，随后进入一波明显的上涨行情中。当然，这根长下影线K线只是提供了投资者一个介入的机会。至于是否能够从这波涨势良好的行情中赢利，还要考验投资者的持股能力和出场能力。

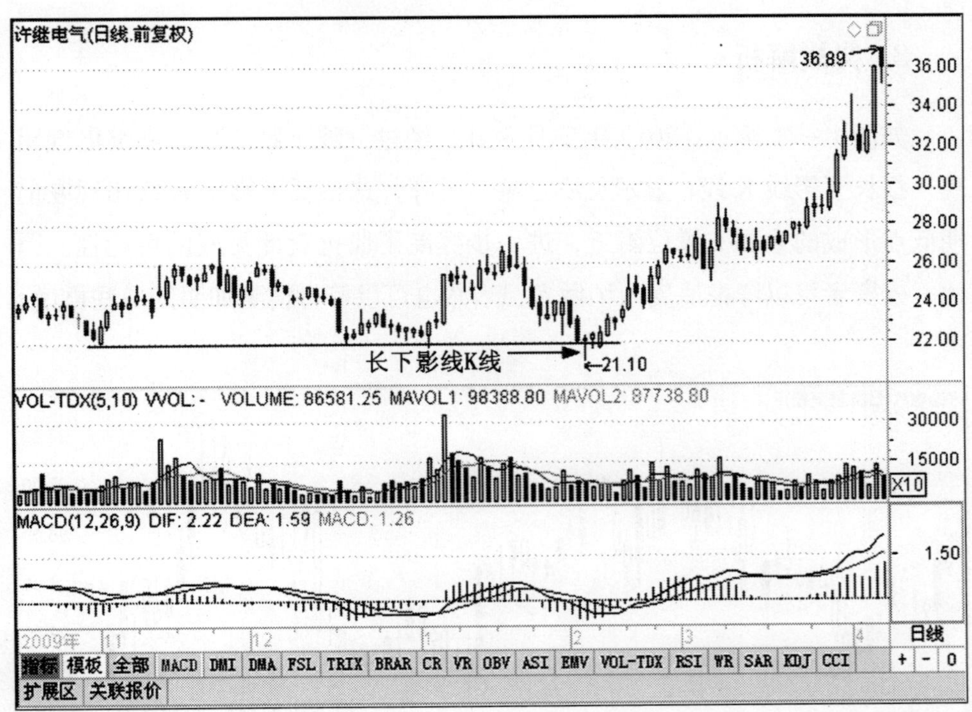

图 1-22　许继电气　000400

如图 1-23 所示，2010 年 9 月 10 日，在前低形成的支撑线上方，华意压缩出现一根明显的长下影线 K 线，显示见底迹象。面对这个见底警示信号，风险承受能力较强的投资者可以考虑择机介入，风险承受能力较弱的投资者则应该等待行情进一步明朗以后再介入。

如图 1-24 所示，长下影线 K 线出现之后，华意压缩确实止跌企稳了。不过，随后进入的是一波振荡整理行情，并没有形成有价值的涨势。2010 年 10 月 14 日，该股出现一根大阴线，向下突破了整理行情的支撑线，后市看空。次日，该股继续走低，跌破了此前的重要低点形成的支撑线，进一步看空。

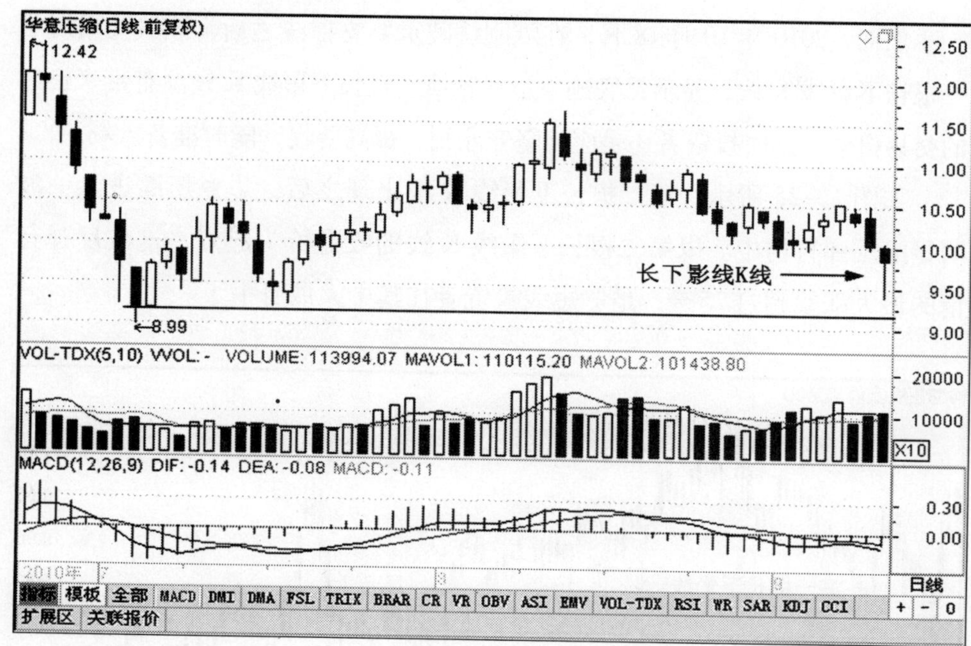

图 1－23 华意压缩 000404

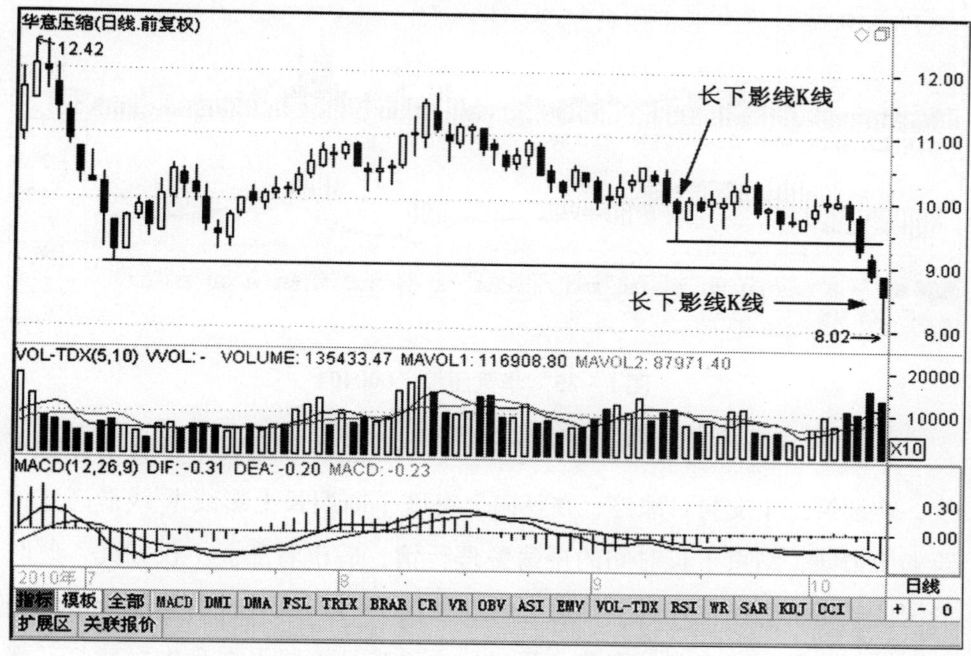

图 1－24 华意压缩 000404

然而，2010年10月18日，在刚刚跌破重要支撑线之后，该股又出现了一根长下影线K线，显示见底迹象。尽管第一根长下影线K线没有带来良好的交易机会，此时投资者还是应该坚守原则，提高警惕，随时准备入场。

如图1－25所示，第二根长下影线K线出现之后，华意压缩进入一波明显的反弹行情中。以第二根长下影线K线的收盘价为起点，这波反弹行情的最大涨幅超过25%，足够短线投资者在其中大展身手了。

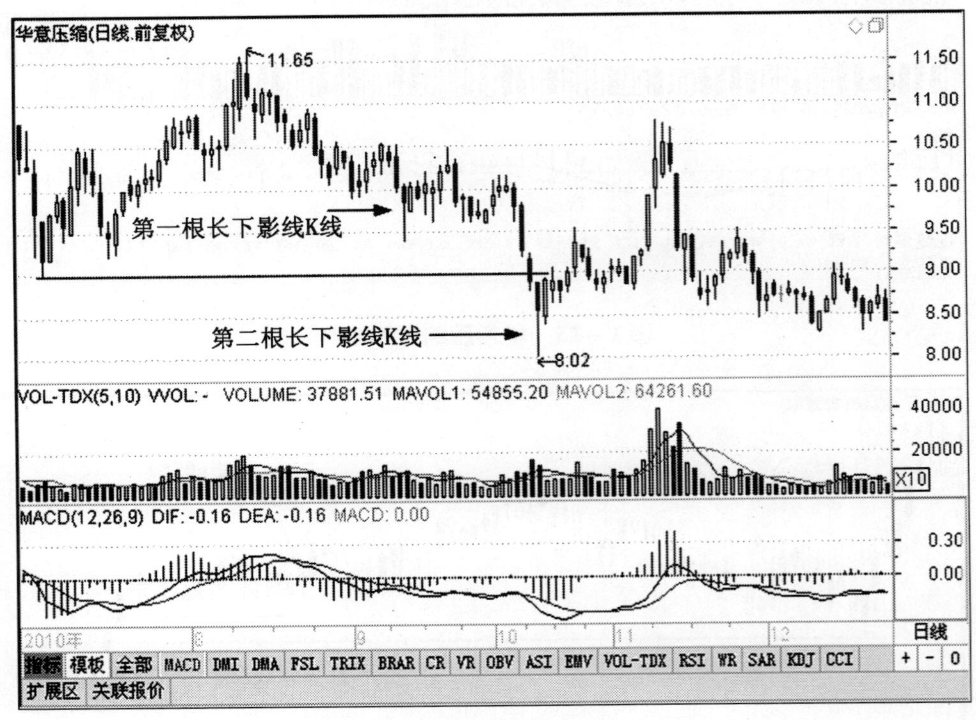

图1－25　华意压缩　000404

如图1－26所示，2009年7月27日，ST金谷源出现一根长下影线K线，连续第二个交易日涨停，并且向上突破了前期长上影线K线最高点构筑的压力线，结束了长时间的振荡整理行情，后市看涨。不仅如此，此时的深证成指也处于良好的上升通道中（见图1－27），在此背景下个股的向上突破很容易形成真正的涨势。不过，由于当日该股只在盘中短暂打开涨停板，投资者较难把握，只能等待次日再择机介入了（见图1－28）。

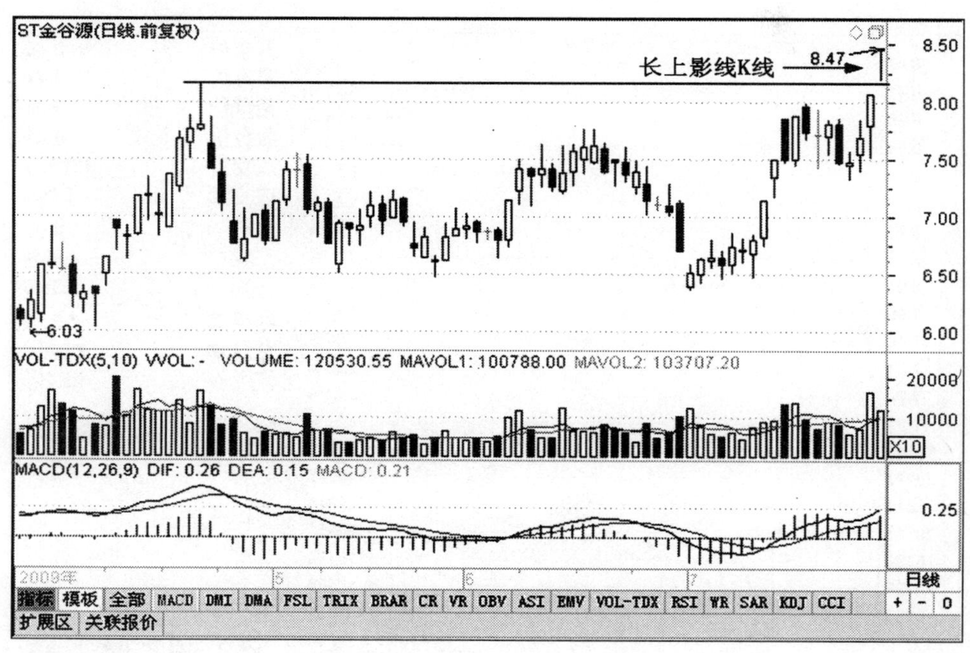

图1-26 ST金谷源 000408

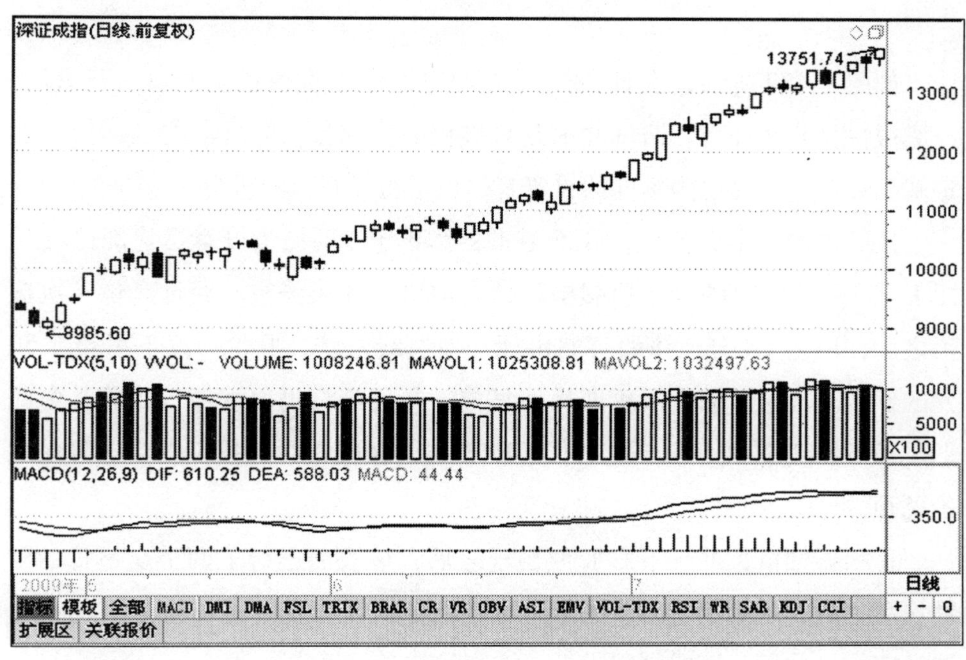

图1-27 深证成指 399001

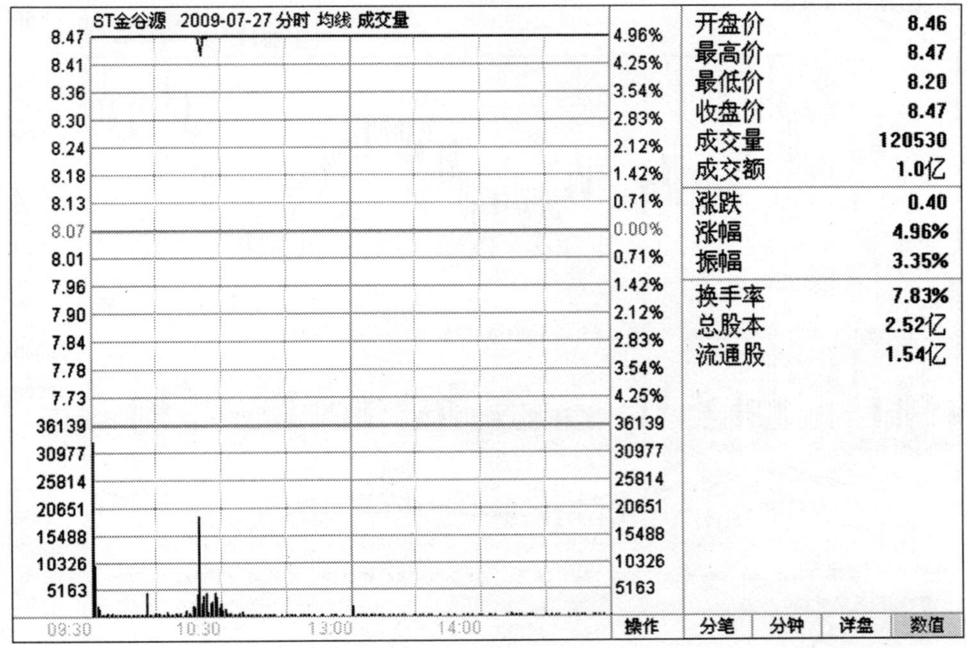

图 1－28　ST 金谷源　000408

如图 1－29 所示，次日，ST 金谷源以涨停板价格跳空开盘。开盘后，该股很快打开涨停板，清洗此前几日堆积的获利盘，为后市的继续拉升奠定基础。不过，这也为场外的投资者提供了短线介入的机会。

接下来的一个交易日，ST 金谷源停牌半个小时之后开盘迅速涨停（见图 1－30）。13 点 44 分，连续出现的大卖单打开涨停板。经过高位几次振荡之后，14 点 24 分，该股突然出现一波直线杀跌，股价一度下滑至 8.50 元的低位。不过，随后股价即快速复位，并且最终仍以涨停价报收，由此形成长下影线 K 线。由于这根长下影 K 线的振幅很大，投资者应该警惕股价见顶。

这根振幅巨大的长下影 K 线出现之后，该股又进行了两个交易日的整理洗盘。由于这两个交易日的股价基本处于高位振荡，意味着后市仍有上冲的空间。此后，该股再次进入一波直线拉升行情中。

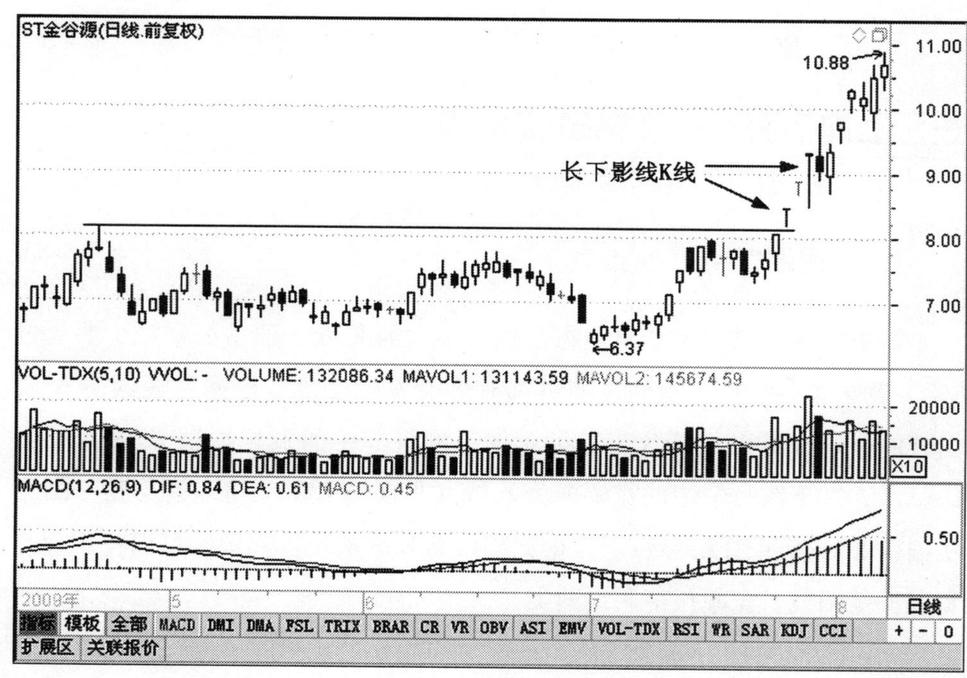

图1－29　ST 金谷源　000408

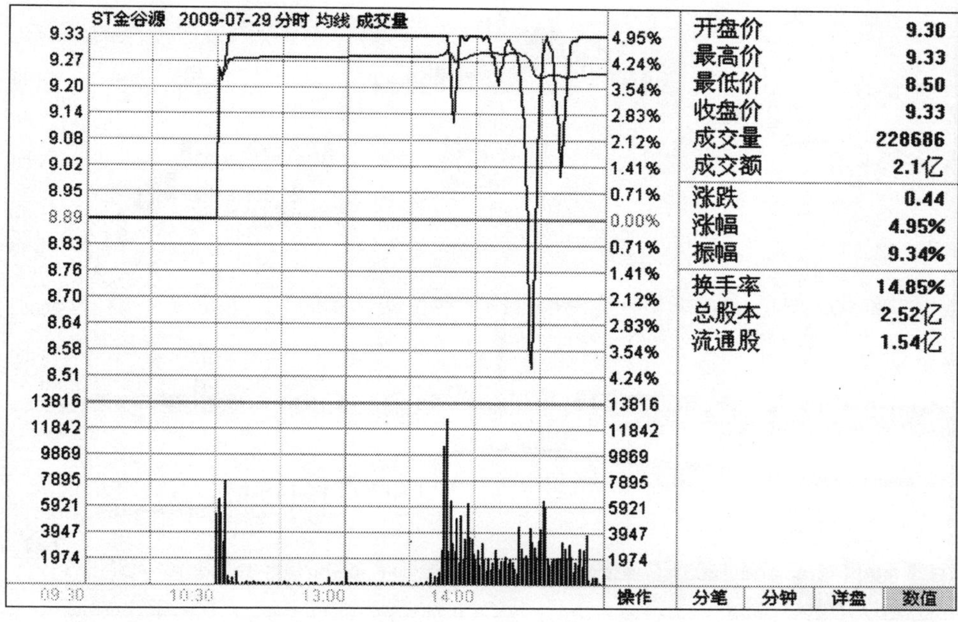

图1－30　ST 金谷源　000408

三、上冲下突——宽幅振荡K线

1. 招式图解

宽幅振荡K线，是指日内振荡幅度很大的K线，通常振幅至少要超过8%，意味着多空争夺激烈，随时都有可能发生变盘。根据宽幅振荡K线出现的位置，可以将其分为三类：①上涨行情中的宽幅振荡K线（见图1－31），②下跌行情中的宽幅振荡K线（见图1－32），③整理行情中的宽幅振荡K线（见图1－33）。根据宽幅振荡K线的实体阴阳，可以将其分为宽幅振荡阳线、宽幅振荡阴线两类。

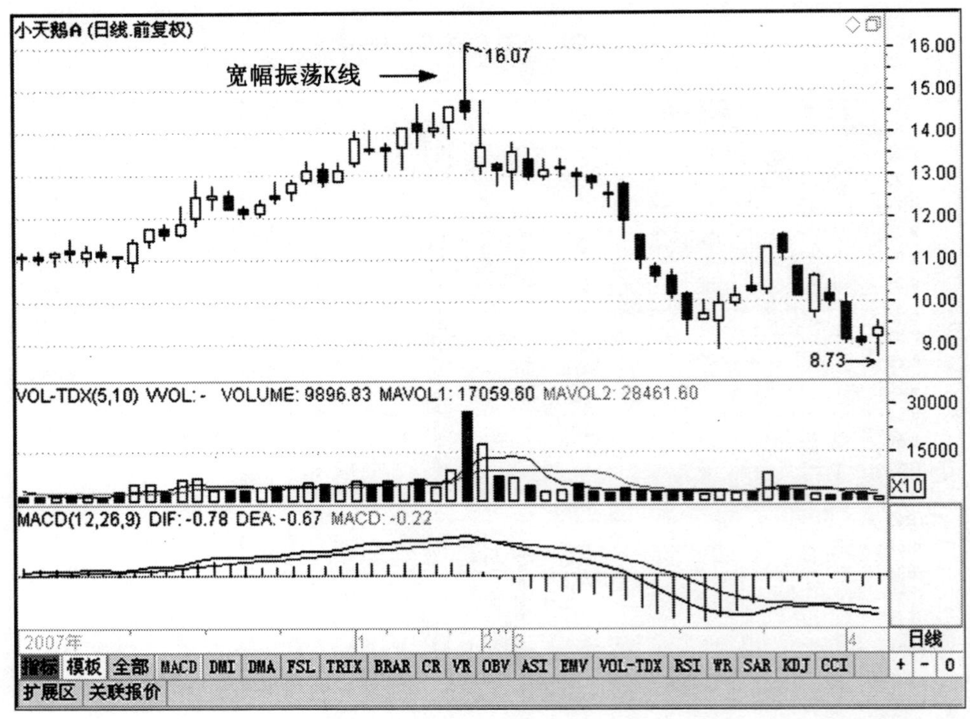

图1－31 小天鹅A 000418

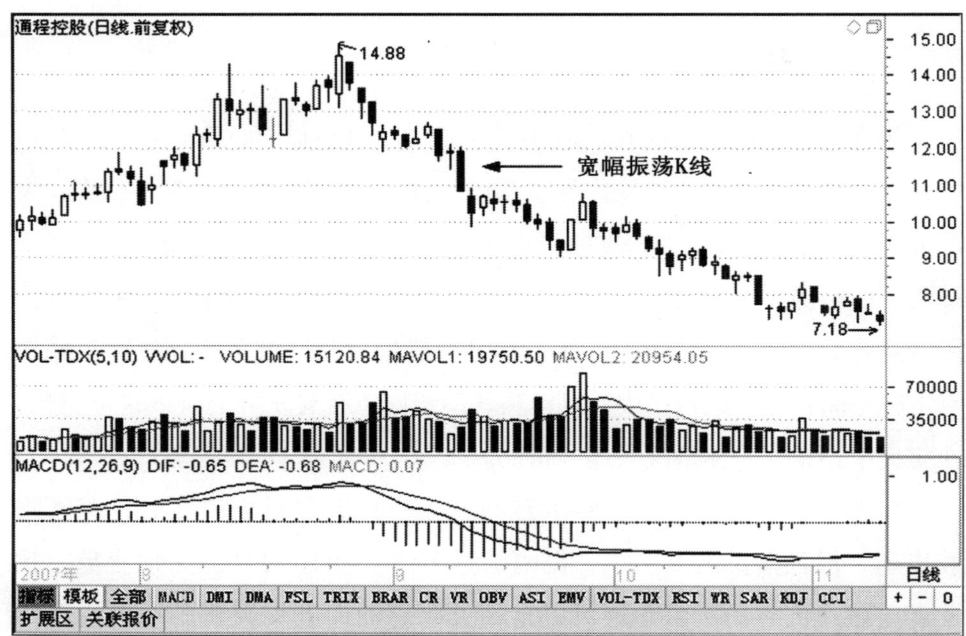

图1-32　通程控股　000419

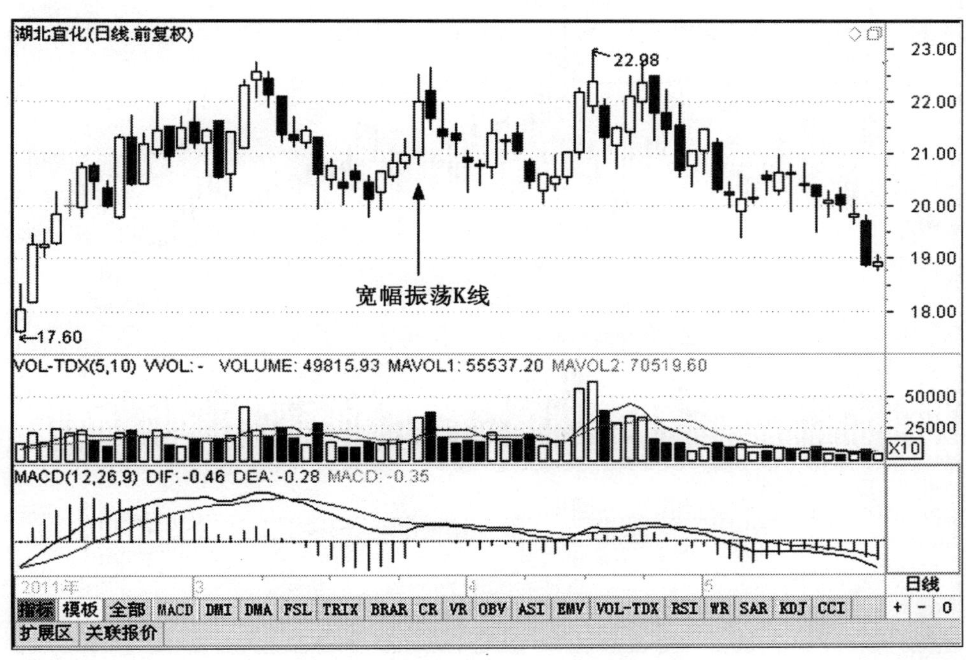

图1-33　湖北宜化　000422

2. 操作要点

通常而言，宽幅振荡K线属于看空信号。具体而言，在一波上涨行情中，宽幅振荡阴线意味着股价可能就此见顶（宽幅振荡阳线要结合实际情况分析）；在振荡行情中，宽幅振荡K线可能意味着股价整理结束，即将进入一波趋势中，实战价值较小，可适度关注；在下跌行情中，宽幅振荡阳线意味着一波反弹行情的开始，不过一般也就是一波反弹，后市应该还有下行空间；在下跌行情中，宽幅振荡阴线则意味着跌势仍将继续。当然，在实战中还是要具体情况具体分析的。

如图1－34所示，2011年1月6日，在突破前高压力之后，东阿阿胶出现一根宽幅振荡大阴线，振幅超过10%，显示明显的见顶迹象，投资者应该择机离场。由此还可以推断，此前的向上突破前高压力应该为

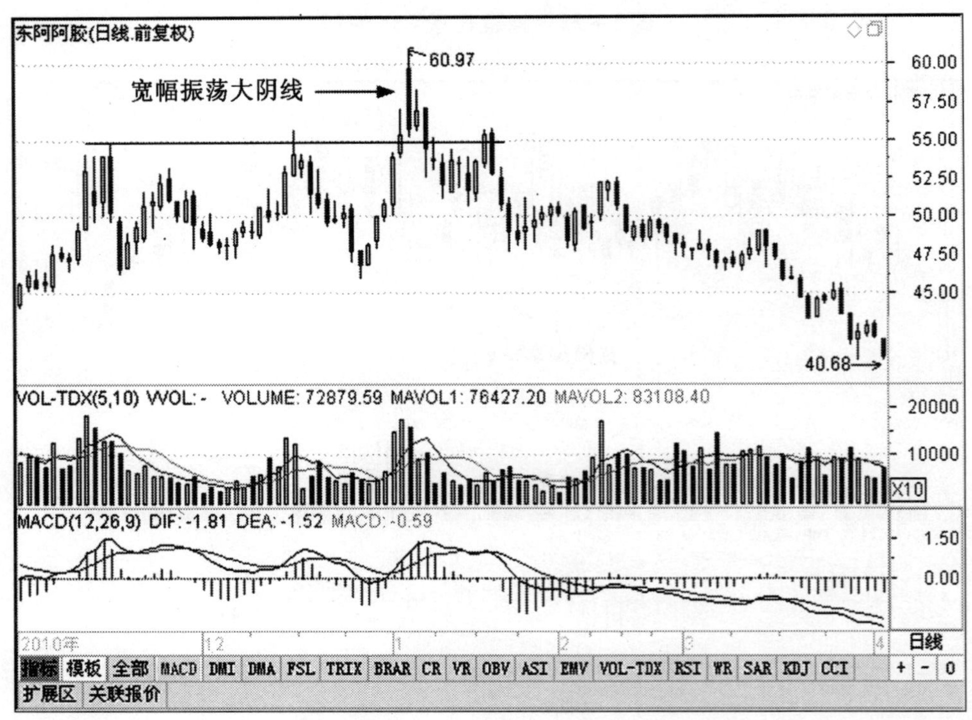

图1－34　东阿阿胶　000423

假突破。当后市的行情走势认证了这个判断之后，一个重要的顶部结构就完成了。

如图1－35所示，在一波明显的下跌行情末期，徐工机械连续出现两根宽幅振荡大阳线，显示股价见底迹象。随后，该股进入一波反弹行情中。反弹结束之后，该股重新回到了下跌趋势中，并且创出了新低点，后市仍有下行空间。

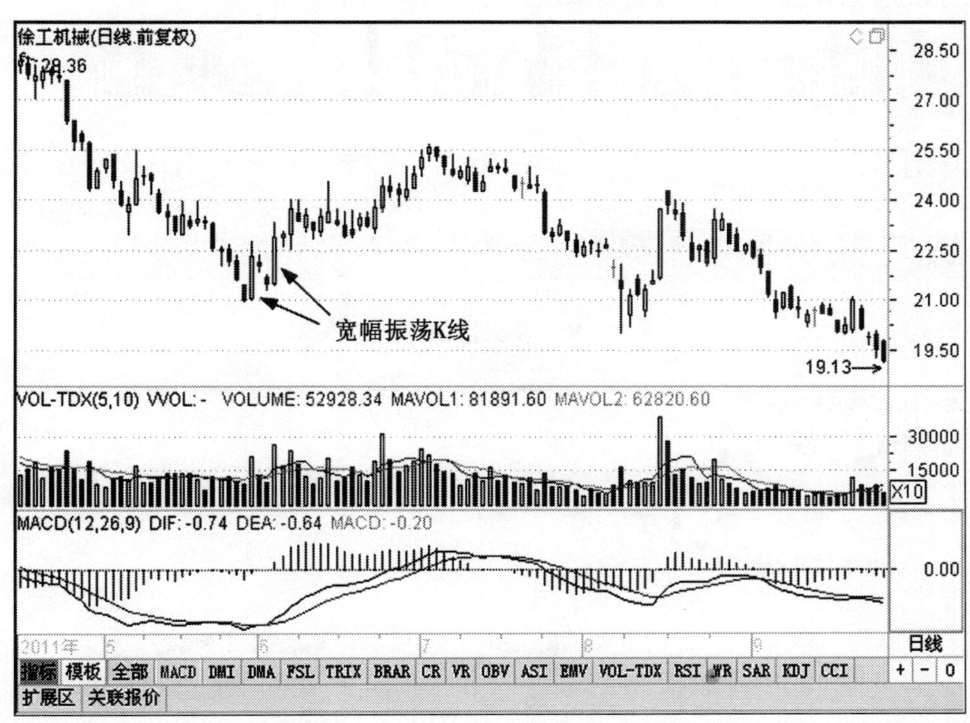

图1－35　徐工机械　000425

如图1－36所示，2008年5月23日，经过一段时间的振荡整理之后，华天酒店出现一根宽幅振荡大阴线，意味着变盘点出现，整理行情可能将要结束，后市向下发展的概率更高，实际走势也证明了这一点。

如图1－37所示，2008年3月18日，经过一波下跌之后，粤高速A出现一根宽幅振荡大阴线，意味着跌势仍将继续，投资者应该耐心持币观望。

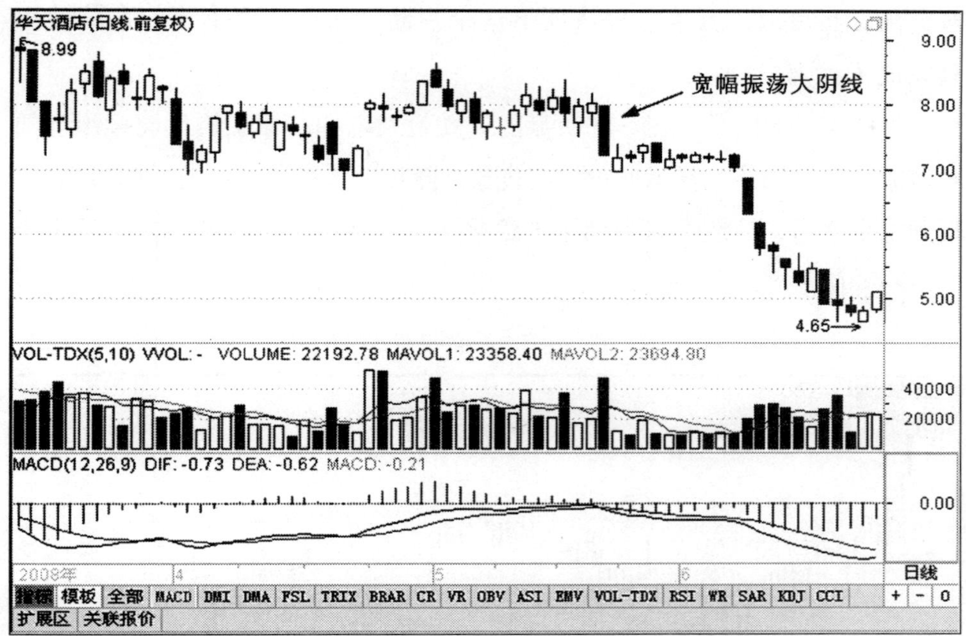

图 1－36　华天酒店　000428

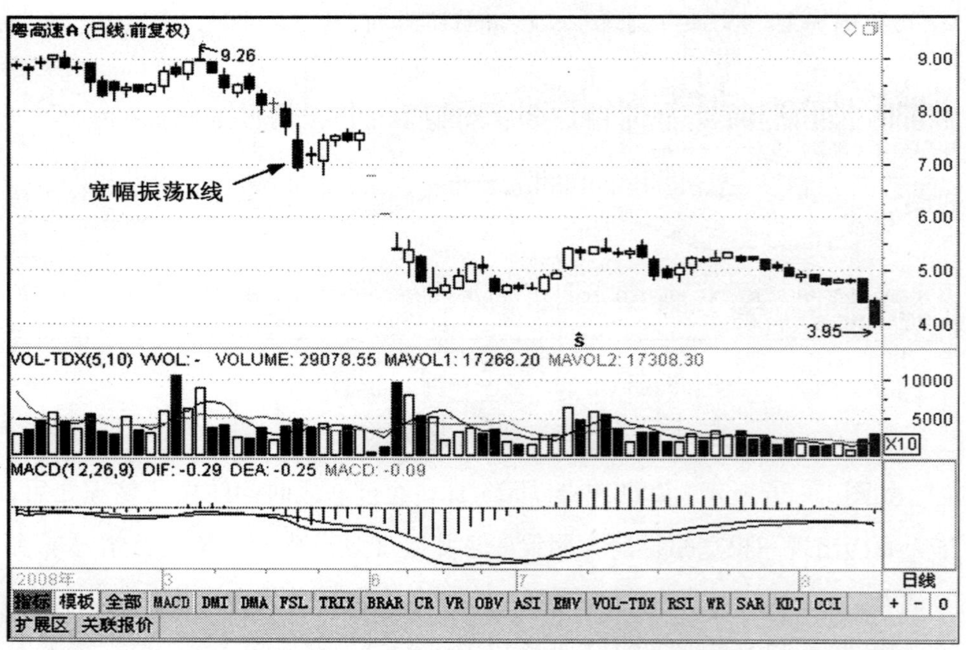

图 1－37　粤高速 A　000429

这根宽幅震荡大阴线出现之后，该股暂时止跌，进入了为期数个交易日的反弹行情中，不过反弹幅度非常有限。随后，该股进入了连续跌停的行情中。

3. 实战解析

如图 1－38 所示，2011 年 4 月 22 日，在向上突破前期整理区的压力线之后，晨鸣纸业出现一根宽幅振荡 K 线，显示见顶迹象。不仅如此，这根宽幅振荡 K 线还是一根长上影 K 线，同样属于见顶信号。因此，尽管向上突破整理区属于看涨信号，投资者还是应该耐心持币旁观。

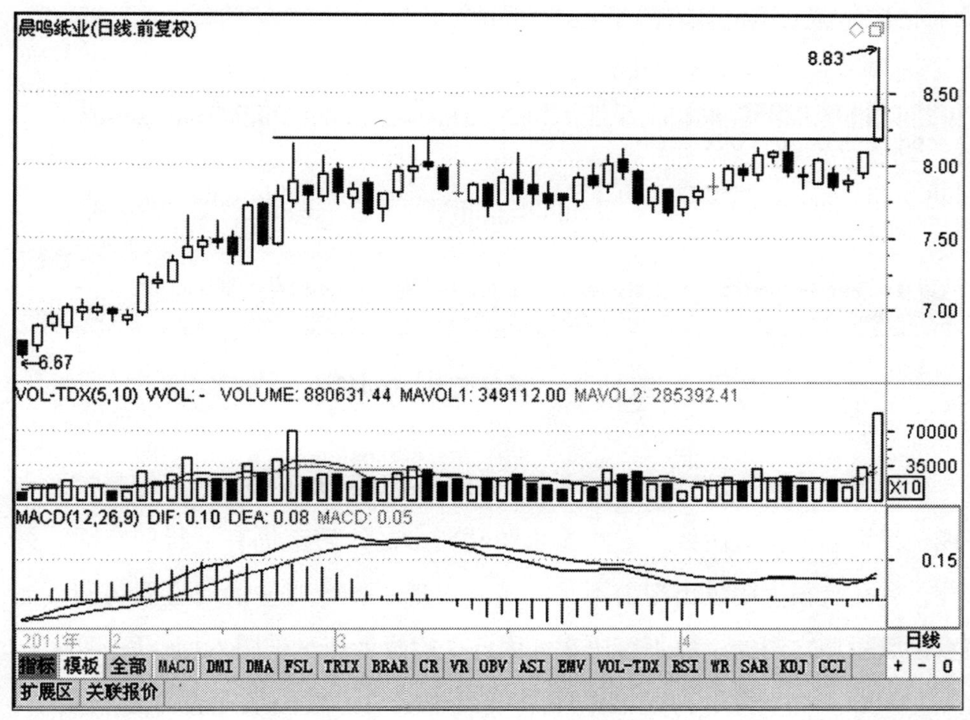

图 1－38　晨鸣纸业　000488

如图 1－39 所示，宽幅振荡 K 线出现之后，晨鸣纸业见顶回落，很快就重新回到前期整理区之内。由此可以推断，此前的向上突破整理区压力线属于假突破，后市短期之内进入涨势的可能性很小了，因此投资者应该继续耐心持币。

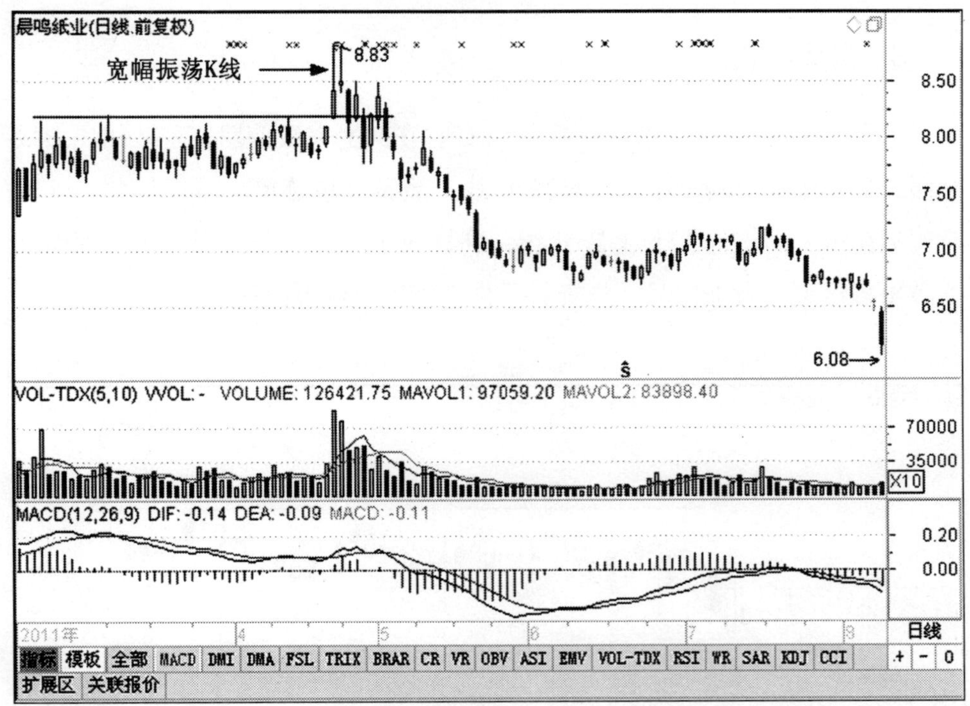

图 1－39　晨鸣纸业　000488

如图 1－40 所示，2010 年 4 月 19 日，经过一波下跌之后，绿景控股出现一根宽幅振荡大阴线，意味着杀跌动能十足，后市仍有下行的空间。另外，就在这根大阴线出现前不久，该股出现了一个明显的向上假突破，显示该股短期之内的走势不容乐观。因此，投资者切莫试图入场抄底。

如图 1－41 所示，宽幅振荡 K 线出现之后，晨鸣纸业暂时止跌企稳，进入了多个交易日的反弹行情中。这波反弹的力度非常弱，被压制在一个扁平的空间内。反弹结束后，该股再次出现宽幅振荡大阴线，将股价快速杀低，然后进入窄幅振荡下滑的走势中。经过多个交易日的窄幅走低，该股第三次出现宽幅振荡大阴线，又一次加速了股价的下滑。由此可以看出，

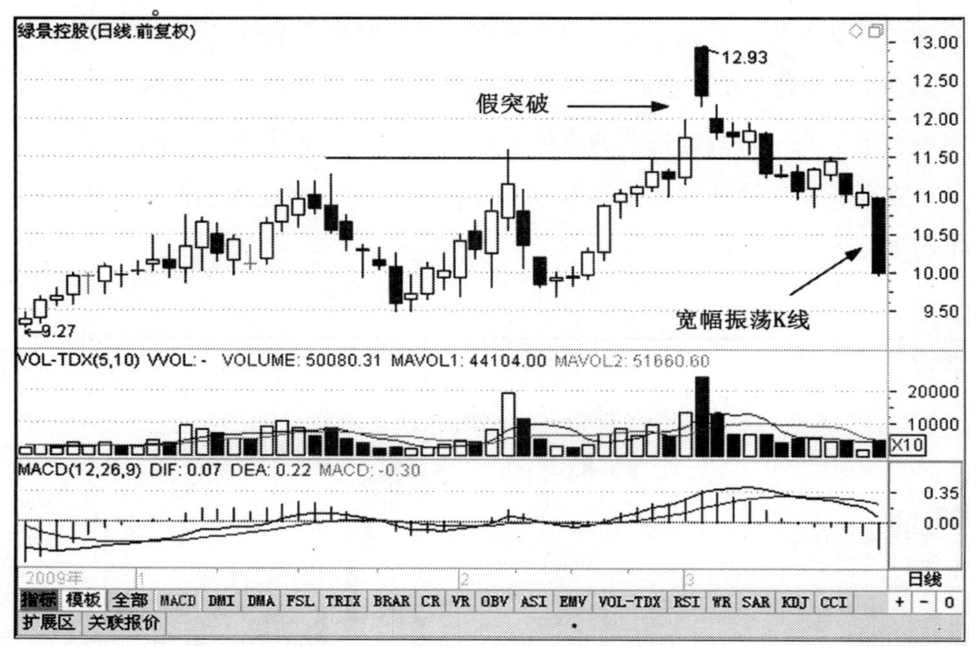

图1－40　绿景控股　000502

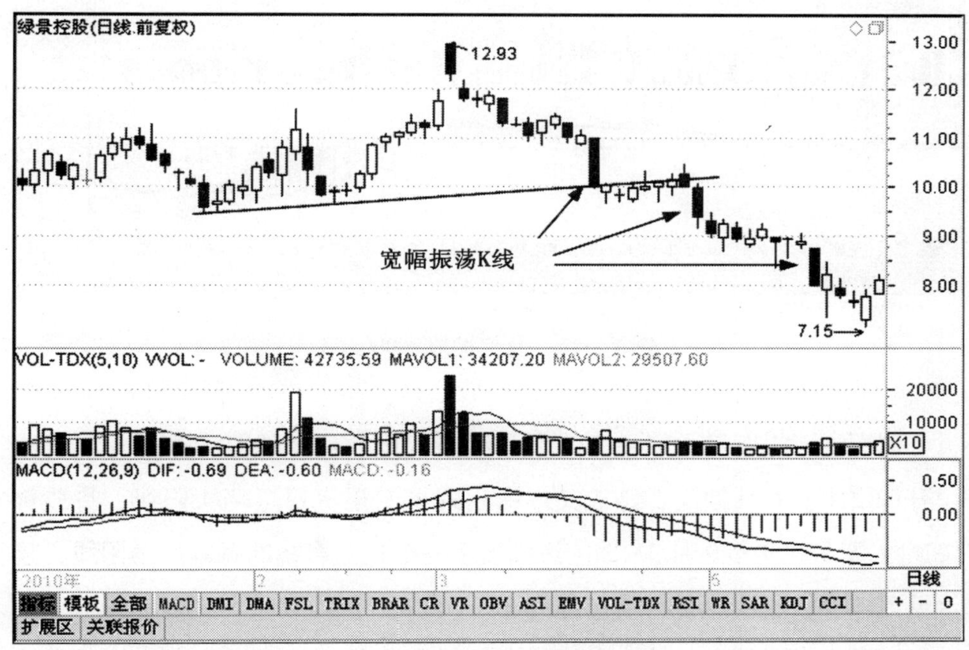

图1－41　绿景控股　000502

在这波跌势之中，宽幅振荡大阴线是打压股价的重要手段。

如图 1－42 所示，2009 年 9 月 9 日，经过一段时间的低位振荡之后，海虹控股出现一根宽幅振荡的涨停大阳线，向上突破了颈线压制，W 底确认。在此位置出现的宽幅振荡 K 线，意味着资金在积极入场抢筹，后市有上行的空间。

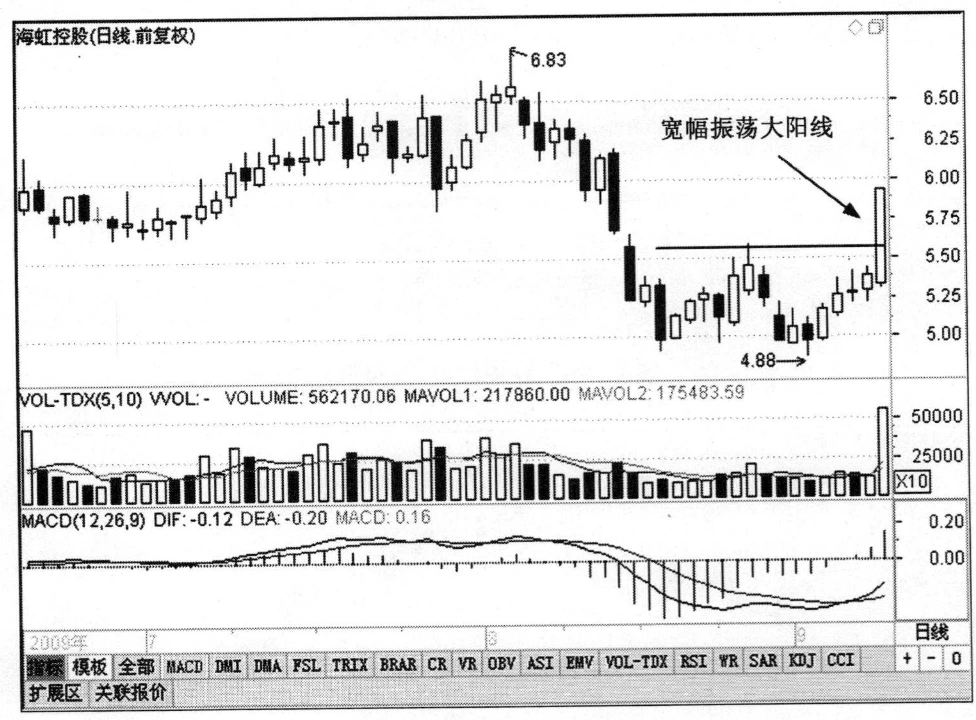

图 1－42 海虹控股 000503

如图 1－43 所示，宽幅振荡大阳线出现之后，海虹控股进入一波直线拉升行情中。在此期间，该股又连续出现了三根宽幅振荡大阳线，将股价快速推高。2009 年 9 月 21 日，该股出现一根长上影线的宽幅振荡阳线，显示见顶迹象，这波飙升行情接近终点。

如图 1－44 所示，长上影线的宽幅振荡阳线出现之后，海虹控股进入了一波回调行情中。2009 年 10 月 9 日，该股再次出现宽幅振荡的涨停大阳

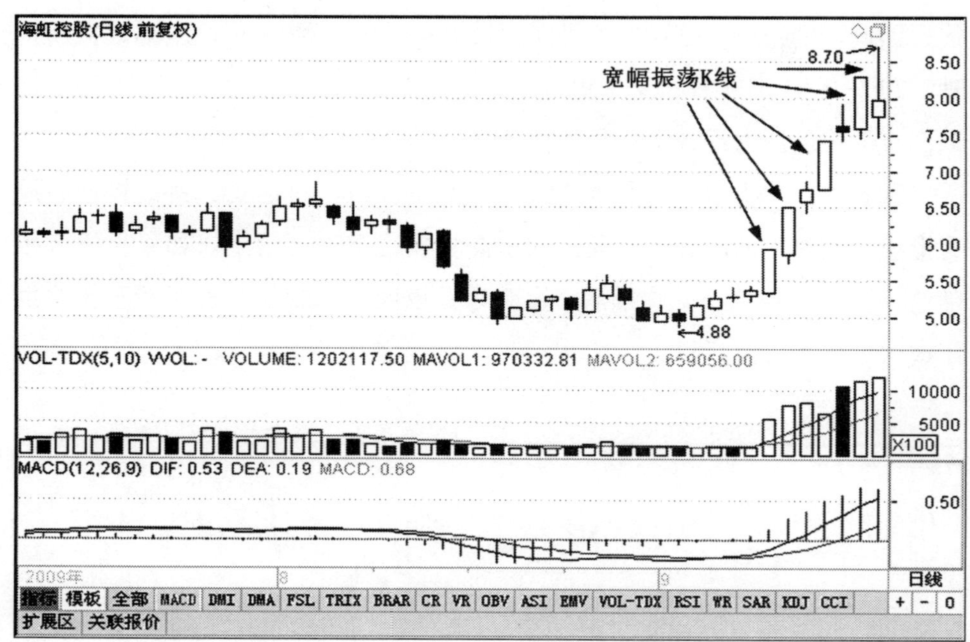

图1－43　海虹控股　000503

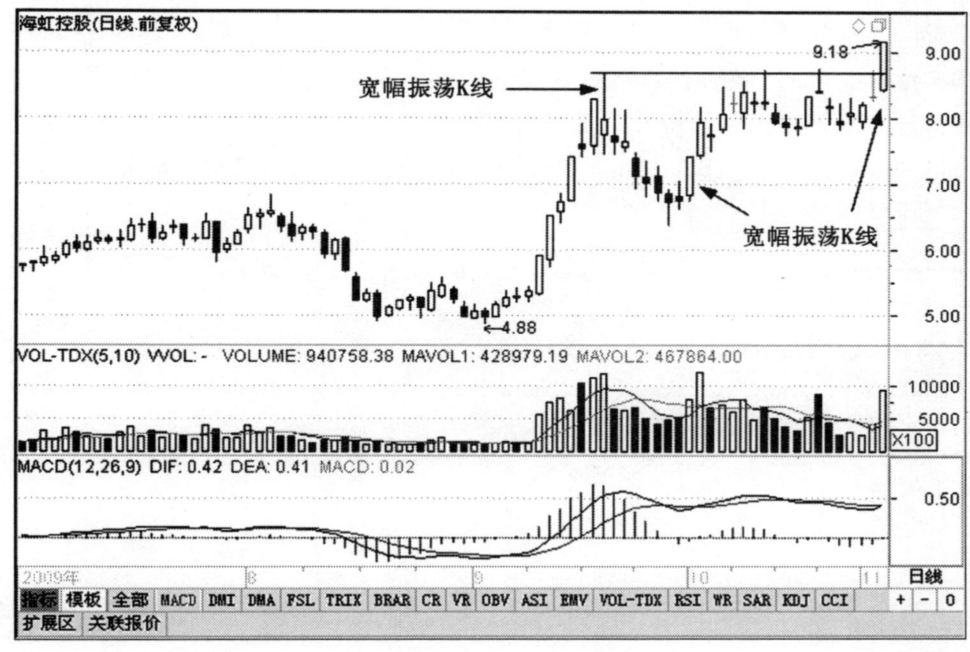

图1－44　海虹控股　000503

线，回调行情结束。随后，该股回到长上影线的宽幅振荡 K 线附近振荡整理。2009 年 11 月 4 日，又一根宽幅振荡的涨停大阳线出现，向上突破了前期高点形成的压力线，上行空间被打开。

如图 1－45 所示，向上突破的宽幅振荡 K 线出现之后，海虹控股并没有形成一波真正的涨势，反而进入了高位振荡整理行情中。如果投资者跟随这根突破 K 线入场，在随后一个交易日该股又出现长上影线的宽幅振荡阳线时就该择机离场了。

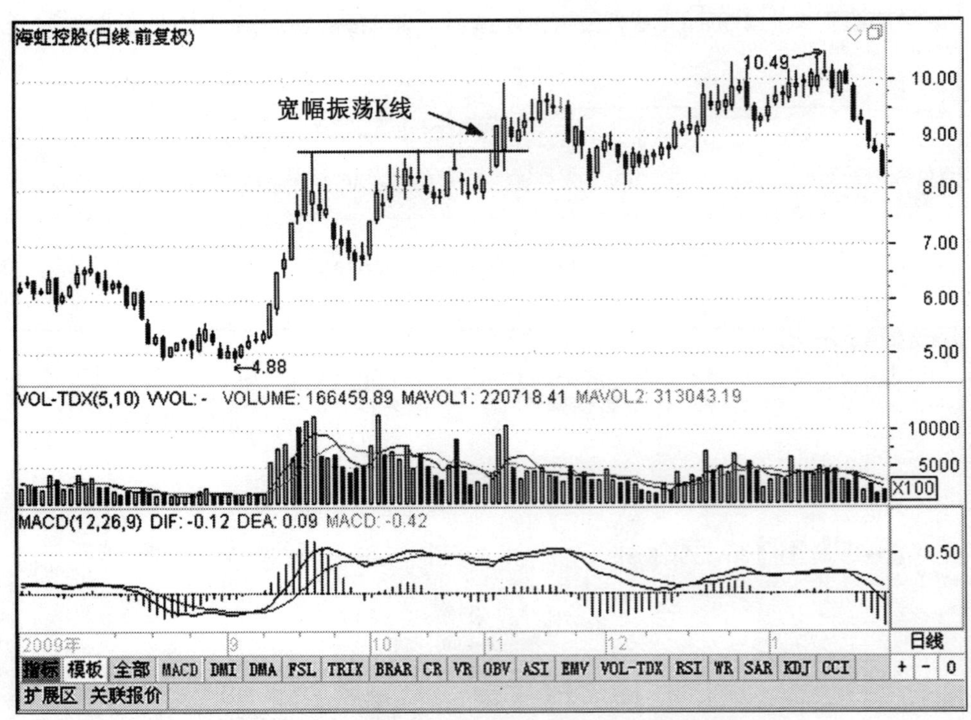

图 1－45　海虹控股　000503

四、鹤立鸡群——巨量K线

1. 招式图解

巨量K线，是指某个交易日的成交量明显高于此前一段时间内的日成交量（通常要求高于前一交易日1倍以上），意味着该股的筹码结构不够稳固，见图1-46。

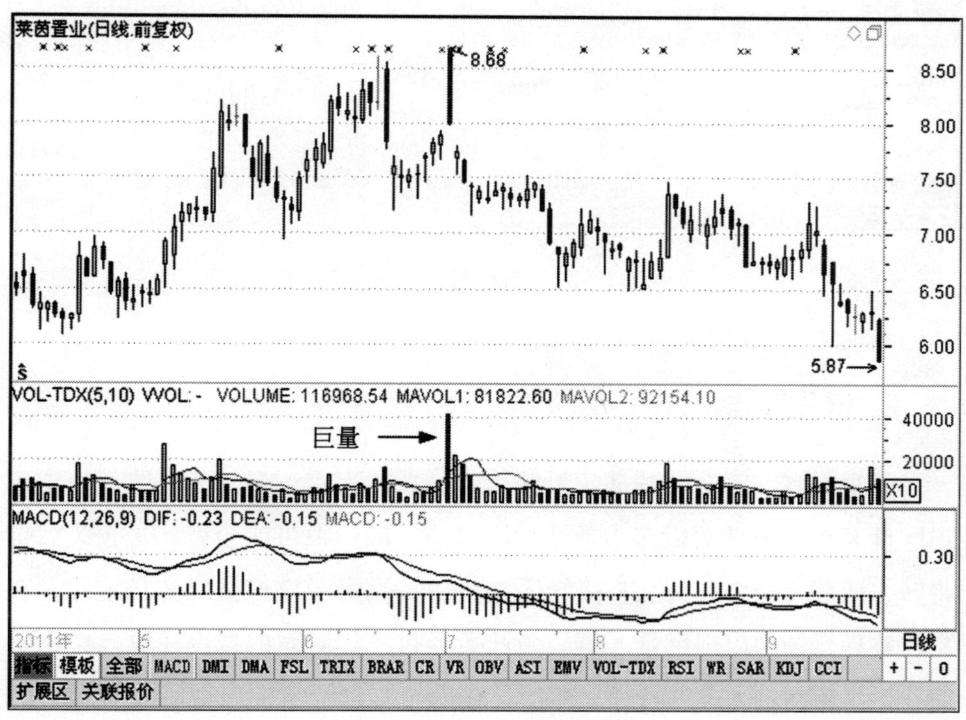

图1-46 莱茵置业 000558

除了在日线级别运用巨量K线判市之外，投资者还可以在分钟图、小时图、周线图、月线图上运用巨量K线观察市场，其特征和操作要点完全一致，见图1-47。

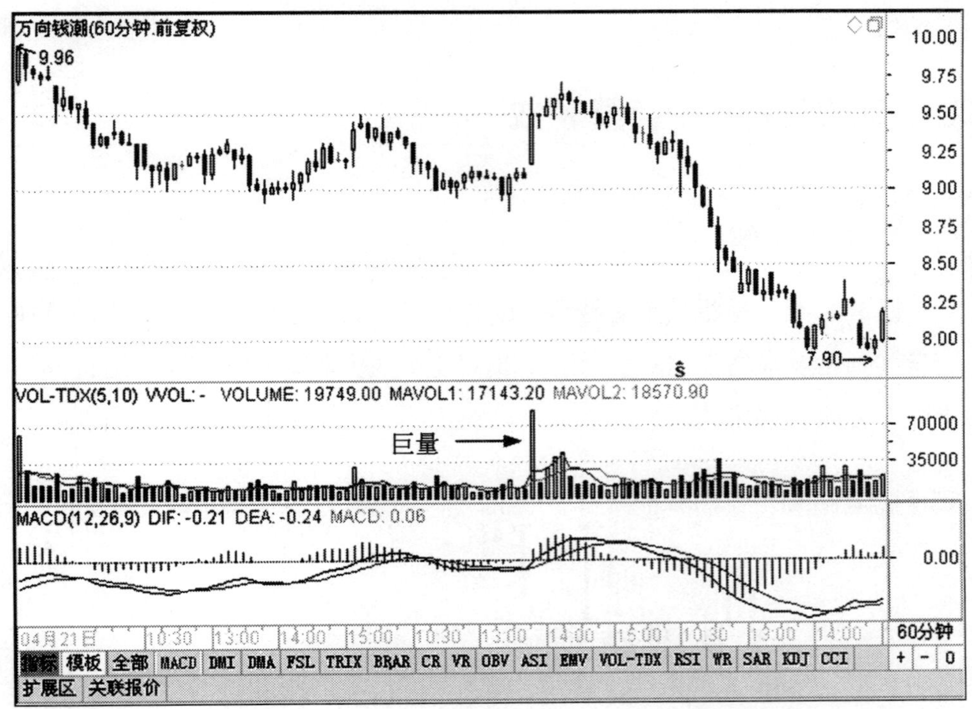

图1－47　万向钱潮　000559

2. 操作要点

通常而言，巨量K线属于看跌信号。具体而言，在一波上涨行情中出现巨量K线，意味着做多力量被过度释放，股价很可能会就此见顶，后市将转入回调行情中，甚至直接转入跌势中，投资者应该据此离场避险；在高位整理行情中出现巨量K线，意味着经过一段时间的振荡庄家已经出货完毕，后市将进入杀跌行情；相反，在低位整理行情中出现巨量K线，意味着上攻受阻，短期之内仍以调整为主，中长期仍有可能进入涨势。当然，每日的行情千变万化，投资者还是要结合实际情况进行具体分析，不可拘泥于此。

如图1－48所示，2011年9月15日，经过一波上涨之后，昆百大A出现一根巨量阴线，意味着股价很可能就此见顶。因此，投资者应该赶快清理手中的仓位，以避免潜在的风险。此后，该股经过短暂的高位整理，就进入到一波明显的跌势中了。

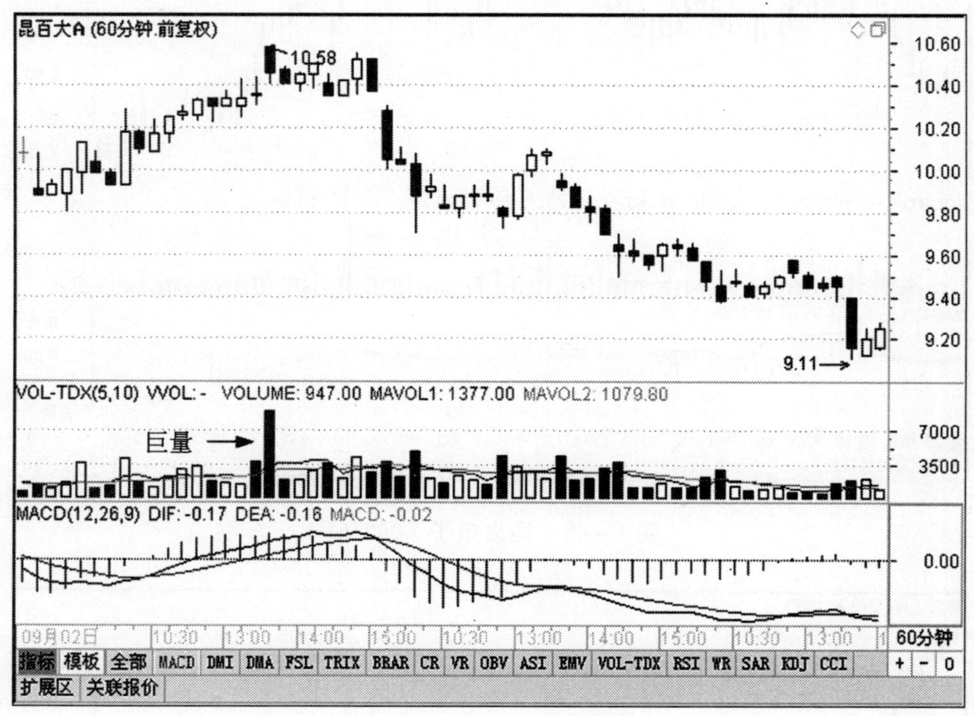

图1－48　昆百大A　000560

如图1－49所示，2010年12月8日，在一波振荡整理的末期，烽火电子出现一根宽幅振荡大阴线，显示该股无力向上突破，后市将向下发展。不仅如此，当日该股还出现成交量的明显放大，进一步加大了股价就此见顶的可能性。

如图1－50所示，2008年12月18日，经过一段时间的振荡之后，粤宏远A出现一根阳线，向上突破了整理区上边线的压制，后市看涨。不过，当日的成交量有些过度放大，这次突破消耗了太多的做多力量，意味着此时股价上行依然压力重重。随后，该股再次回调，继续清理盘中浮筹，为后市的拉升作准备。

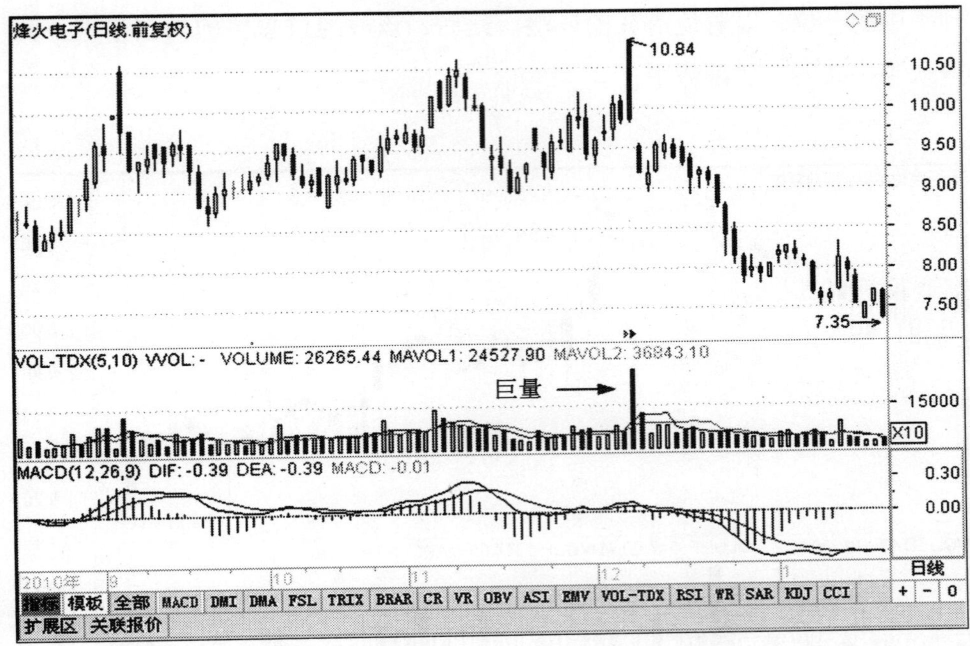

图1－49　烽火电子　000561

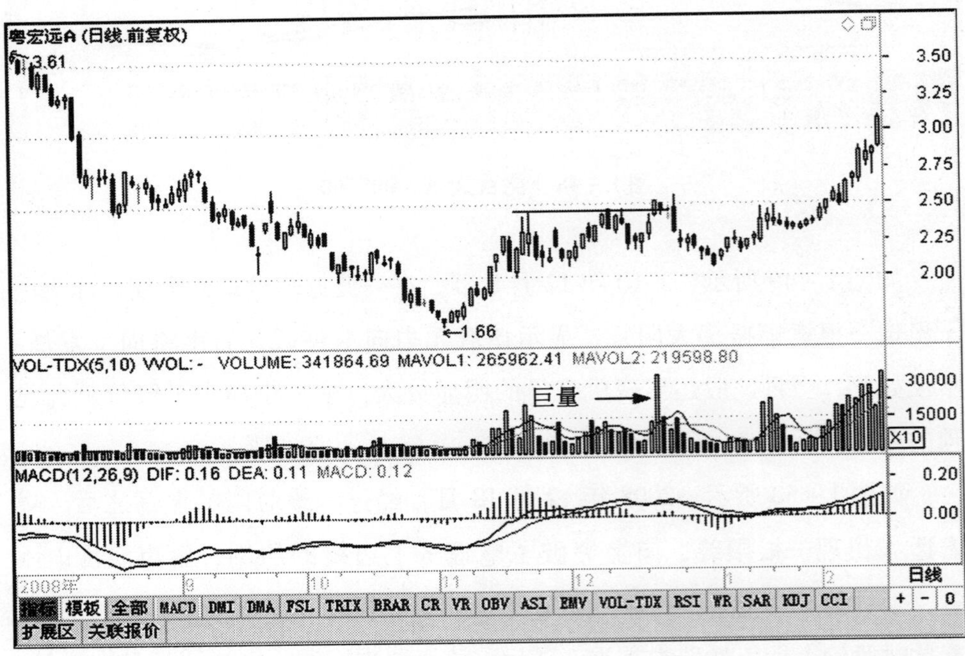

图1－50　粤宏远A　000573

3. 实战解析

如图1－51所示，2008年2月22日，友利控股出现一根长上影阳线，向上突破了整理区上边线压制，后市按理看涨。不过，当日的成交量过度放大，属于看跌信号。同一交易日，出现两种完全相反的交易信号，这就需要投资者进一步分析了。

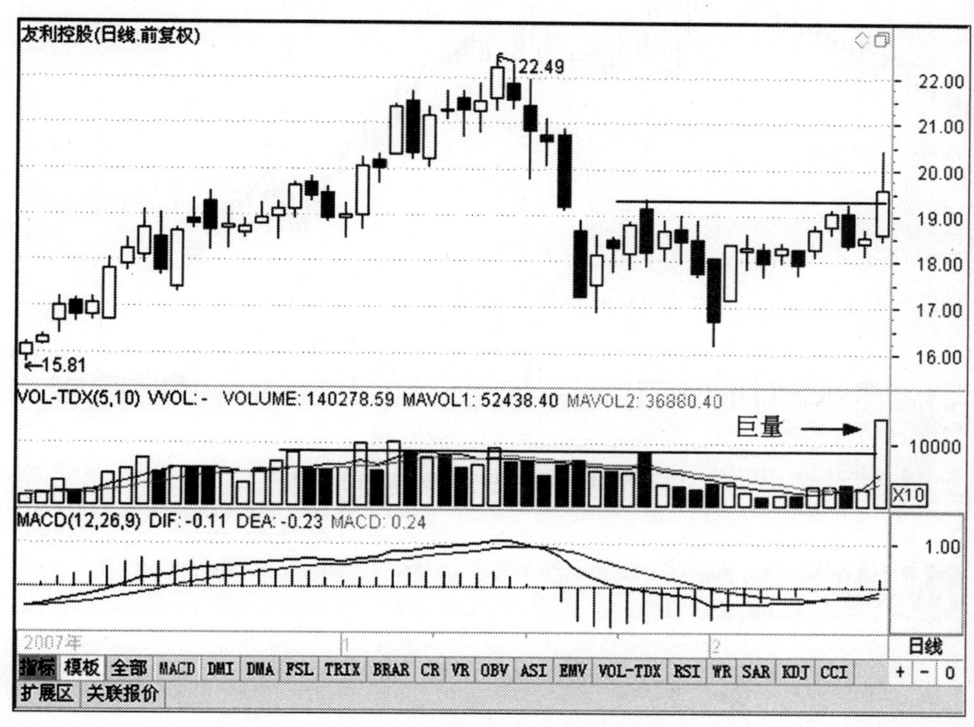

图1－51　友利控股　000584

假设此时该股处于回调行情中，当股价运行在回调的低位附近时，成交量应该保持萎缩状态。即使出现突破放量，也很少会明显超过此前涨势中的成交均量。因此，此处的极度放量，可以认定为资金在积极外逃，后市应该进入跌势的可能性更大。

如图1－52所示，长上影的巨量阳线出现之后，友利控股又继续振荡了一段时间，随后进入明显的跌势中。经过一段时间的下跌，该股在低位形成了头肩底形态。2008 年 5 月 12 日，该股出现一根涨停大阳线，向上突破了颈线压制，后市看涨。不过，同样的问题出现了，当日该股的成交量过度放大，涨势看来难以为继，除非从此日开始连续保持这种放量势头。

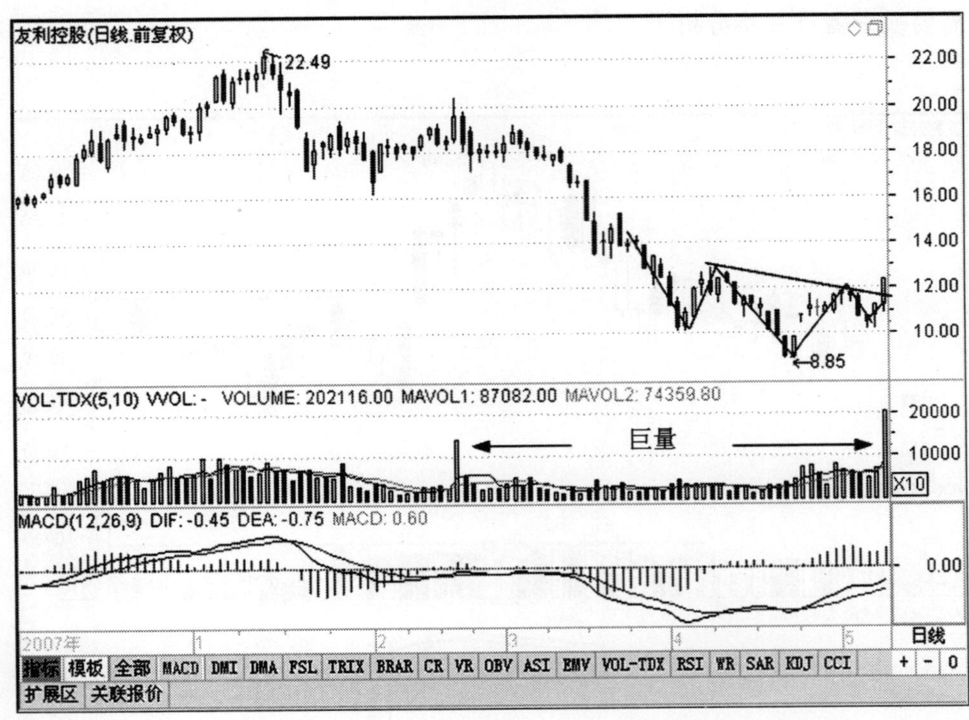

图 1－52　友利控股　000584

如图 1－53 所示，第二根巨量阳线出现之后，友利控股没能维持住突破之势，仅过了几个交易日就重新回到突破的压力线之下，形成假突破，后市不容乐观。随后，该股在压力线下又勉强维持振荡了一段时间，不过最终仍难免进入一波明显的跌势中。

如图 1－54 所示，2010 年 4 月 15 日，经过一波上涨之后，东北电气出现一根长上影大阴线，显示见顶迹象。不仅如此，当日该股的成交量极度放大，这进一步加大了该股就此见顶的可能性。因此，投资者应该择机离场避险。

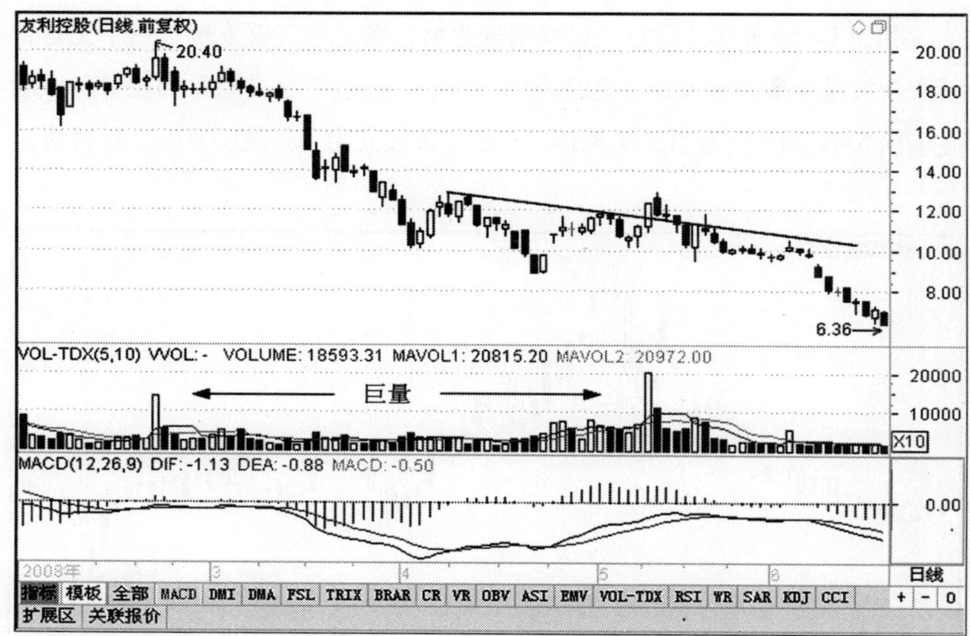

图1－53　友利控股　000584

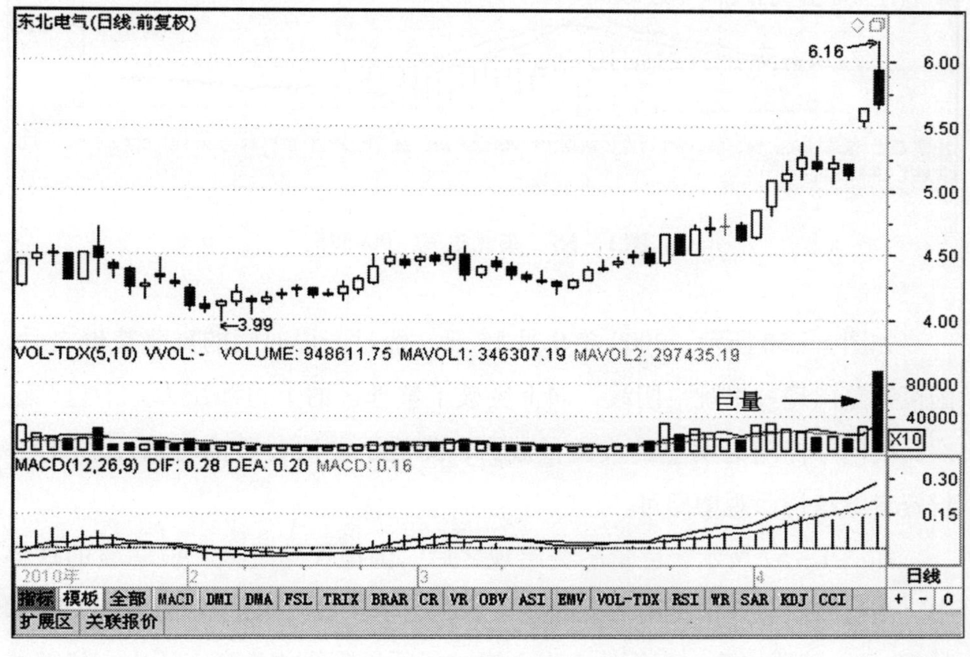

图1－54　东北电气　000585

如图1－55所示，巨量大阴线出现之后，东北电气仅下挫了一个交易日就重新放量冲高，进入到明显的诱多行情中。经过三个交易日的拉升，该股在创出6.42元的高点后二次见顶。随后，该股开始了一波明显的下跌行情。

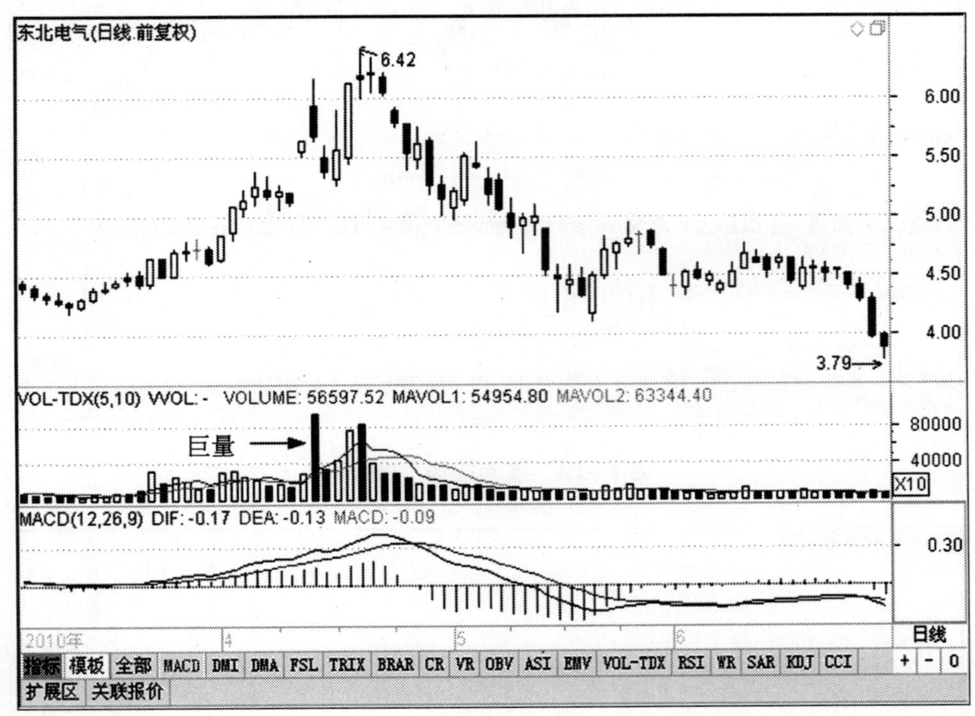

图1－55　东北电气　000585

如图1－56所示，2009年9月15日，经过一段时间的振荡整理之后，国恒铁路出现一根跳空阴线，向上突破了整理区的上边线压力。不过，这次突破同样伴随着明显的成交量放大，降低了此次突破的可信度。因此，投资者继续持币观望即可。

如图1－57所示，巨量阴线出现之后，国恒铁路进入一波明显的跌势中。当这波跌势在前低附近见底企稳后，一个扩散三角形成形。2009年10月26日，该股出现一根阳线，向上突破了巨量阴线的最高点压力，伴随着成交量的放大，后市看涨。

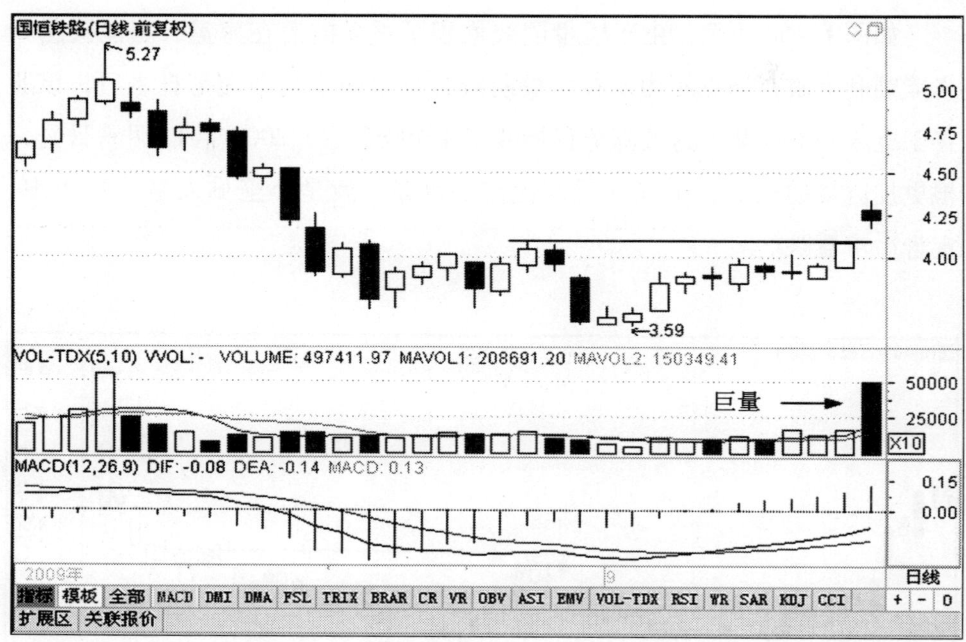

图 1-56 国恒铁路 000594

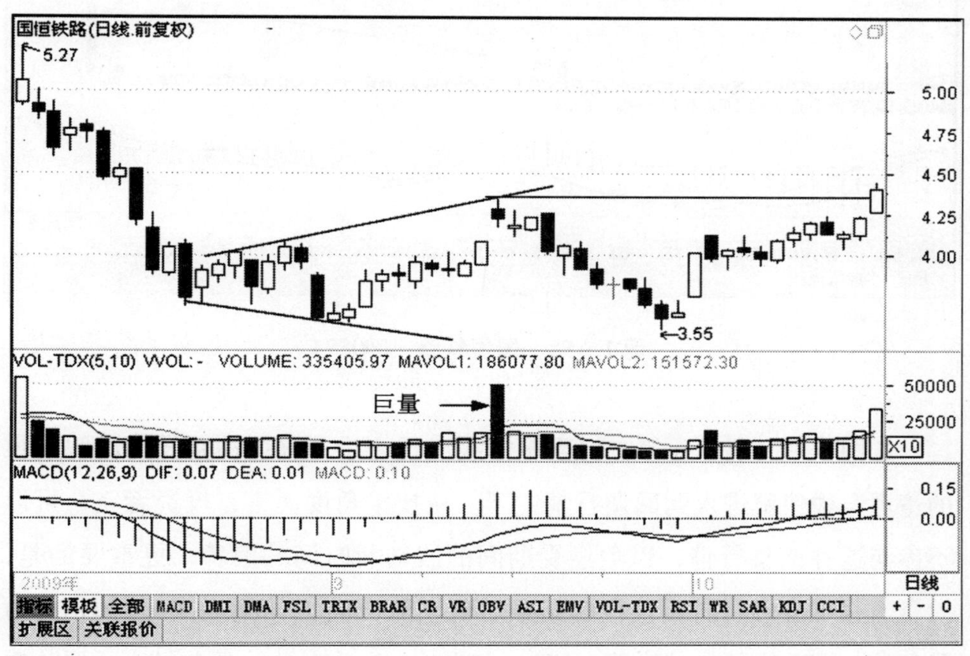

图 1-57 国恒铁路 000594

如图1－58所示，由于巨量阴线堆积了很多的潜在卖盘，国恒铁路并未能顺利突破其高点压力。在巨量阴线高点整理了几个交易日之后，该股终于进入一波涨势。这波涨势仅持续了4个交易日，2009年11月6日，一根更加巨量的长上影阴线（反观此前的巨量，就是小巫见大巫了）出现，宣告后市看跌。

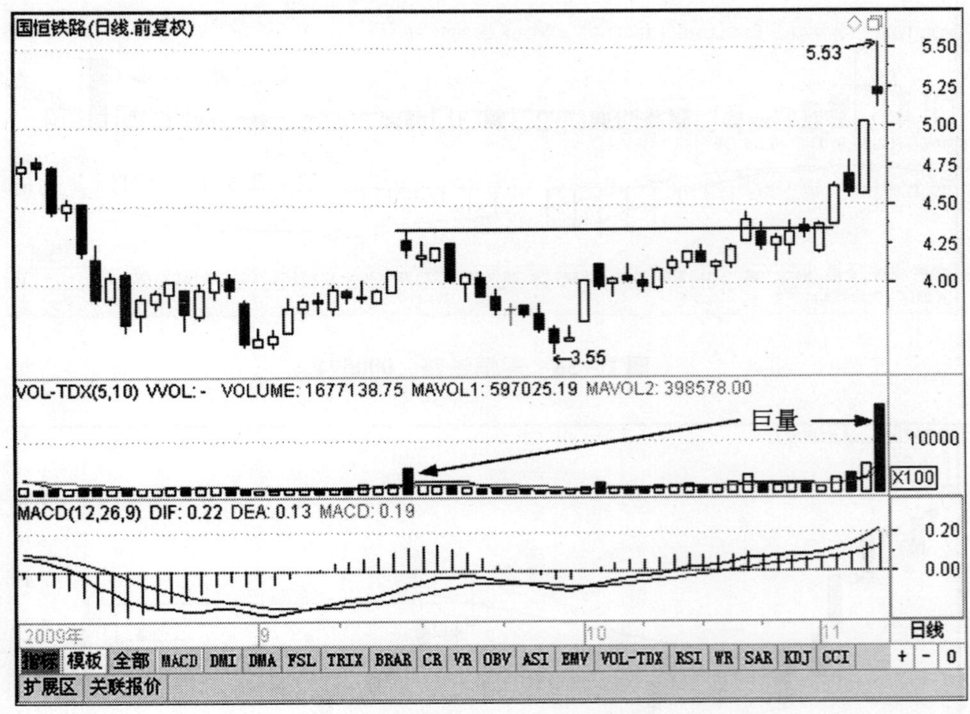

图1－58　国恒铁路　000594

如图1－59所示，第二根巨量阴线出现之后，国恒铁路没能逃脱见顶的遭遇，很快就进入到回调行情中了。从技术角度而言，投资者完全可以不参与这种调整行情，以免经受期间的波动和时间的浪费。更重要的是，投资者很难准确判断调整行情结束后的发展方向（如果能准确判断方向，避免参与调整行情更是小菜一碟）。如果持股坚守其中，调整结束后股价继续上涨还好，假使调头下跌那就被动了。

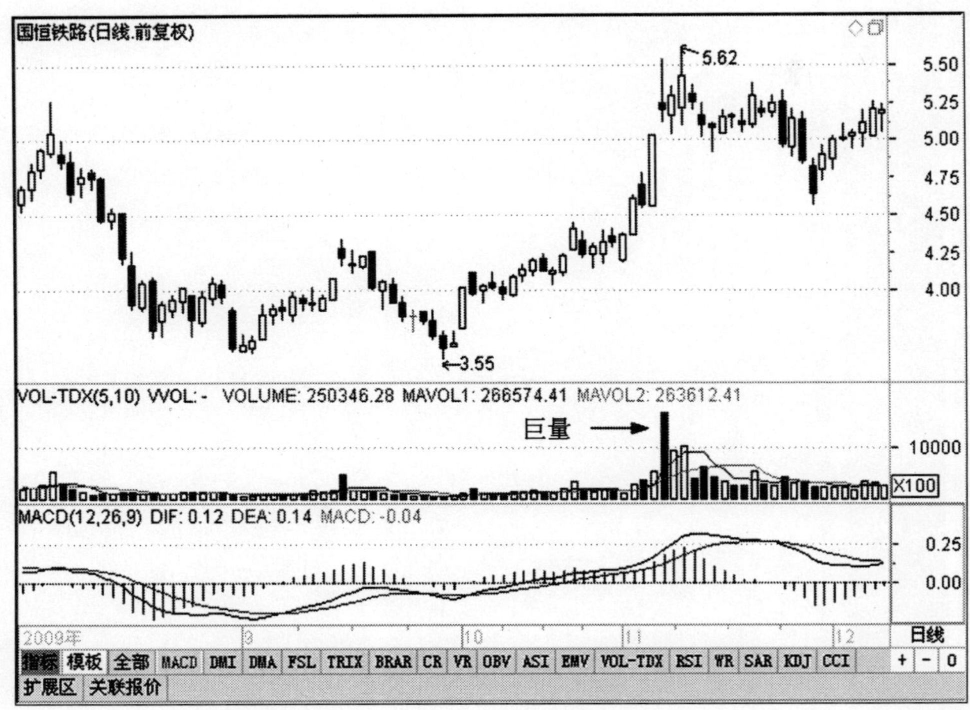

图1－59　国恒铁路　000594

第2章

看跌K线组合

在K线技术中，存在很多看跌的K线技术组合。当这些组合K线出现时，代表着多空双方交战时，空方明显占据优势，且有延续下跌的态势。看跌K线组合出现后，有时多方也有可能出现绝地反攻，那种情况有另外的研判办法，但这是一种低概率事件。我们要把握的就是一种高概率的，可能性高的技术，以此让我们在出现不良的信号时，获得风险提示并制定出相应的交易措施。

一、三只乌鸦

1. 招式图解

三只乌鸦，是指在一波涨势或者一波整理行情的末期，出现三根连续创出新低的阴线（整体跌幅通常较大），其开盘价都在前一根阴线的实体内（或者实体下方），其收盘价都接近当日的最低价，意味着做空力量开始占据上风，后市将会转入下跌行情或者整理行情中，见图2－1。

2. 操作要点

三只乌鸦属于看空信号，投资者应该据此耐心持币观望。由于三只乌鸦的整体跌幅通常较大，持股的投资者如果等待该组合确认之后再离场，将导致明显的亏损。因此，通常不将三只乌鸦作为离场信号，而是作为持币信号对待。

持币信号：三只乌鸦确认的当日。

止损点：当股价短期之内放量向上突破三只乌鸦的最高点压力时。

如图2－2所示，2011年4月25日，在一波高位整理行情的末期，四环生物连续出现三根阴线，形成了三只乌鸦组合，而且向下突破了整理区的下边线支撑，意味着整理行情结束，后市将进入下跌走势中。面对这个明确的看空信号，投资者要做的就是持币观望。

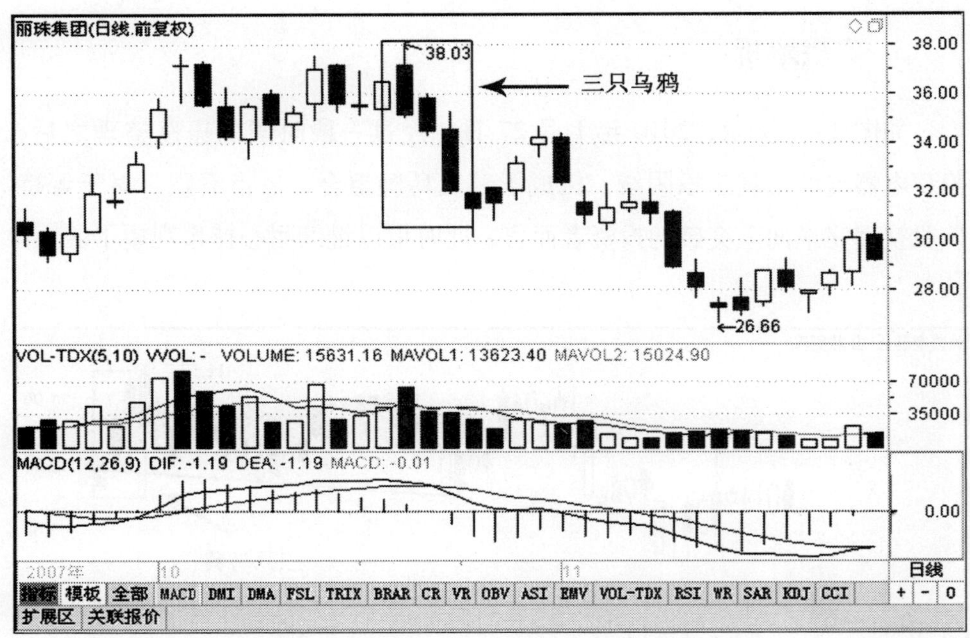

图2－1　丽珠集团　000513

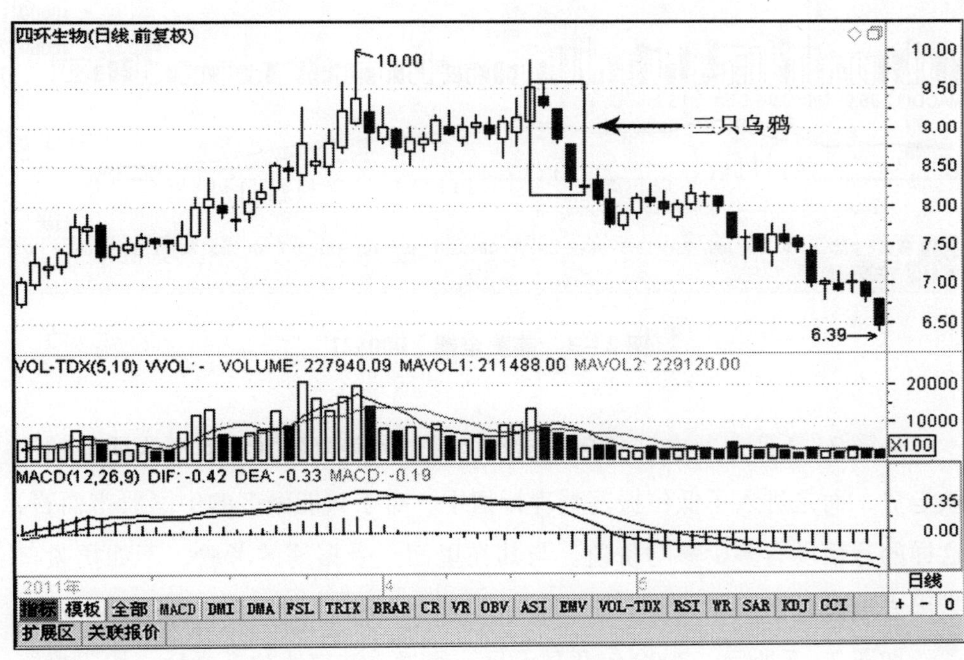

图2－2　四环生物　000518

3. 实战解析

如图2－3所示，2010年1月27日，经过一段时间的振荡整理之后，美菱电器连续出现三根阴线，构成了三只乌鸦组合，后市看跌。对于等待该股整理完毕向上突破的投资者而言，此时可以继续耐心持币观望了。

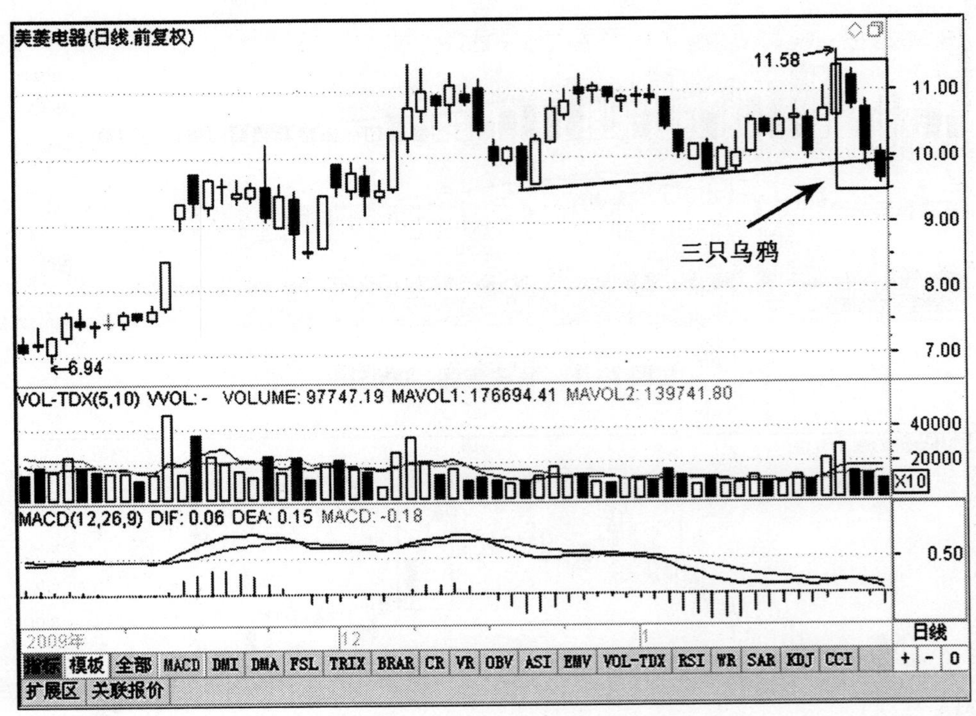

图2－3　美菱电器　000521

如图2－4所示，在三只乌鸦出现之后，美菱电器并没有进入明显的下跌走势，而是进入了低位振荡整理行情中。对于只能做多的中国股市而言，这样的行情没有多少参与价值。与其在里面经受振荡的考验，不如捂紧口袋出去逍遥自在。

如图2－5所示，2009年9月1日，经过一波直线拉升之后，旭飞投资出现一个三只乌鸦组合，意味着股价进入回调行情中。此时，投资者应该

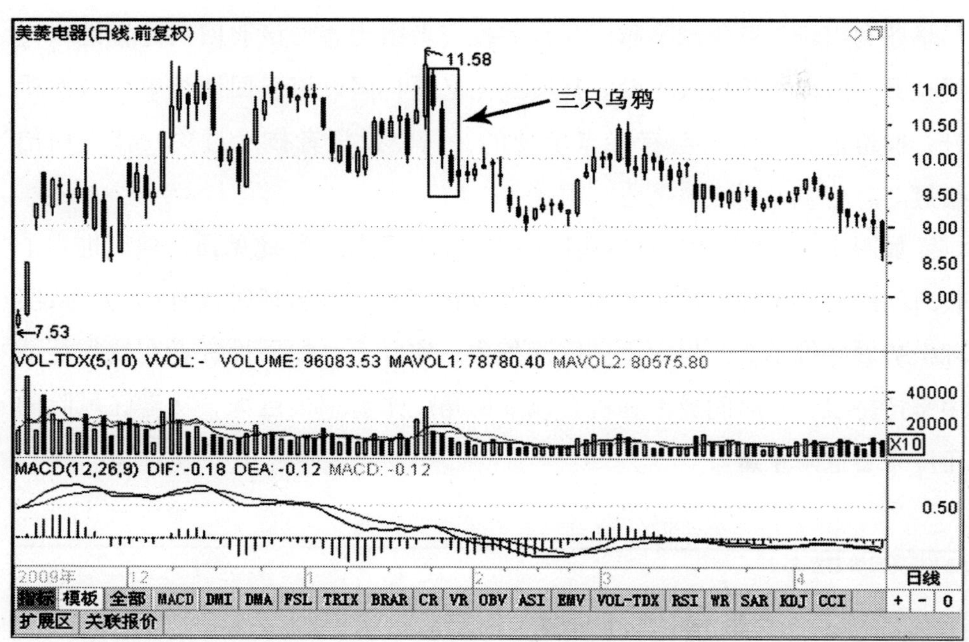

图2－4　美菱电器　000521

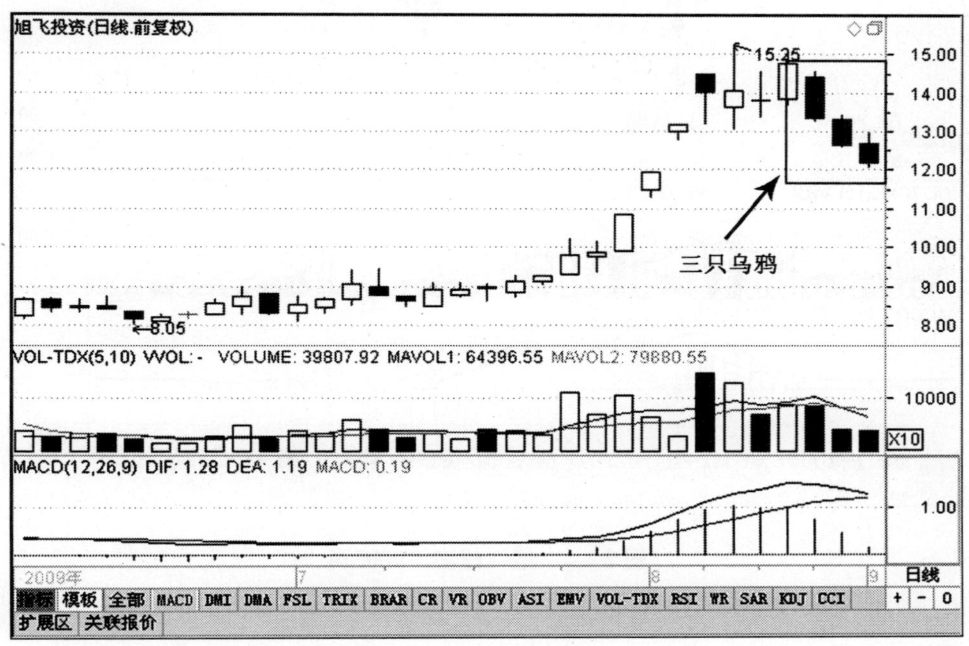

图2－5　旭飞投资　000526

尽早获利出场，避免越陷越深。有些投资者因为害怕该股回调完会继续直线拉升，所以坚持持股不动。其实毫无必要！假设该股回调结束后再次飙升，股价走势中一定会有买点出现的，只要投资者技术过关，就不用怕错过。

如图2－6所示，三只乌鸦出现之后，旭飞投资就此见顶，随后进入了长时间的振荡整理行情中。如果投资者在三只乌鸦出现时没有离场，从实际走势看好像不会产生太大的账面损失。实际上，如果投资者在整理行情中坚持持股，从时间成本和机会成本的角度来看损失巨大，从潜在风险的角度来看危险重重。

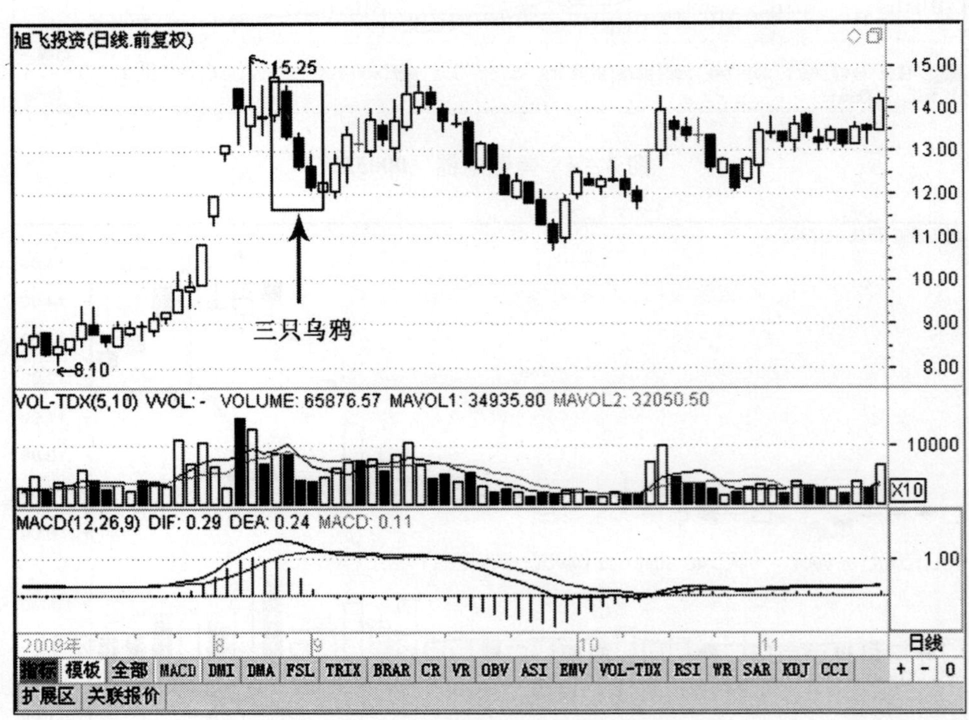

图2－6　旭飞投资　000526

如图2－7所示，2011年7月21日，在连续两个涨停之后，广弘控股出现一个三只乌鸦组合，显示见顶迹象。不仅如此，该组合还弥补了此前的向上跳空缺口，进一步加大股价就此见顶的可能性。因此，投资者应该尽早离场避险。

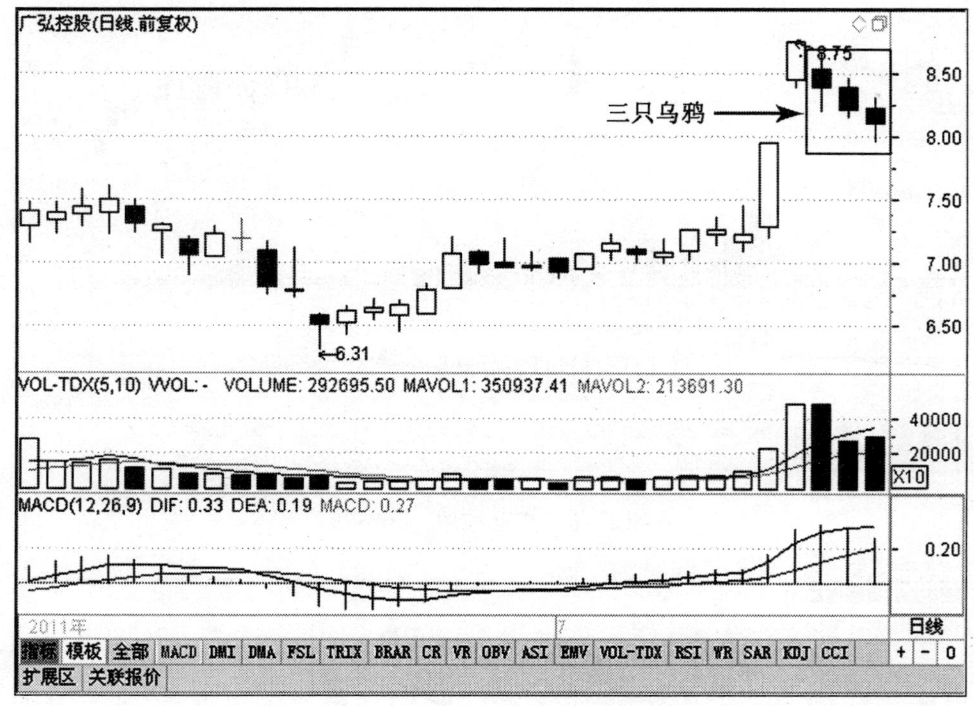

图 2－7　广弘控股　000529

如图 2－8 所示，三只乌鸦出现之后，广弘控股并不是像前两只股票一样进入整理行情中，而是稍作停留就进入到一波明显的跌势中。如果投资者没有及时离场，就会导致利润大幅度回吐，甚至将一笔赚钱的交易守成了亏损的交易。

如图 2－9 所示，2010 年 4 月 19 日，经过一段时间的振荡整理之后，穗恒运 A 出现三只乌鸦组合，就此拉开了一波直线下跌行情的序幕。

2010 年 4 月 30 日，在这波已经成形的跌势中，穗恒运 A 又一次连续出现三根阴线，形成三只乌鸦。在跌势中发现看空信号，毫无疑问意味着后市仍有下行空间，投资者继续耐心持币吧！

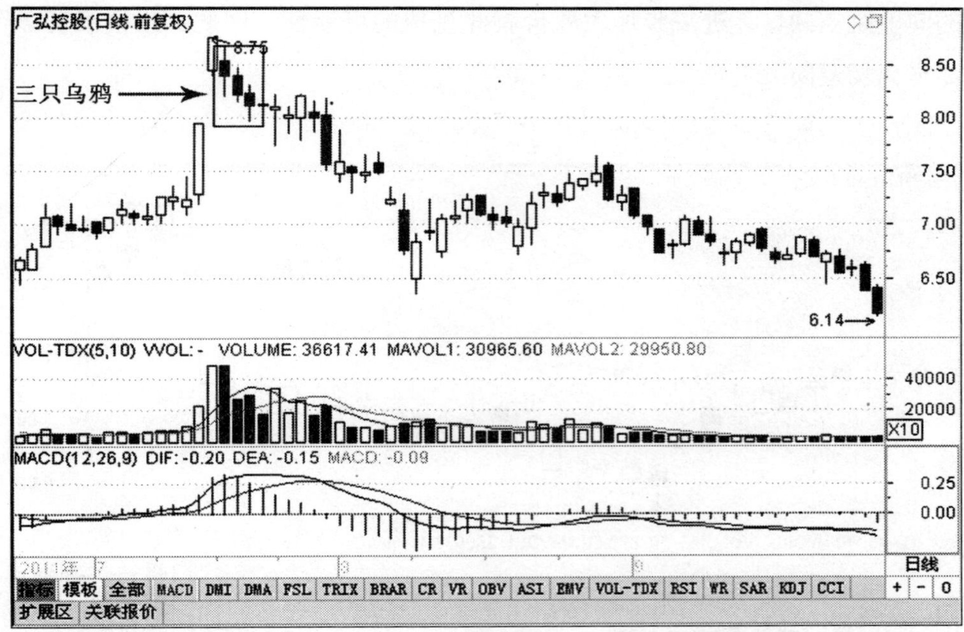

图 2-8 广弘控股 000529

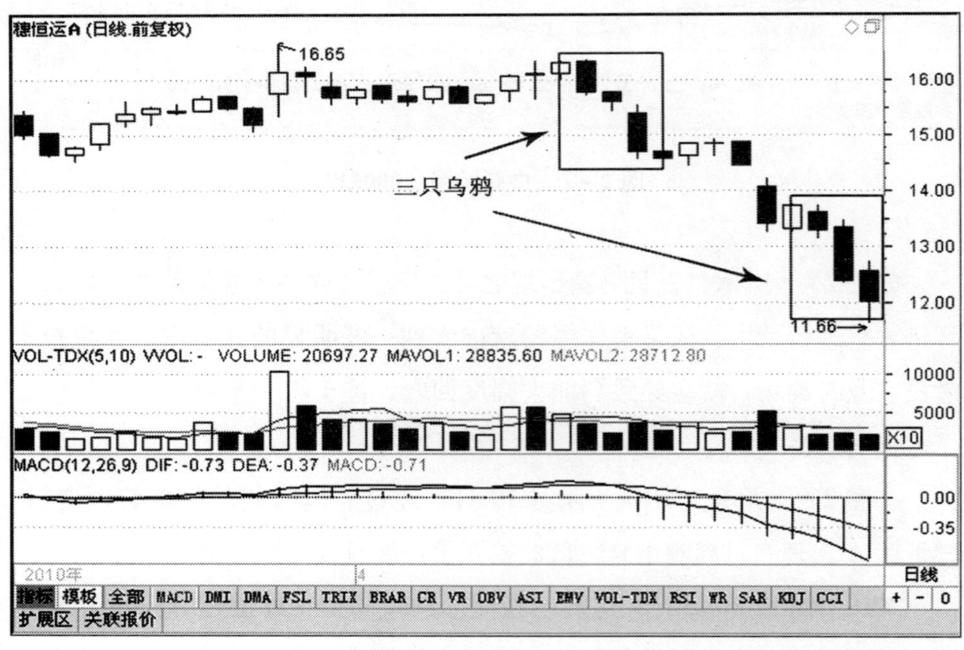

图 2-9 穗恒运A 000531

如图 2－10 所示，第二个三只乌鸦出现之后，穗恒运 A 继续其下行的脚步，直至创出 9.35 元的低点。即使从这个看空组合的最低点开始计算，这波跌势的最大跌幅都接近 20% 了，实在不容小觑。

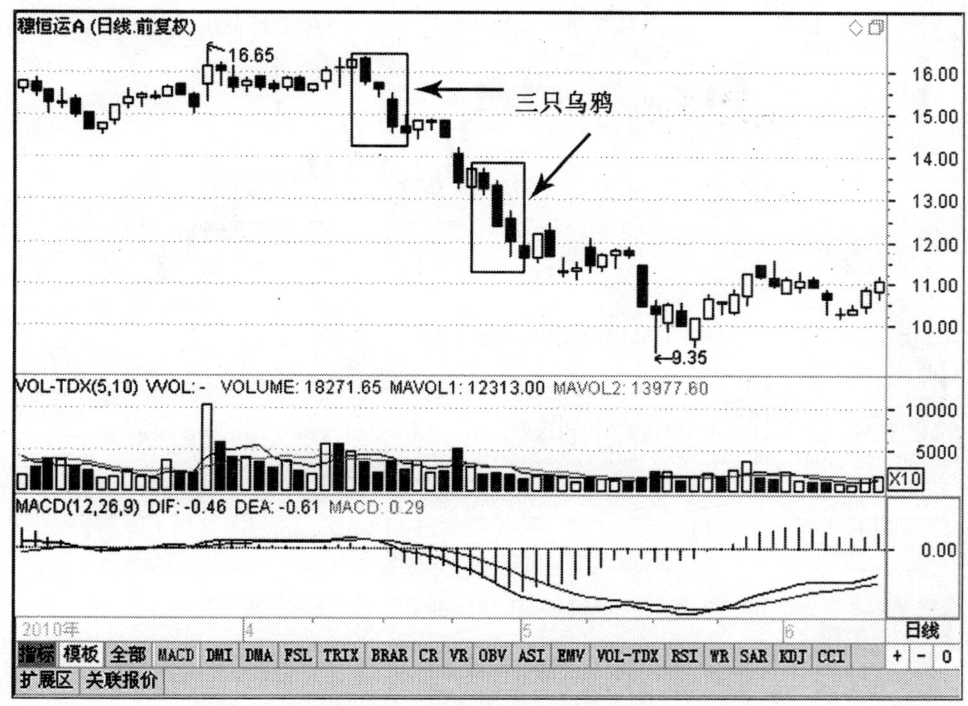

图 2－10　穗恒运 A　000531

二、下降三部曲

1. 招式图解

下降三部曲，通常由五根 K 线构成，首先是一根急跌大阴线，随后连续出现三根小 K 线，实体均包含在第一根大阴线的波动范围之内，同时成交量没有明显放大，最后又出现一根大阴线，收盘价创出新低，见图

2－11。下降三部曲还有一种变形，第一根急跌大阴线后，有的会有四根、五根小 K 线。

图 2－11　中原环保　000544

2. 操作要点

下降三部曲属于持续看跌信号，通常预示着后市仍有下行空间。面对下降三部曲组合，投资者应该耐心持币。

持币信号：确认下降三部曲的当日。

止损点：如果下降三部曲出现后股价不跌反涨，当股价重新回到下降三部曲第一根阴线的价格范围内时，确认看空信号失效，投资者应该注意观察行情走势，以便判断是否该择机入场。

如图 2－12 所示，2007 年 10 月 18 日，经过一波下跌之后，光华控股出现一个下降三部曲组合，意味着跌势仍未结束，后市仍有下行的空间。既然股价还没有见底，投资者根本无须考虑，继续耐心持币等待吧！

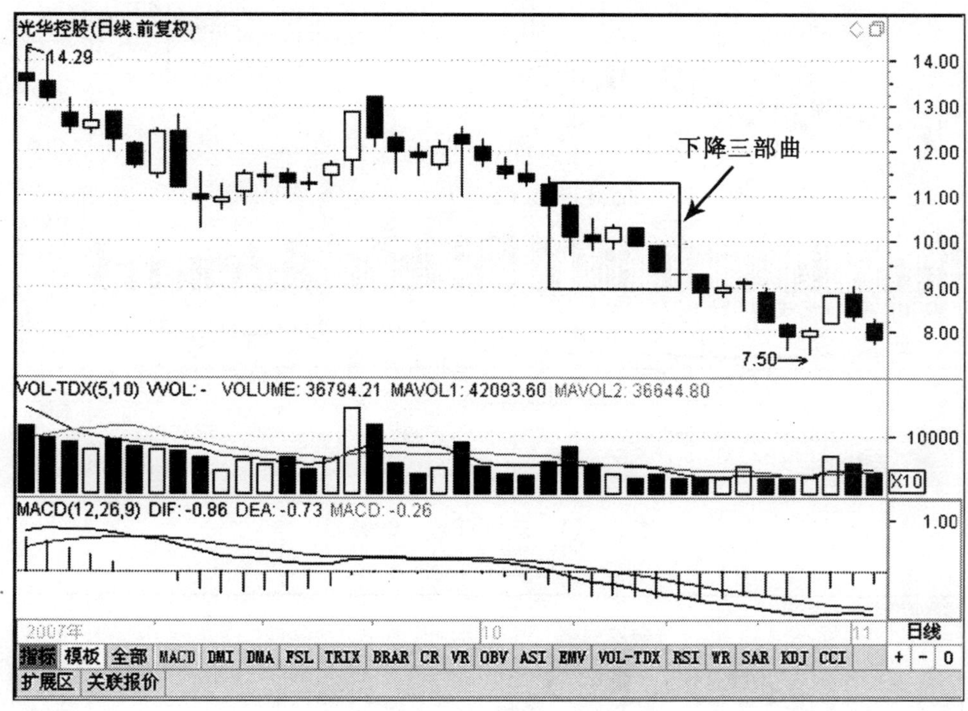

图2－12　光华控股　000546

3. 实战解析

如图2－13所示，2009年8月18日，在一波下跌行情中，宏源证券出现一个下降三部曲组合，后市看跌。另外，该组合的第一根阴线向下有效跌破了颈线支撑，头肩顶形态确认，这进一步加大了后市下跌的可能性。面对如此危险的行情走势，投资者只有持币一条路。

如图2－14所示，下降三部曲出现之后，宏源证券继续向下探底，直至创出16.86元的低点后才出现一波像样的反弹。以下降三部曲的收盘价为起点，这段行情的最大跌幅超过20%。尽管中国股市暂时不能做空，不

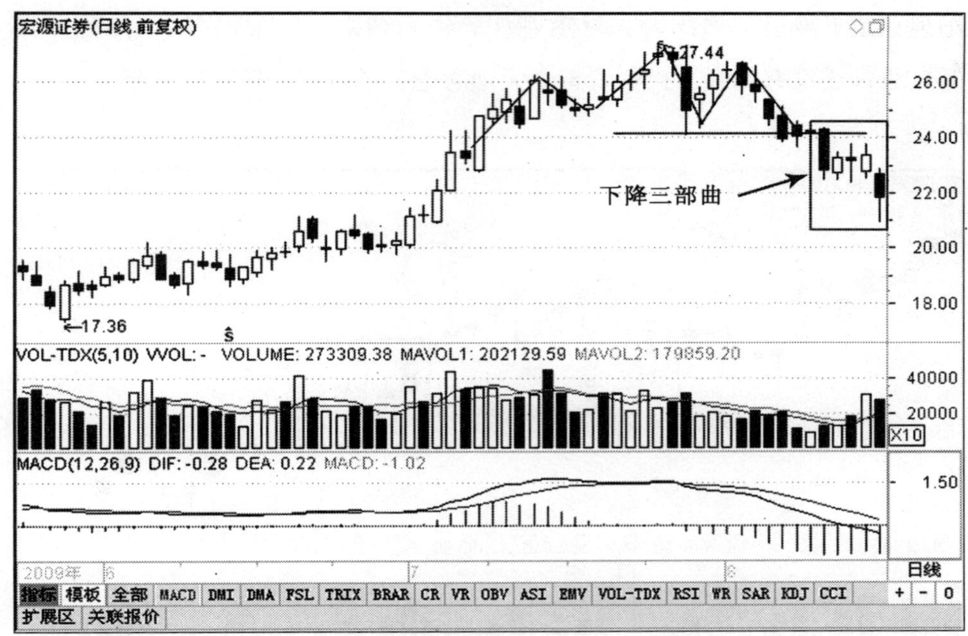

图2－13　宏源证券　000562

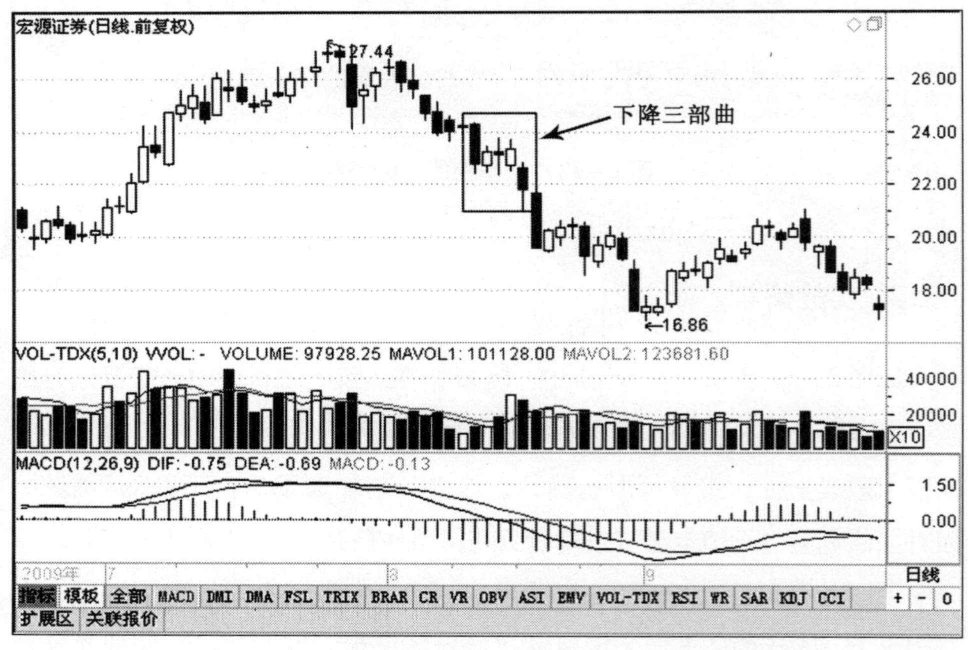

图2－14　宏源证券　000562

过躲过这样幅度的下跌，已经相当于赚钱了，因为同样的钱此时可以买更多的股票了。

如图2－15所示，2010年3月10日，在突破前高压力之后，桐君阁没能顺势上攻，反而渐走渐低，形成一个下降三部曲组合，确认此前的向上突破为假突破，短期之内该股很难重回涨势。至于这个看空信号引发的是一波跌势还是盘整势，那还是需要市场自己来给出答案的。

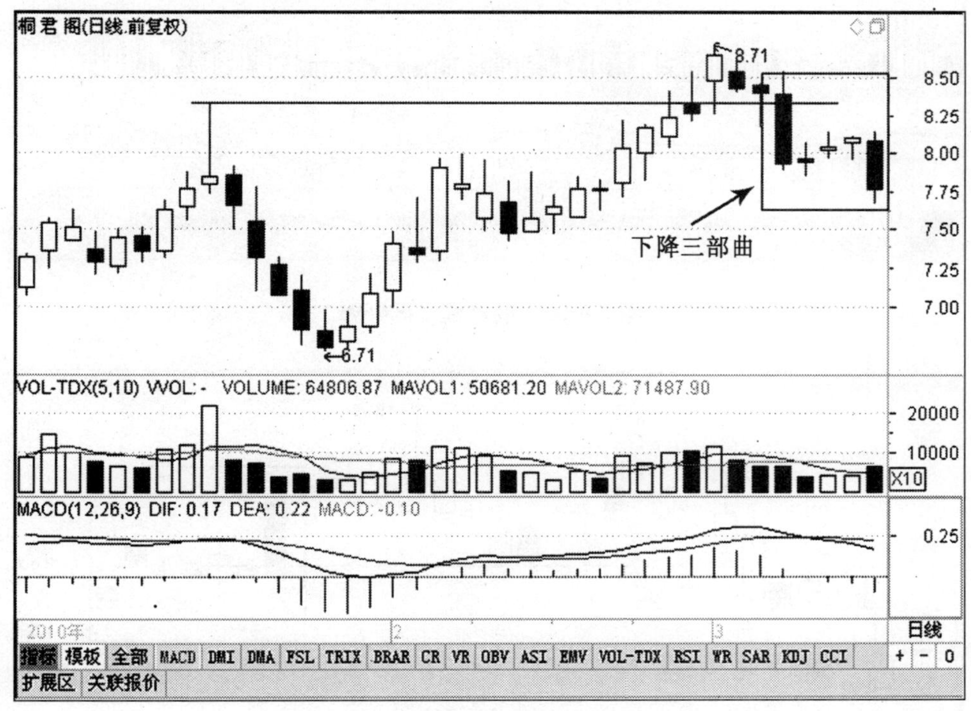

图2－15 桐君阁 000591

如图2－16所示，下降三部曲出现之后，桐君阁进入一波振荡整理行情中，并没有出现大幅度的下跌。经过一段时间的整理，该股重新回归涨势。在上涨的过程中，该股出现了两次明显的向上突破，均为入场信号。不论投资者选择哪个突破建仓，都有一定的获利空间。

如图2－17所示，2011年7月25日，青海明胶出现一根大阴线。随

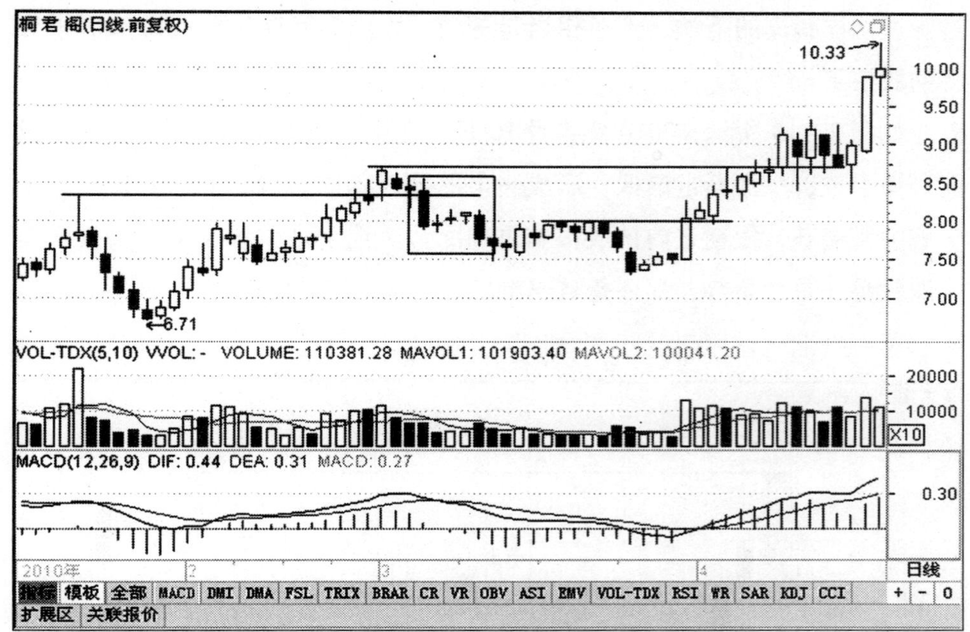

图 2－16　桐君阁　000591

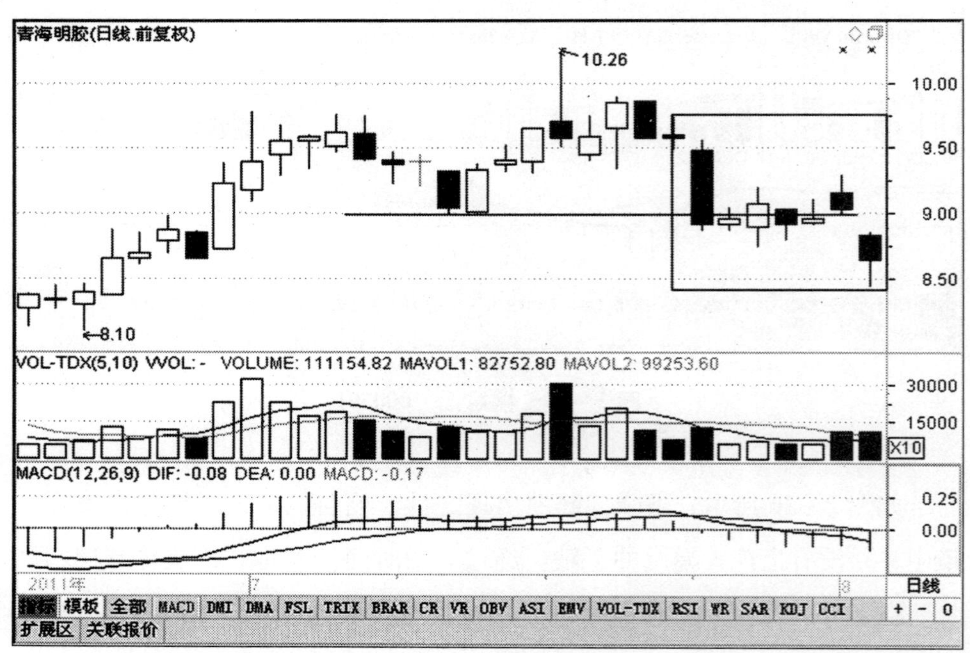

图 2－17　青海明胶　000606

后，该股连续出现五根小K线，活动于第一根大阴线的底部附近。2011年8月2日，该股出现一根跳空阴线，创出了收盘价新低。至此，“下跌、反弹、再次下跌”的下降三部曲演奏完毕，后市看跌。

不仅如此，最后这根跳空阴线，还向下突破了颈线的支撑，确认了M头形态，进一步加大了股价下跌的可能性。

如图2－18所示，这个并不标准的下降三部曲出现之后，青海明胶股价还是很标准地进入下跌行情中了。由本例可以看出，一个K线组合的形状构成并不重要，重要的是其内含的多空力度变化。投资者如果只是呆板地记忆K线组合的形状，在千变万化的市场中是无法到立足的。

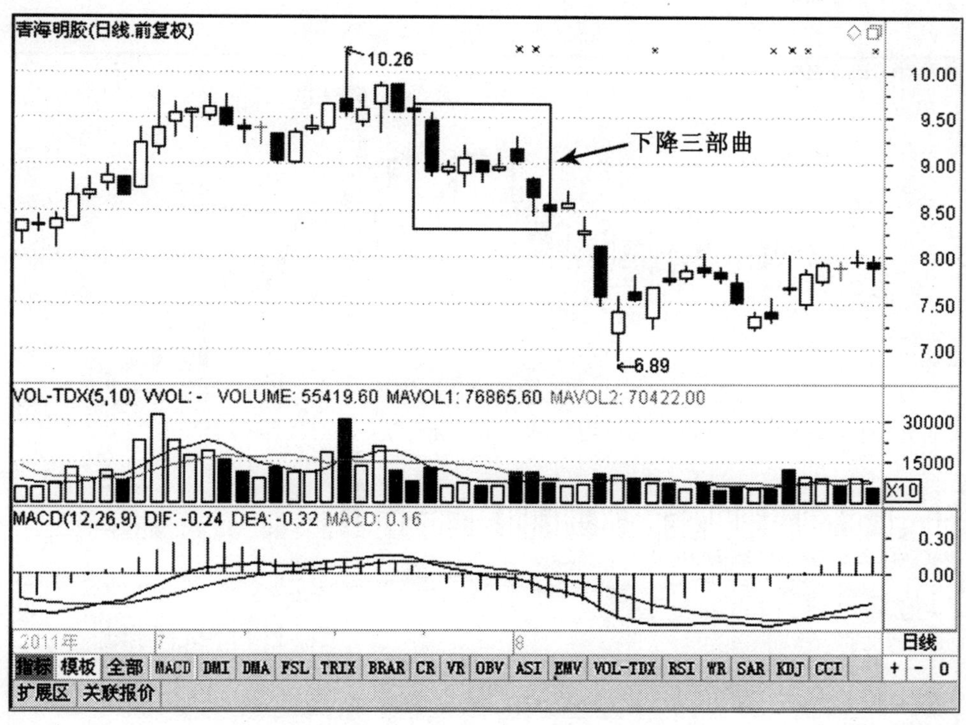

图2－18　青海明胶　000606

三、空方尖兵

1. 招式图解

空方尖兵，由多根K线构成，第一根K线是具有长下影线的K线（通常是阴线），随后连续出现多根小K线，在第一根阴线的振荡范围内波动，最后出现一根大阴线，向下跌破第一根阴线的最低点，同时创出收盘价新低，见图2－19。

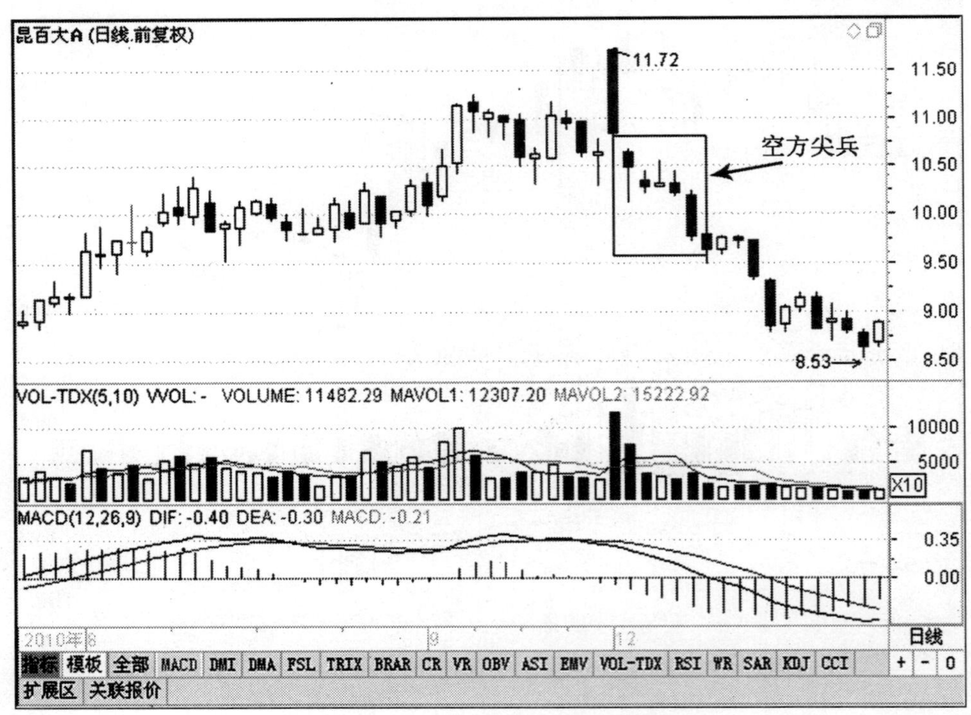

图2－19　昆百大A　000560

2. 操作要点

空方尖兵属于看跌信号，意味着股价经过一段时间的振荡整理之后，再次进入跌势。因此，投资者应该继续持币观望。

持币时机：空方尖兵确认当日。

止损点：如果空方尖兵出现之后，股价不跌反涨，当股价重新回到空方尖兵组合第一根 K 线的价格范围内时，确认看跌信号失效，投资者应该注意观察行情走势，以便判断是否该择机入场。

如图 2－20 所示，2010 年 4 月 19 日，渝三峡 A 出现一个空方尖兵组合，意味着跌势仍未结束，股价将继续下行探底。不仅如此，该组合的最后一根大阴线，还向下突破了振荡整理区间的下边线支撑，进一步加大了股价下跌的可能性。在此双重看跌的背景下，投资者除了持币别无选择。

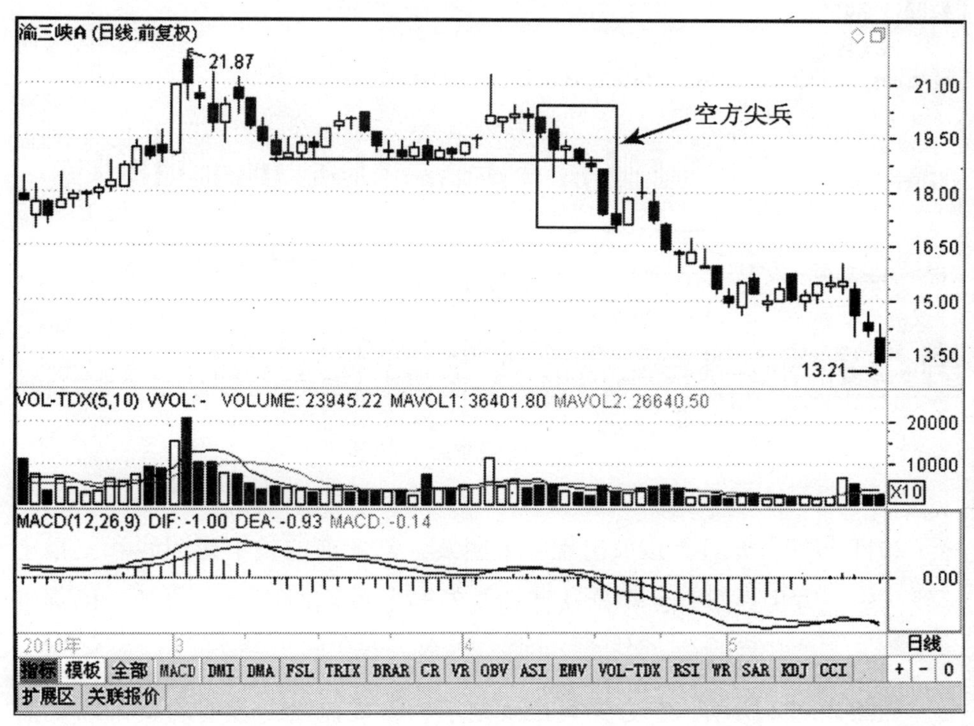

图 2－20　渝三峡 A　000565

3. 实战解析

如图2－21所示，2011年4月29日，西安旅游出现一根长下影线K线，恰好出现在跌破前低支撑的关键位置上，股价能就此止跌吗？此后，该股连续三个交易日出现小K线振荡，基本活动于长下影K线的下影线部分。至此，可以确认向下跌破前低支撑有效，后市看跌。

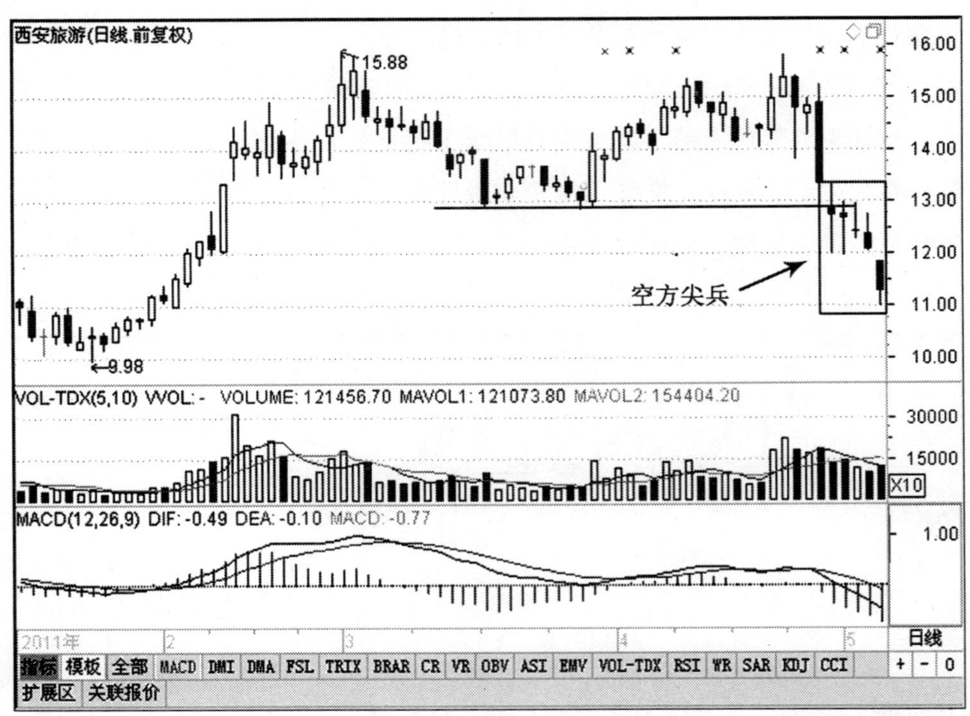

图2－21　西安旅游　000610

2011年5月6日，该股出现一根阴线，与此前的长下影阴线和三根小K线构成空方尖兵组合，在确认此前看跌判断的同时，预示着股价仍将继续下行。

如图2－22所示，空方尖兵出现之后，西安旅游并没有直接下跌，而是开始了多个交易日的横盘整理。整理结束，该股走出一根大阴线，将股价快速压低。结合空方尖兵的最后一根阴线和这根大阴线，以及期间的横盘小 K 线，就构成了下降三部曲组合，说明该股后市仍有下行空间。最终，该股在创出 9.23 元的低点之后，才真正形成一波像样的反弹。

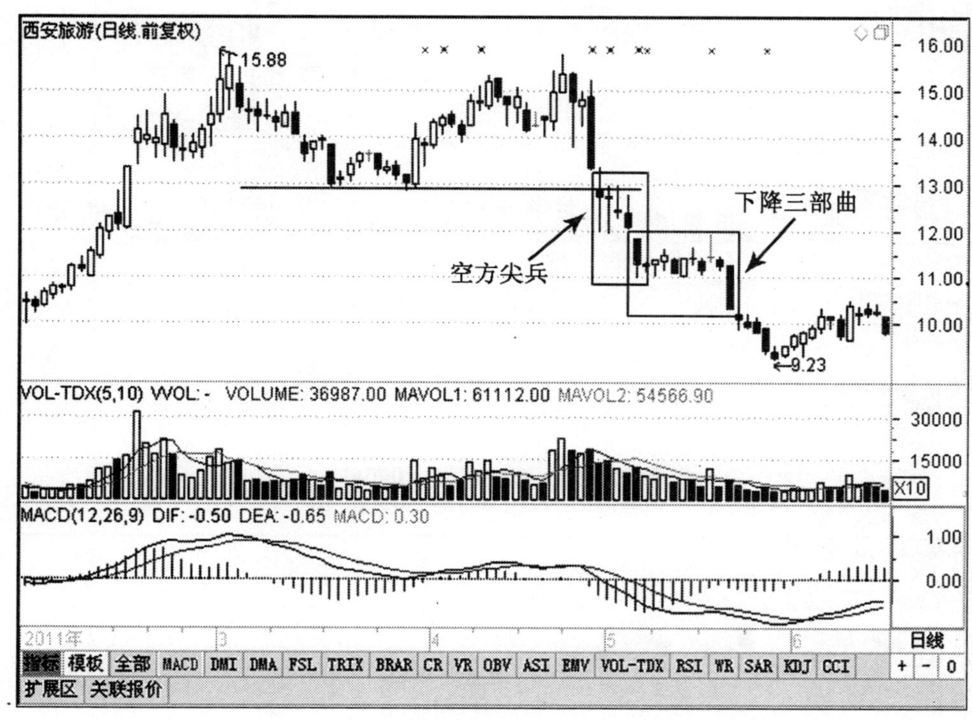

图 2-22　西安旅游　000610

如图 2-23 所示，2011 年 4 月 12 日，石油济柴出现一根长下影线的阳线，显示股价见底迹象。然而，随后数个交易日该股始终活动于这根阳线的长下影部分，做空力量完全占据上风，股价就此见底的可能性低。2011 年 4 月 22 日，该股出现一根大阴线，跌破长上影阳线的最低点，空方尖兵成形，后市仍有下行空间。

如图 2-24 所示，空方尖兵出现之后，石油济柴继续下行探底。2011 年 5 月 6 日，该股出现一根长下影阴线，与此前多根 K 线构成下降三部曲组合，后市继续看跌。当然，长下影 K 线属于见底警示信号，投资者也不

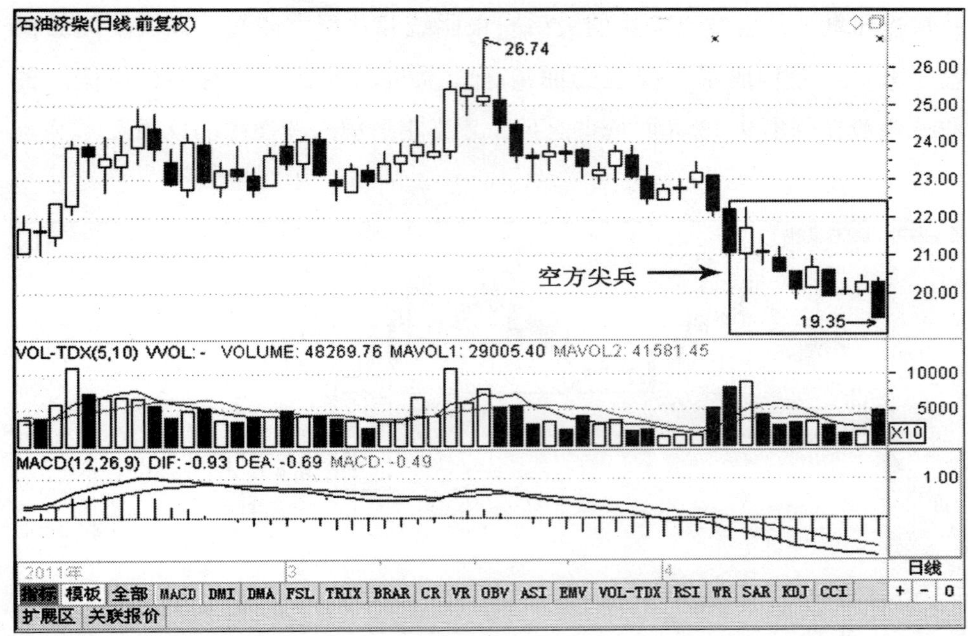

图 2－23 石油济柴 000617

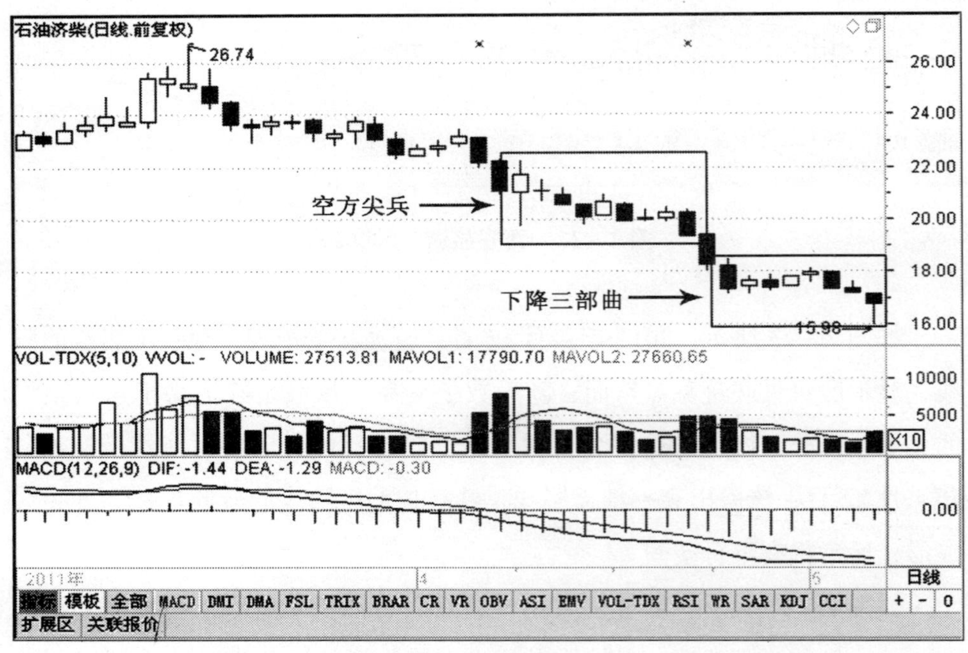

图 2－24 石油济柴 000617

可无视。

如图2－25所示，下降三部曲出现之后，石油济柴没有继续下跌，而是进入一波明显的反弹行情中（下降三部曲的看跌信号失效）。这波反弹行情的力度有限，都无法触及空方尖兵组合的下边线。反弹结束之后，该股继续下行探底。在此期间，没有买入信号出现，投资者依然是持币状态。

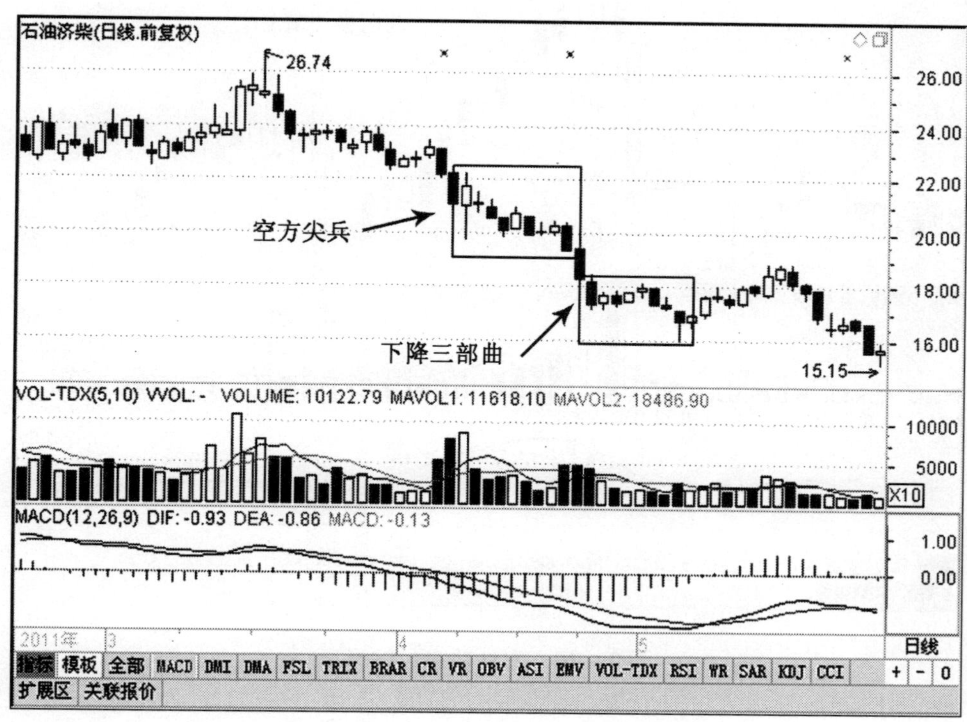

图2－25　石油济柴　000617

四、两阴夹一阳

1. 招式图解

两阴夹一阳，顾名思义，就是指两根阴线之间夹着一根阳线的K线组合。通常而言，两根阴线为中大阴线，阳线为中小阳线；阳线的实体包含在第一根阴线之内，第二根阴线的收盘价创出新低点，三根K线之间有重叠的部分，见图2－26。

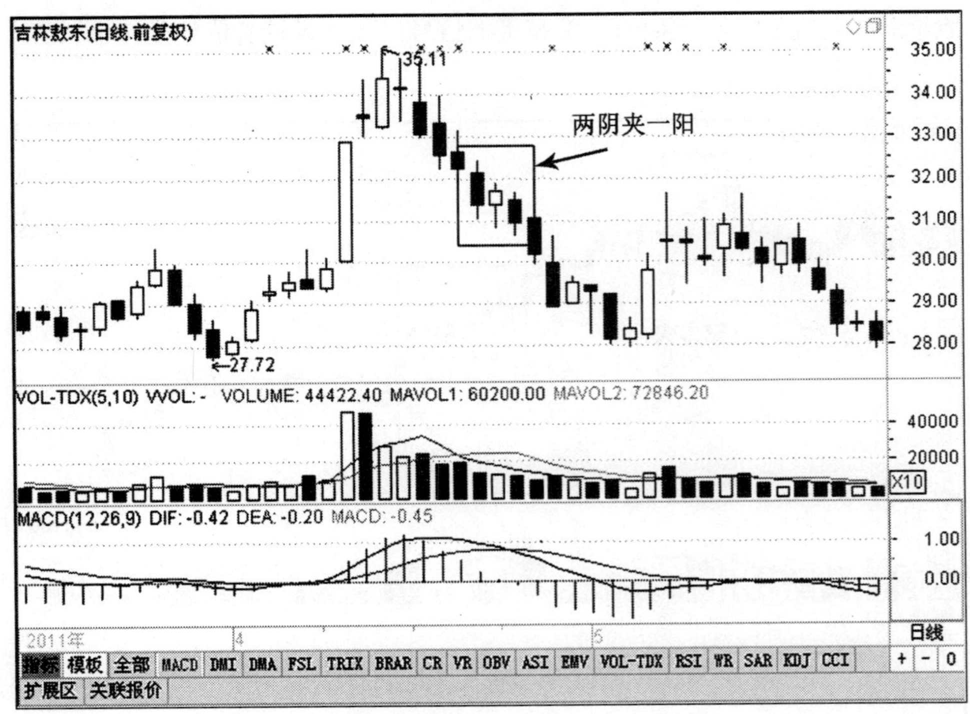

图2－26　吉林敖东　000623

如果将两阴夹一阳组合进行变形，可以形成两阴夹两阳（见图2－27）、三阴夹两阳（见图2－33）等K线组合，其看跌性质类似。

2. 操作要点

两阴夹一阳多出现在一波跌势的途中，属于杀跌前的振荡整理，其目的就是重新积聚做空力量。一旦空头休整完毕，股价将再次进入下跌行情中。

持币信号：确认两阴夹一阳的当日。

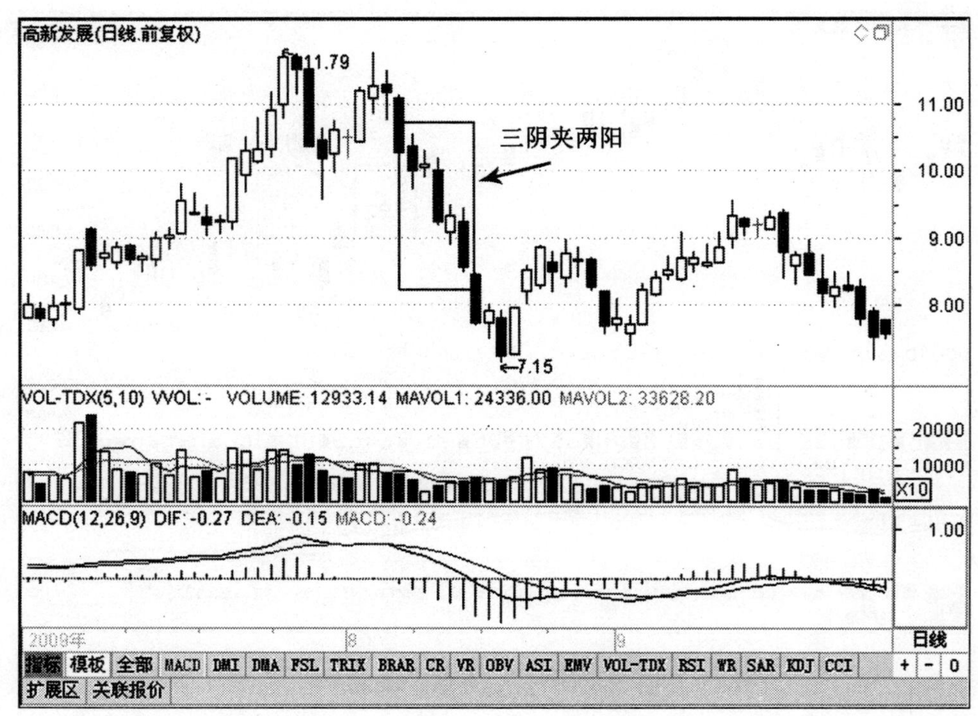

图 2－27　高新发展　000628

止损点：如果两阴夹一阳出现之后股价不跌反涨，当股价向上突破两阴夹一阳组合的最高点后，确认看空信号失效，投资者必须注意观察行情走势，以便判断是否该择机入场。

如图 2－28 所示，2011 年 5 月 25 日，长安汽车出现一根中阴线，与此前的大阴线和小阳线构成两阴夹一阳组合，后市股价继续下行的可能性很高。因此，投资者应该继续耐心持币观望，真正的交易机会短期之内还不会出现的。

3. 实战解析

如图 2－29 所示，2010 年 4 月 12 日，金科股份出现一根中阴线，与此前的两根 K 线构成两阴夹一阳组合，后市看空。不仅如此，这根中阴线还跌破了一直以来的上升趋势线，意味着原有的上涨趋势终结，后市有可能

图 2－28　长安汽车　000625

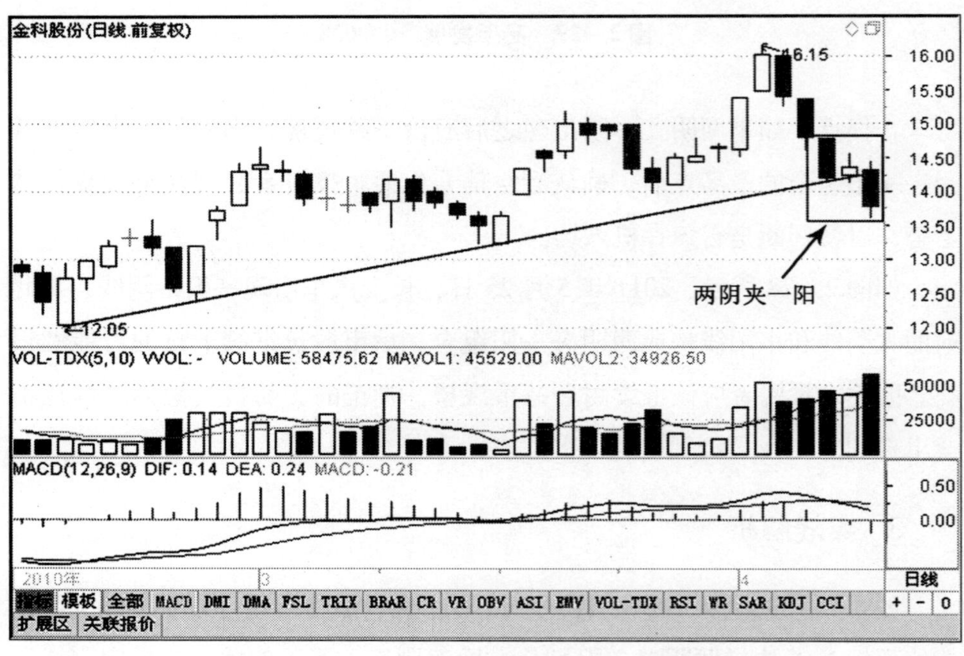

图 2－29　金科股份　000656

转入跌势中。

实际走势远比预想的严峻！如图 2－30 所示，在两阴夹一阳出现之后，金科股份直接进入一波快速下滑的行情中（在此期间又出现了两个两阴夹一阳组合）。以两阴夹一阳组合的最低点为起点，在一个多月的时间内，该股的最大跌幅就接近 45%。如果投资者没有及时离场，身陷如此的跌势之中，实在是非常可悲的事情。

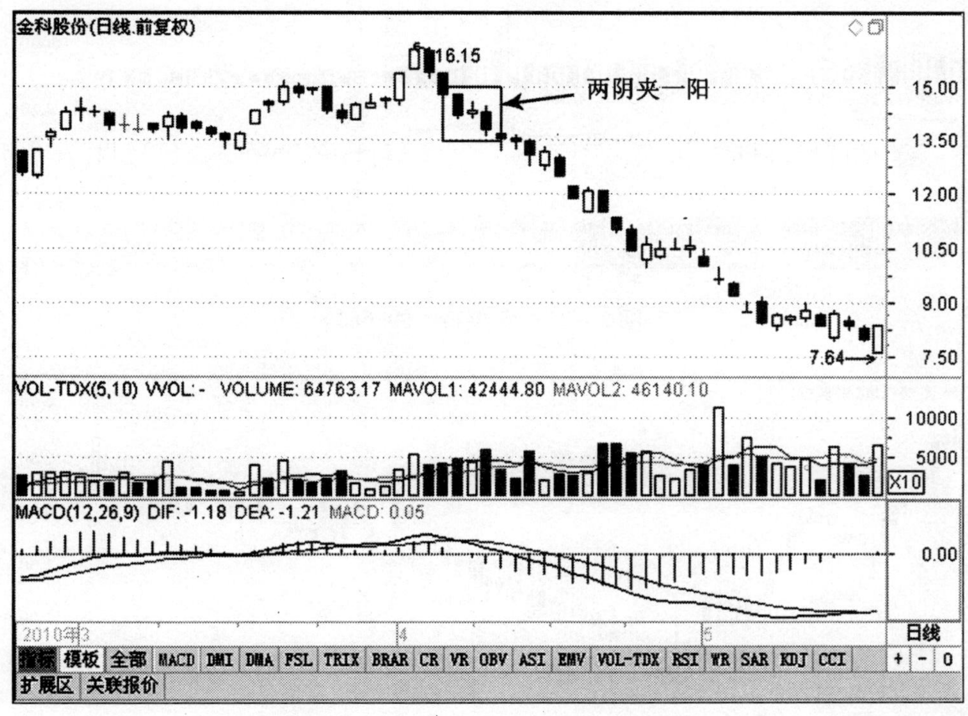

图 2－30　金科股份　000656

如图 2－31 所示，2011 年 1 月 24 日，经过一波下跌之后，索芙特出现一个两阴夹一阳组合，后市看跌。不过，这波跌势已经持续了较长时间，而且期间没有明显的反弹，做空力量被有效释放。因此，面对这个两阴夹一阳组合，投资者应该奉行看空不做空的原则。

如图 2－32 所示，两阴夹一阳组合出现之后，索芙特仅下跌了一个交

图2-31　索芙特　000662

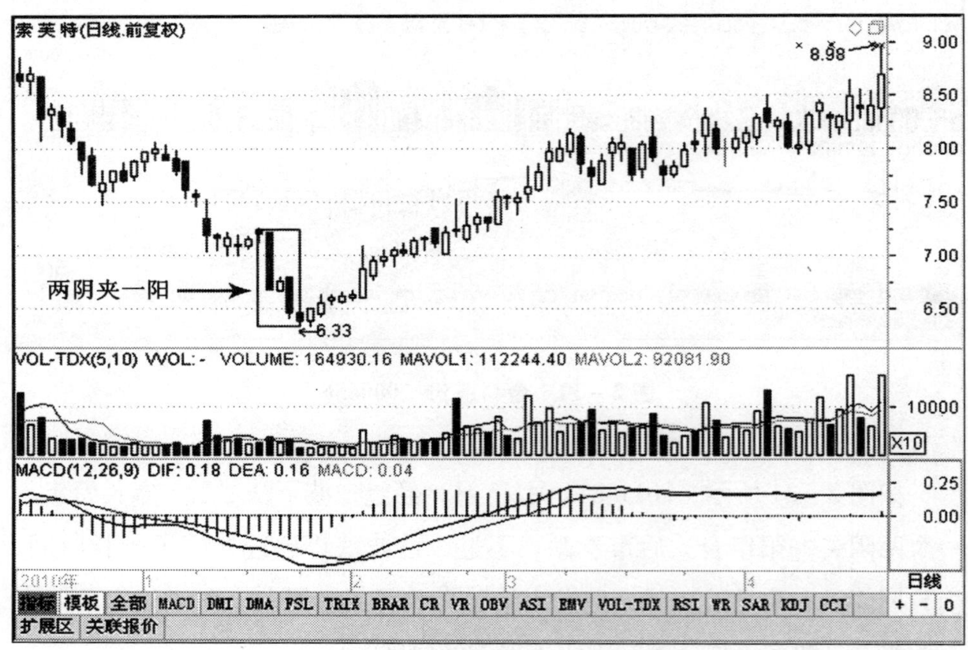

图2-32　索芙特　000662

易日就见底企稳了，而且跌幅不足2%。换言之，这个两阴夹一阳组合并没有引发真正的跌势。其实，对于所有的K线组合而言，重要的不是其形状，而是其所处的位置。就像这个两阴夹一阳组合，本来是看空信号，这里却成为见底组合，关键就在于其所处的位置。

如图2－33所示，2010年4月19日，在一波跌势之中，名流置业出现一个三阴夹两阳组合，后市看跌。其实，这个三阴夹两阳组合还可以看作是空方尖兵组合，同样属于看空信号。在运用技术分析测市的过程中，投资者不必为固化的K线组合所约束，因为那只是为了便于认识和学习而人为设定的，重点是把握其中的多空力道变化。

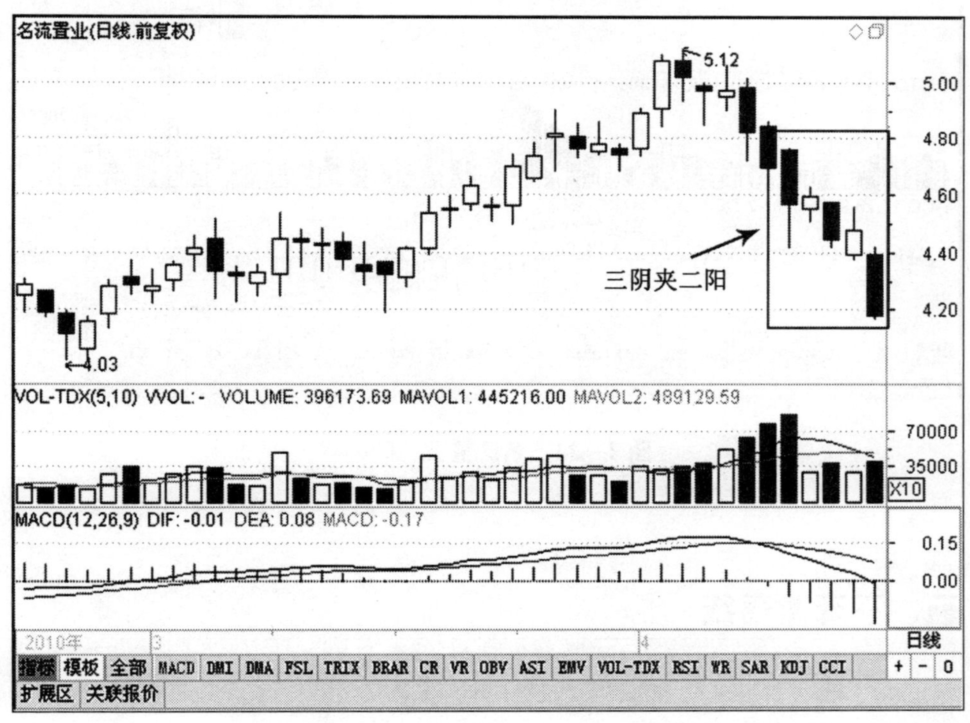

图2－33　名流置业　000667

如图2－34所示，三阴夹两阳组合出现之后，名流置业继续其下跌走势，直至创出3.19元的低点后才形成一波明显的反弹。以三阴夹两阳的最低点为起点，在这一个月的时间内，该股的最大跌幅接近25%。尽管股价至此已经下跌了很多，投资者还是不适宜入场抄底，因为盘面上还是没有可靠的买点出现。

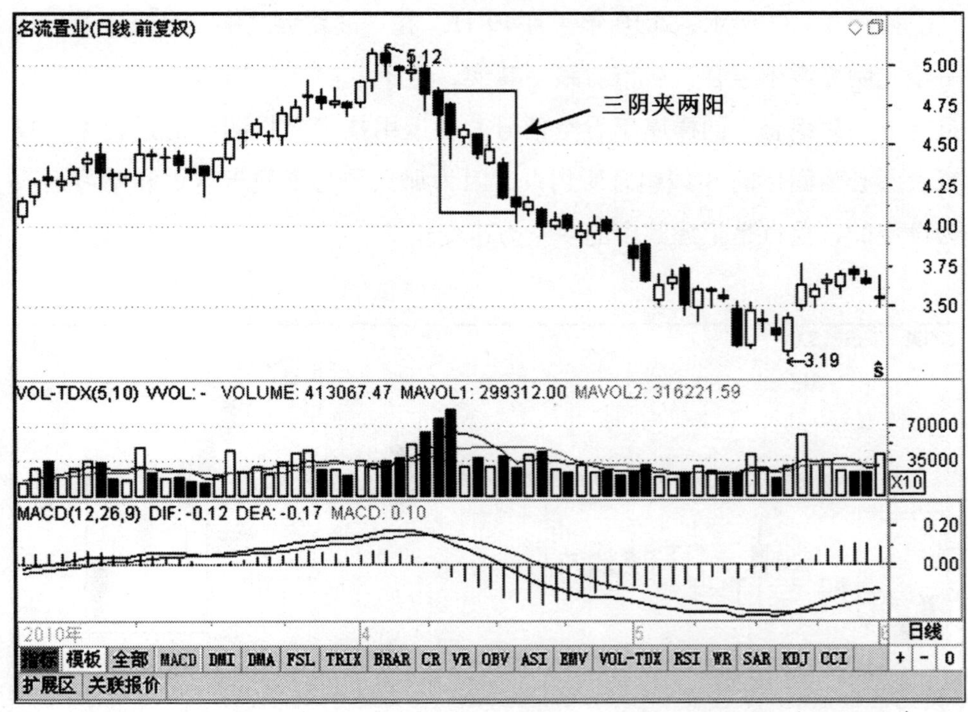

图2－34　名流置业　000667

五、下降覆盖线

1. 招式图解

下降覆盖线，由4根K线组成：第一根K线为阳线；第二根K线为阴线，并且其最低价低于第一根阳线的最低价；第三根K线是一根中阳线或小阳线，但阳线的实体通常比前一根阴线要短；最后又出现一根阴线，阴线实体已深入到前一根阳线实体之中，甚至跌破前一根阳线的最低价，见图2－35。

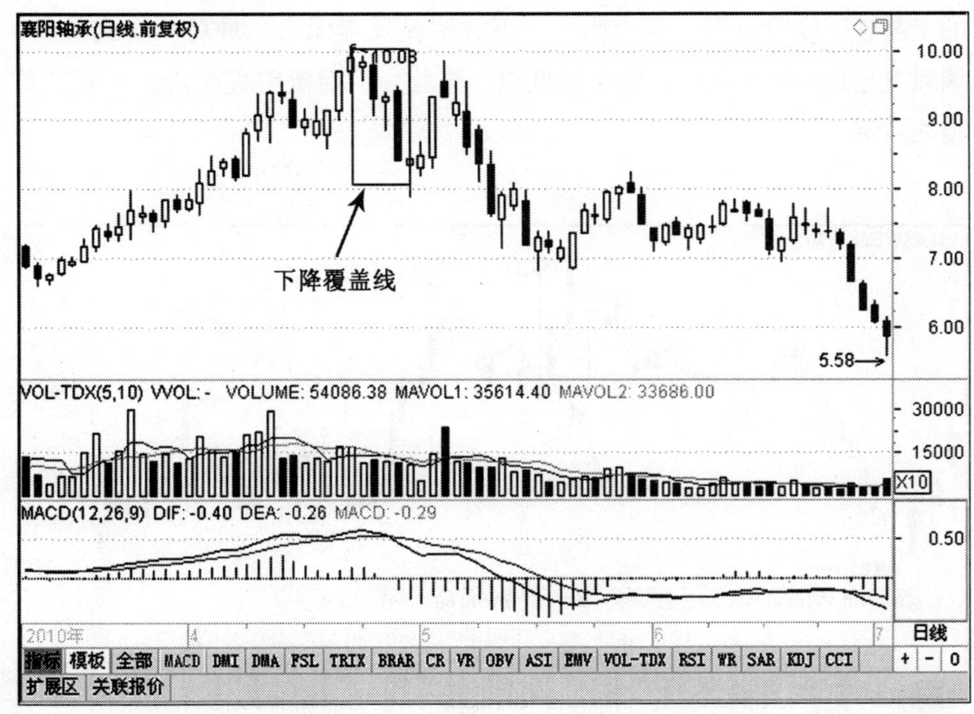

图2－35　襄阳轴承　000678

2. 操作要点

下降趋势线多出现在一波涨势的末期，意味着股价振荡加剧，盘中筹码稳定性下降，属于见顶信号。不过，由于下降覆盖线的整体跌幅通常较大，持股的投资者如果等待该组合确认之后再离场，将导致明显的亏损。因此，通常不将下降覆盖线作为离场信号，而是作为持币信号对待。

持币信号：确认下降覆盖线的当日。

止损点：如果下降覆盖线出现之后股价不跌反涨，当股价向上突破下降覆盖线组合的最高点后，确认见顶信号失效，投资者必须注意观察行情走势，以便判断是否应该重新入场。

如图2－36所示，2009年11月23日，大连友谊出现一根小阳线，创出新高点。次日，该股出现一根大阴线，形成阴抱线，见顶信号。接下来的交易日，该股出现一根中阳线，不过明显反弹无力。最后一个交易日，该股又出现一根大阴线，创出新低点。至此，下降覆盖线确认，一个重要顶部成形。

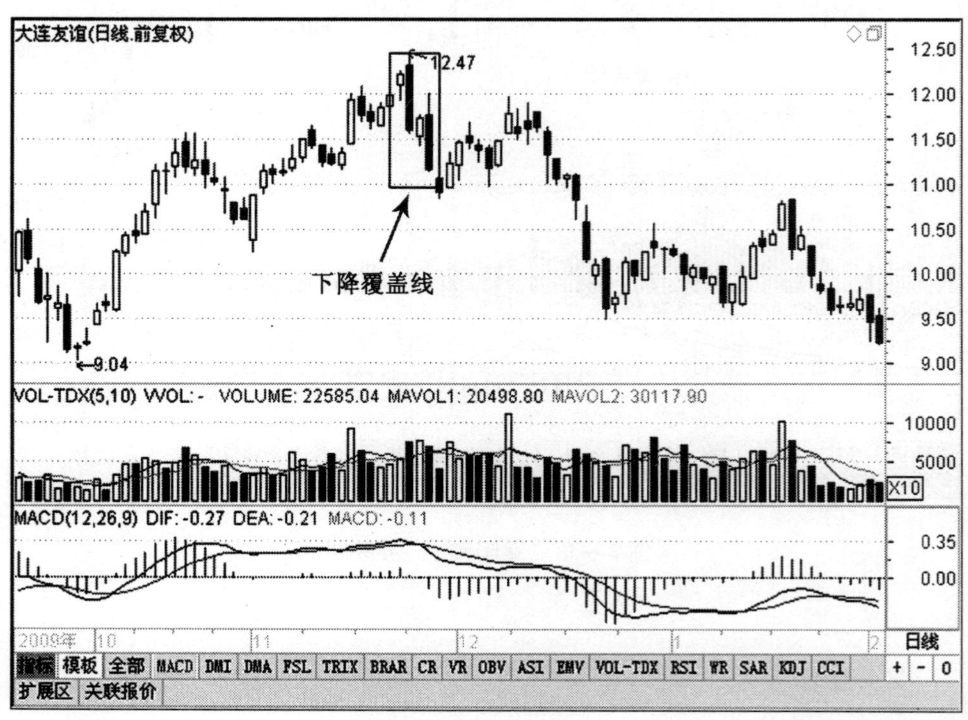

图2－36　大连友谊　000679

3. 实战解析

如图2－37所示，2010年11月11日，远兴能源出现一根长上影线阳线，显示见顶迹象，投资者应该提高警惕。随后，该股又出现两根大阴线和一根小阳线（其实就是两阴夹一阳），构成了下降覆盖线组合，明确的见顶信号。既然股价已经见顶，投资者只有选择持币旁观才是最安全的做法。

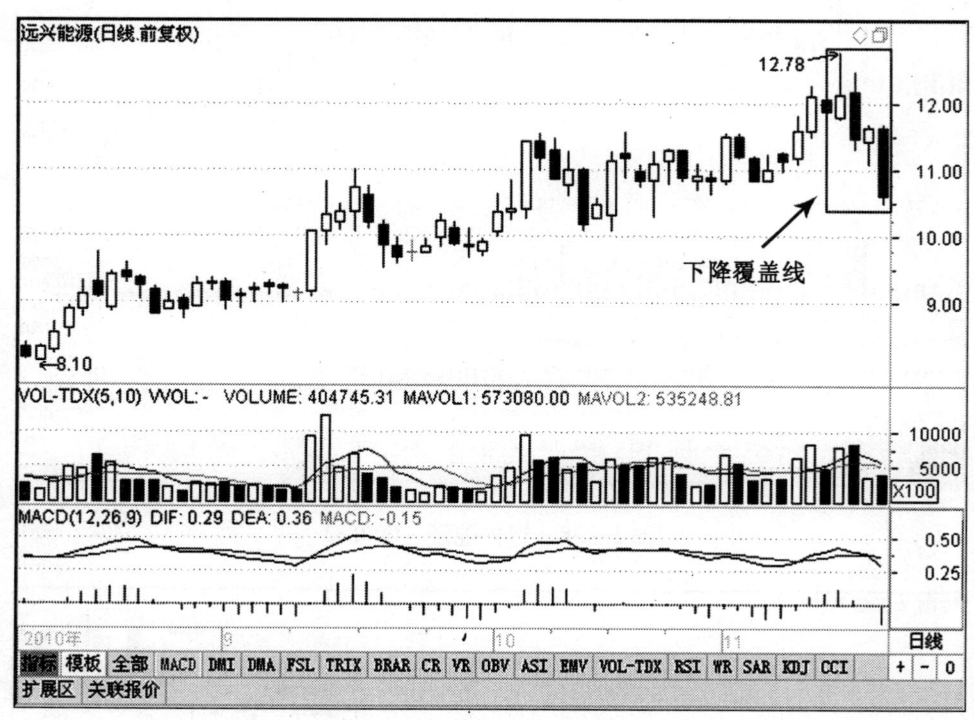

图2－37　远兴能源　000683

如图2－38所示，下降覆盖线出现之后，远兴能源进入了振荡下滑的行情中。在此期间，该股形成多波反弹，不过反弹力度非常有限，没有任何值得参与的价值。当然，从盘面上来看，投资者也无法找到适合的入场点。只要投资者坚持根据技术信号进行交易，就不会陷入到该股的这波跌势中。

如图2－39所示，2011年8月19日，＊ST亚太出现一个下降覆盖线组合，后市看跌。不仅如此，该组合的第一根阳线向上突破了前高压力，最后一根阴线又重新回到前高压力线之下，显示假突破迹象，进一步加大了该股就此见顶的可能性。

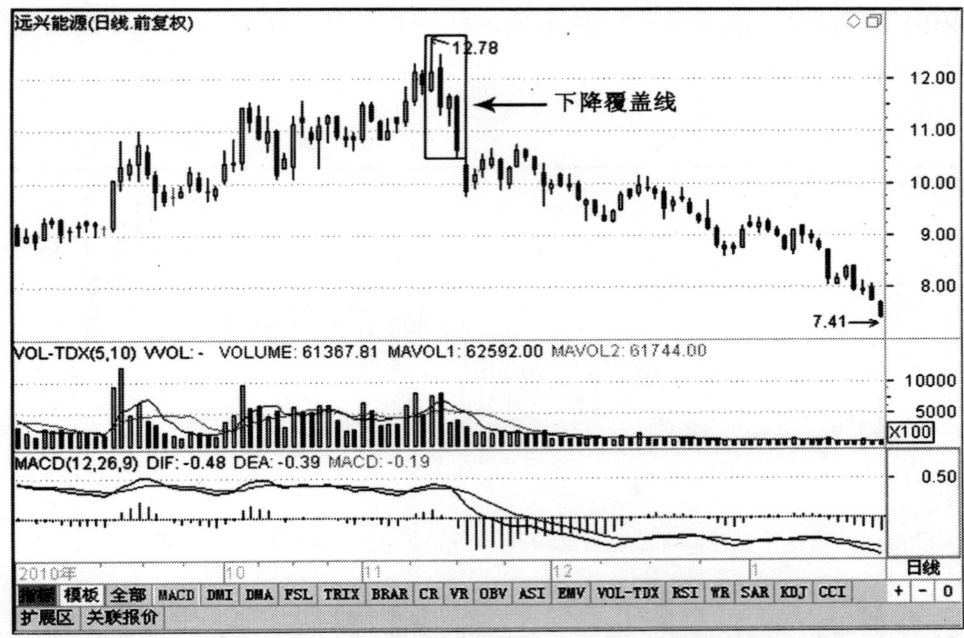

图 2－38　远兴能源　000683

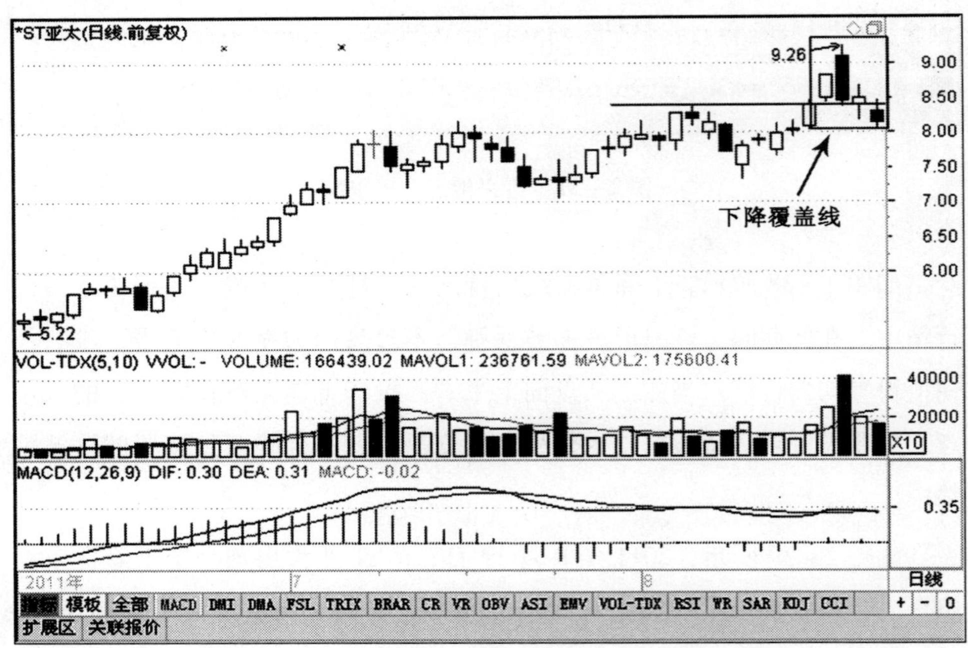

图 2－39　* ST 亚太　000691

如图2-40所示，下降覆盖线出现之后，*ST亚太正式转势，进入一波明显的下跌行情中，期间没有明显的反弹。当股价创出5.37元的低点之后，该股连续出现两根涨停K线（因为是ST股票，涨停板限制为5%），一波有力度的反弹行情开始了。

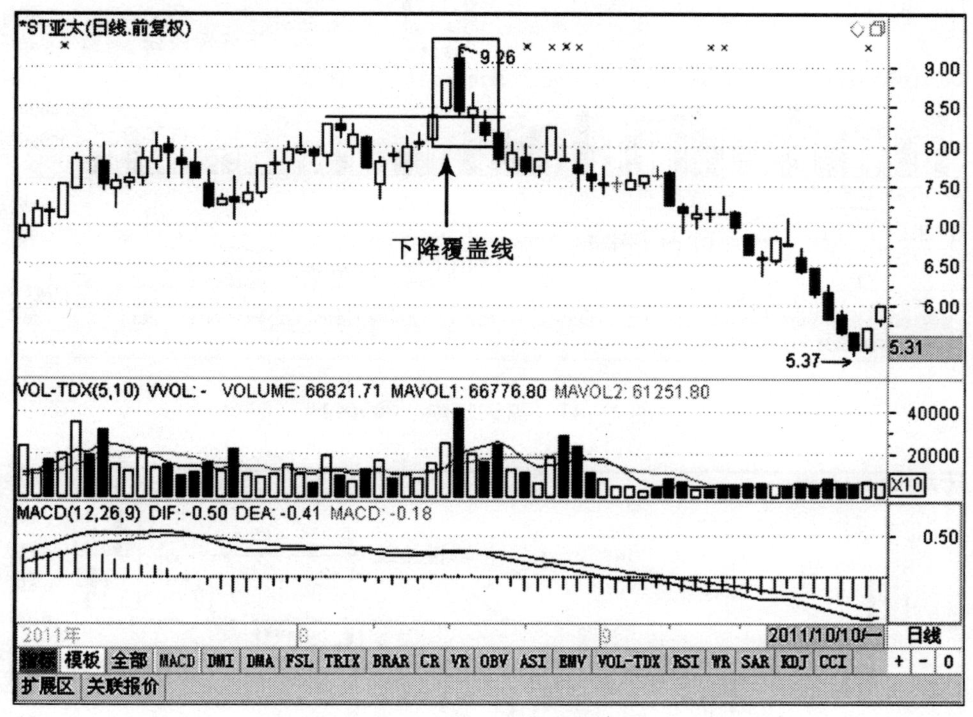

图2-40　*ST亚太　000691

如图2-41所示，2009年9月22日，惠天热电出现一个下降覆盖线，后市看跌。另外，该组合出现在下降趋势的反弹行情中，股价继续下行的概率较高。不仅如此，与之对应的MACD也接近死亡交叉。简言之，一波跌势呼之欲出。

如图2-42所示，下降覆盖线出现之后，惠天热电继续下行探底，并且成功在前期底部附近获得支撑。随后，该股进入一波涨势中。当股价向上突破颈线（即下降覆盖线的最高点）压制时，W底确认，后市看涨。突

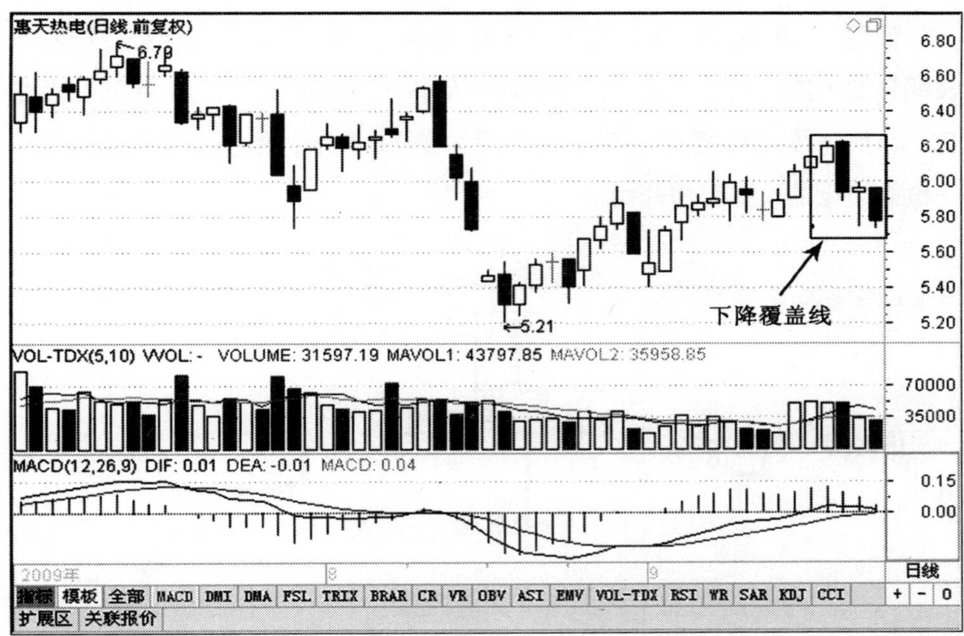

图 2－41　惠天热电　000692

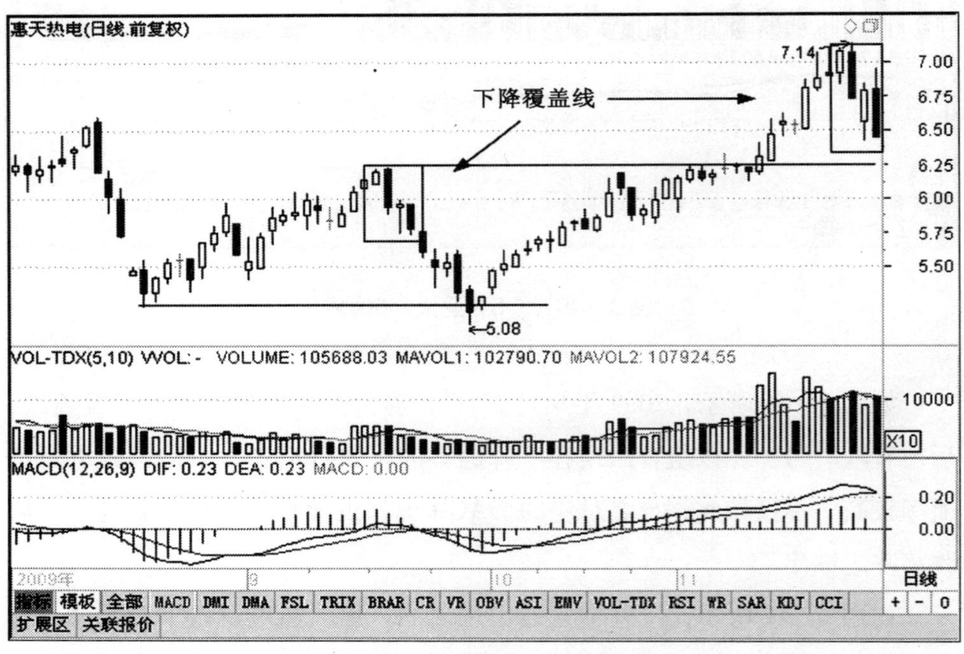

图 2－42　惠天热电　000692

破颈线之后，该股继续上涨，直至创出7.14元的高点。在这个高点附近，该股再次出现下降覆盖线，显示见顶迹象。

如图2－43所示，第二个下降覆盖线出现之后，惠天热电没有继续深跌，而是在第一个下降覆盖线的最高点（即W底颈线）上方获得支撑。随后，该股进入了长时间的横盘整理行情中，其上边线是第二个下降覆盖线的最高点，其下边线是第一个下降覆盖线的最高点。整理结束后，该股进入了又一波上涨行情中。

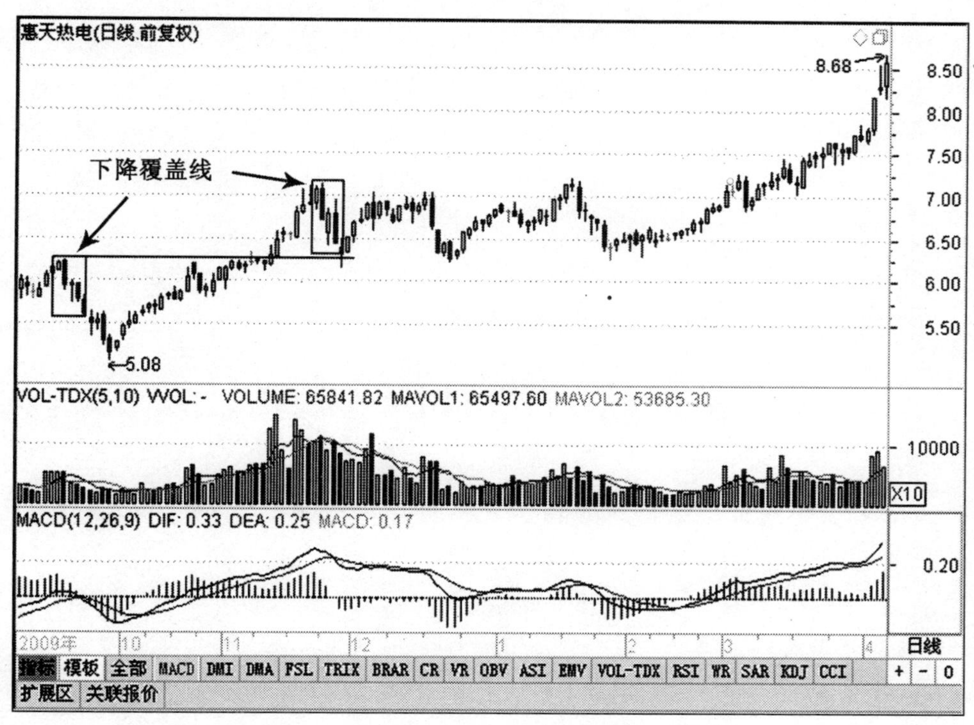

图2－43　惠天热电　000692

第3章

顺水推舟——持续形态

如果完全不懂得炒股的技术，若能在牛市中做买入交易，只要不是最后的接盘者，基本都可以赚到钱。但如果说能判断股市处于大牛市中，能发现个股处在良好的上升趋势中，然后做顺势而为的操作，这显然已经比一般的投资者要高明得多。假如再在这个基础之上，找到适合介入的位置，那交易成绩自然会更胜一筹。本章的技术就是试图解决这个在良好趋势里介入点位的问题。

一、上升旗形

1. 招式图解

上升旗形，是指经过一波明显的上涨（即旗杆）之后，股价进入回调行情（回调幅度较小，通常不超过旗杆高度的1/3）中，分别连接回调行情的高点和低点形成斜向下的平行四边形（即旗面），结合旗杆和旗面形成上升旗形，最终股价向上放量突破旗面上边线压制（回调持续的时间通常不超过10个交易日），见图3－1。

如果回调行情的高低点连线形成三角形走势，那么就会构成上升三角旗形，见图3－2。

除了在日线级别运用上升旗形判市之外，投资者还可以在分钟图、小时图、周线图、月线图上运用上升旗形观察市场，其特征和操作要点完全一致，见图3－3。

2. 操作要点

上升旗形属于持续看涨形态，意味着股价经过短暂回调后将进入又一波涨势中。因此，投资者应该跟随该信号入场做多。

建仓信号：当股价向上突破上升旗形的旗面调整上边线压制时。

止损点：上升旗形的止损点有两个：一是回调结束股价无力向上突破

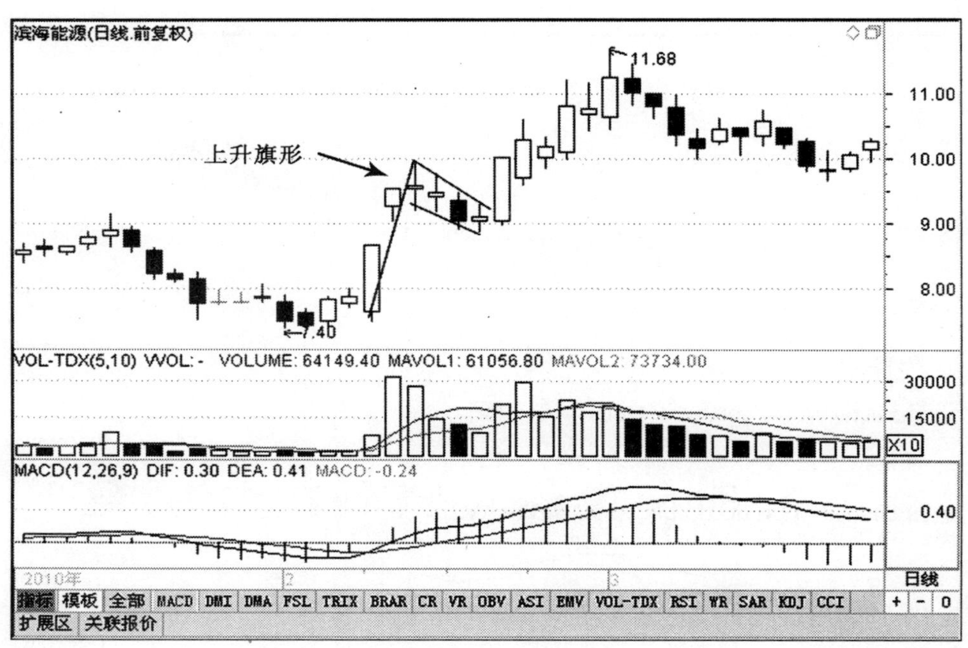

图3－1 滨海能源 000695

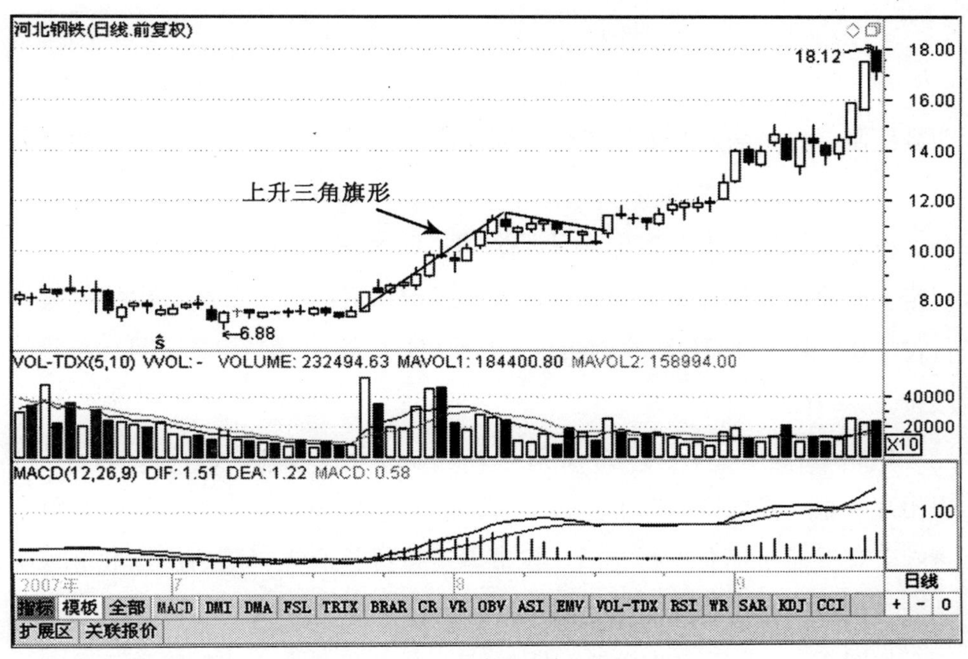

图3－2 河北钢铁 000709

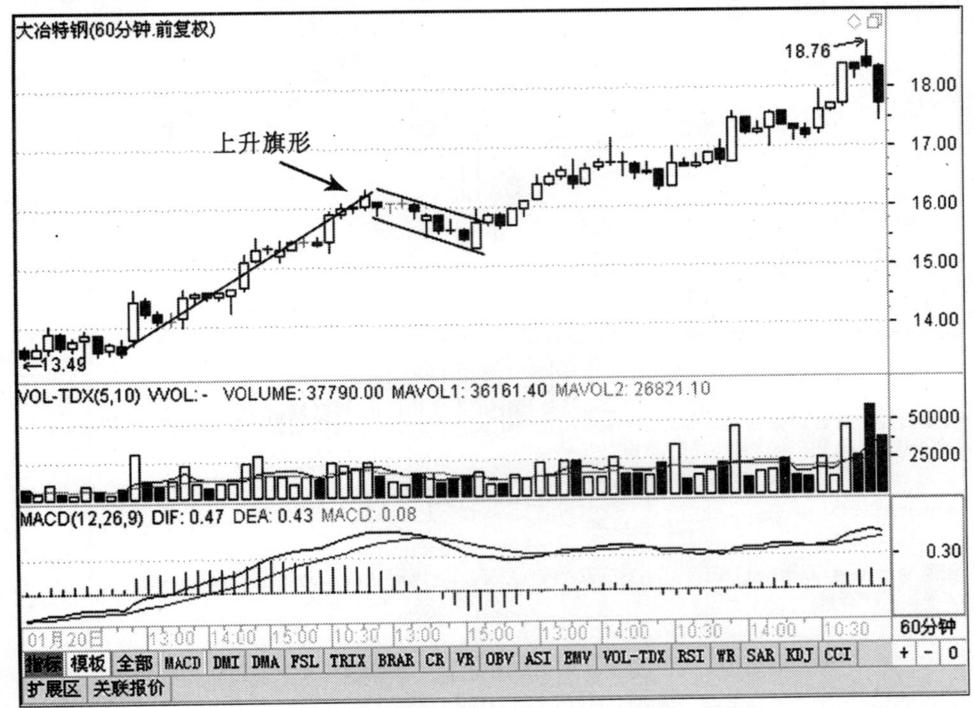

图3-3　大冶特钢　000708

前高压制，二是回调结束后股价不涨反跌，短期之内跌破回调行情的最低点。

测量目标价：上升旗形确认后，可以利用其测量股价上涨的目标价。设定上升旗形的旗杆高度为H，上升旗形确认后的第一上涨目标价为突破价位+H，第二目标价为突破价位+1.618H（黄金分割），第三目标价为突破价位+2H……

如图3-4所示，2009年7月3日，经过一段时间的回调之后，ST能山出现一根涨停阳线，向上突破了回调行情的上边线压制，上升旗形确认，意味着该股后市仍有上行空间，投资者应该择机介入。随后，该股进入了一波直线拉升行情中，涨幅足够投资者从容进出。

如图3-5所示，2010年4月21日，锌业股份向上突破了旗面整理区的上边线压制，上升旗形确认，后市看涨。然而，在上升旗形的最高点附

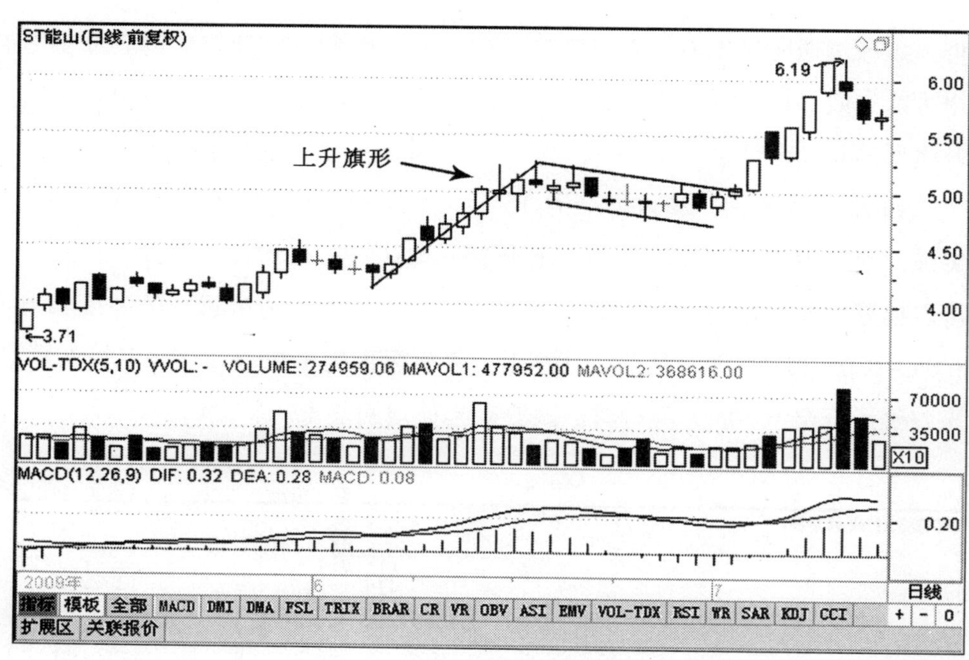

图 3－4　ST 能山　000720

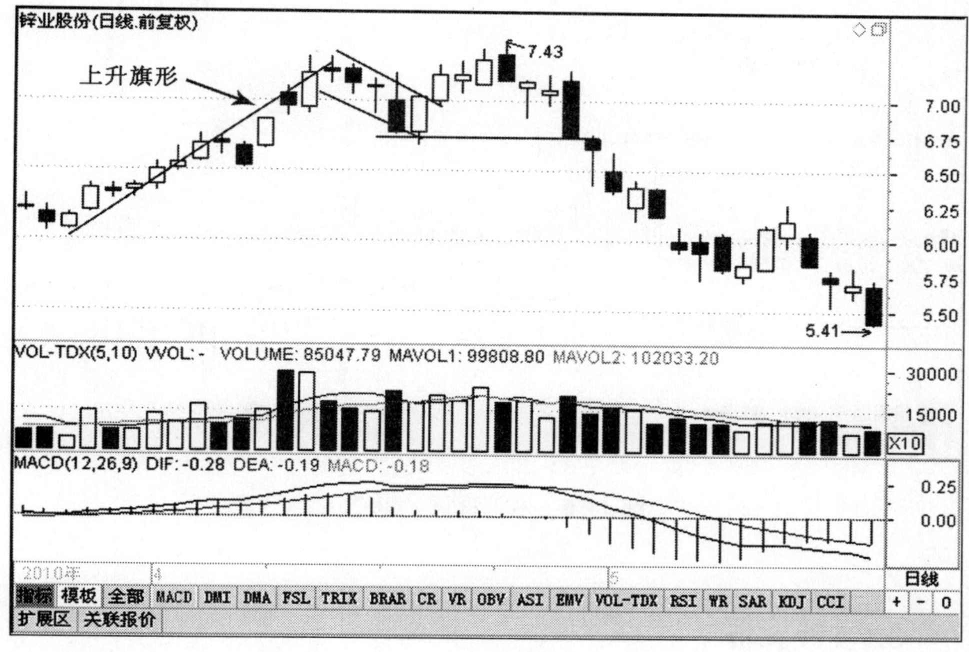

图 3－5　锌业股份　000751

近，该股遭遇明显压力，无力继续上行。由此推断，上升旗形的看涨信号很可能失效，投资者应该重新审视该股的走势。随后，当股价向下跌破上升旗形的旗面最低点（即 M 头颈线）时，M 头确认，后市看跌。

如图 3－6 所示，2009 年 7 月 15 日，本钢板材出现一根大阳线，向上突破此前整理区上边线的压力，上升旗形确认，后市看涨。至此，投资者可以推算由此开始的这波涨势的上涨目标价：首先，确认旗杆的高度 H＝8.04－6.05＝1.99 元；然后，计算出上涨目标价为 1.99＋8.04＝10.03 元。当股价运行至 10.03 元附近时，该股确实见顶回落了。

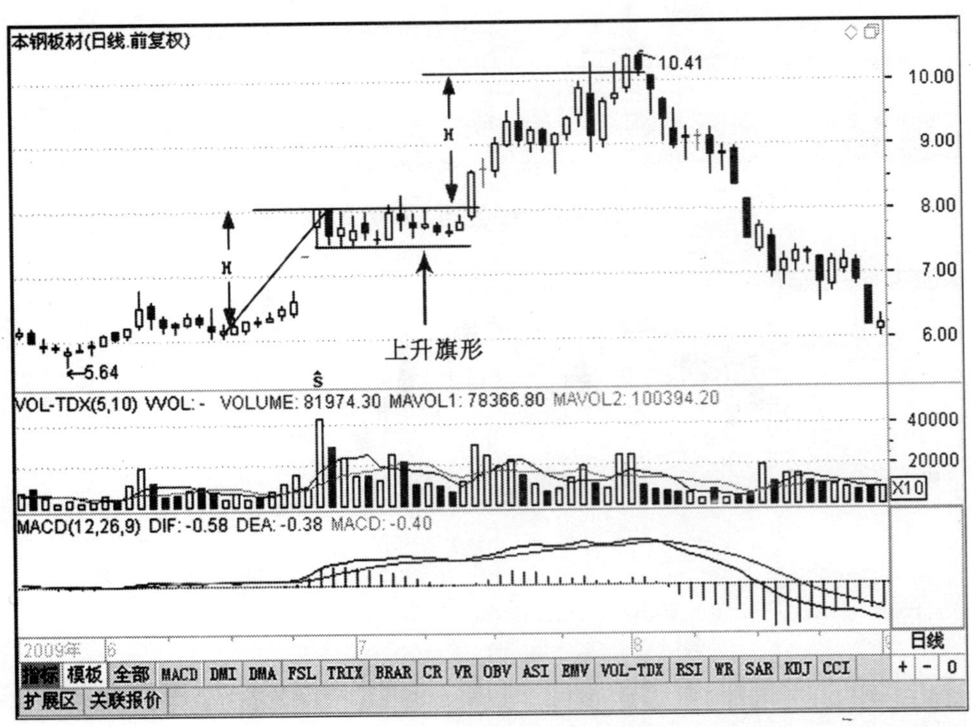

图 3－6　本钢板材　000761

3. 实战解析

如图 3－7 所示，2011 年 3 月 15 日，美利纸业出现一根大阳线，向上突破旗面整理区，后市看涨，投资者应该随之入场做多了。为了寻找更好的介入点，投资者可以从当日的分时走势图中寻找买点。

图3-7　美利纸业　000815

图3-8是美利纸业确认上升旗形当日的分时图，从中可以看出，该股早盘出现的一波快速拉升，已经试探性地向上突破了旗面压制。随后，股价进入回调期，测试盘中卖压是否沉重。14点01分，回调行情结束，该股开始再次放量上攻，先后突破了回调行情的上边线以及早盘高点的压制，买点出现，投资者可以进行建仓了。

如图3-9所示，向上突破旗形整理区后，美利纸业没有直接进入涨势（通常而言，旗面突破后的上涨力度取决于旗杆的涨势，如果旗杆涨势强劲，旗面突破后快速上涨的可能性高，反之亦然），而是在上升旗形的最高点附近，整理了几个交易日。然后，该股才正式进入一波明显的涨势中。

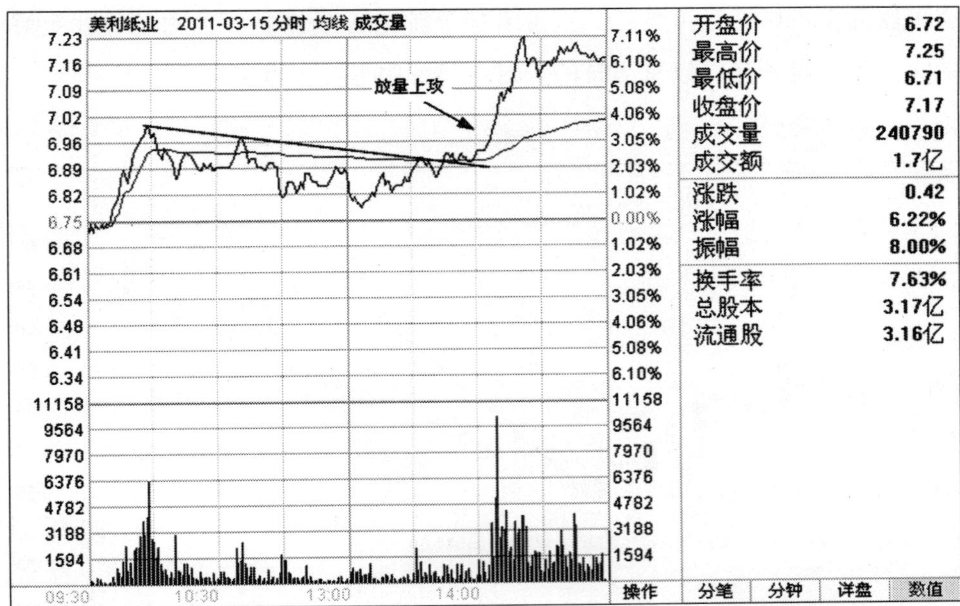

图 3－8　美利纸业　000815

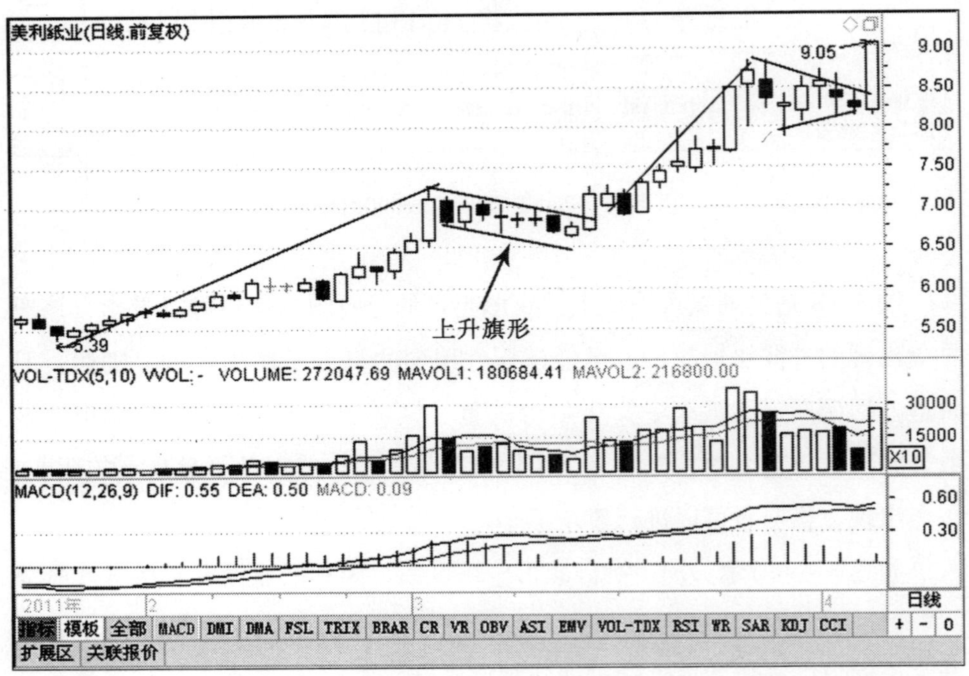

图 3－9　美利纸业　000815

如图3－10所示，经过一段时间的上涨之后，美利纸业又一次进入整理区，并形成上升三角旗形形态。2011年4月18日，该股出现一根涨停大阳线，先后突破了上升三角旗形的上边线和最高点的压制，又一波涨势开始了。

上升三角旗形出现之后，该股没能继续上行，反而很快就跌回到前高压力之下，显示见顶迹象。如果投资者跟随上升三角旗形入场做多，此时必须离场避险了。随后，该股转入了一波直线下跌行情，短期之内股价跌幅巨大。

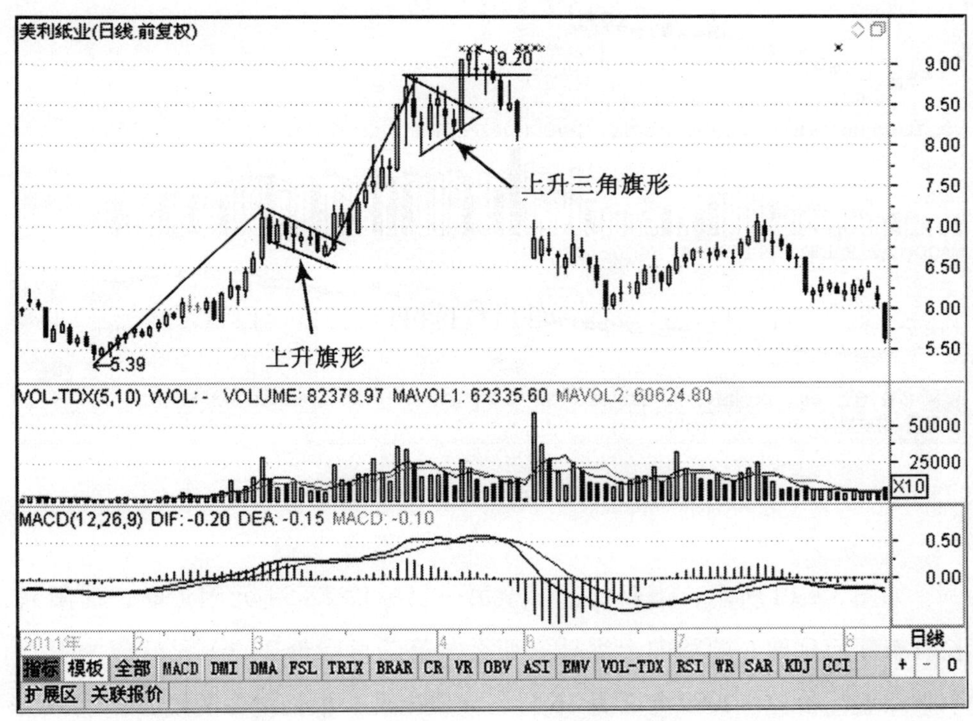

图3－10　美利纸业　000815

如图3－11所示，2009年1月23日，岳阳兴长出现一根大阳线，向上突破整理区上边线和前高压力线，伴随着成交量的明显放大，上升旗形确认，后市看涨。至此，投资者可以开始推算该股后市上涨的目标价了。首先，计算上升旗形的旗杆高度 H = 17.25 − 11.31 = 5.94 元。那么，第一上涨目标价 = 17 + 5.94 = 22.94 元，第二上涨目标价 = 17 + 5.94 × 1.618 = 26.61 元。

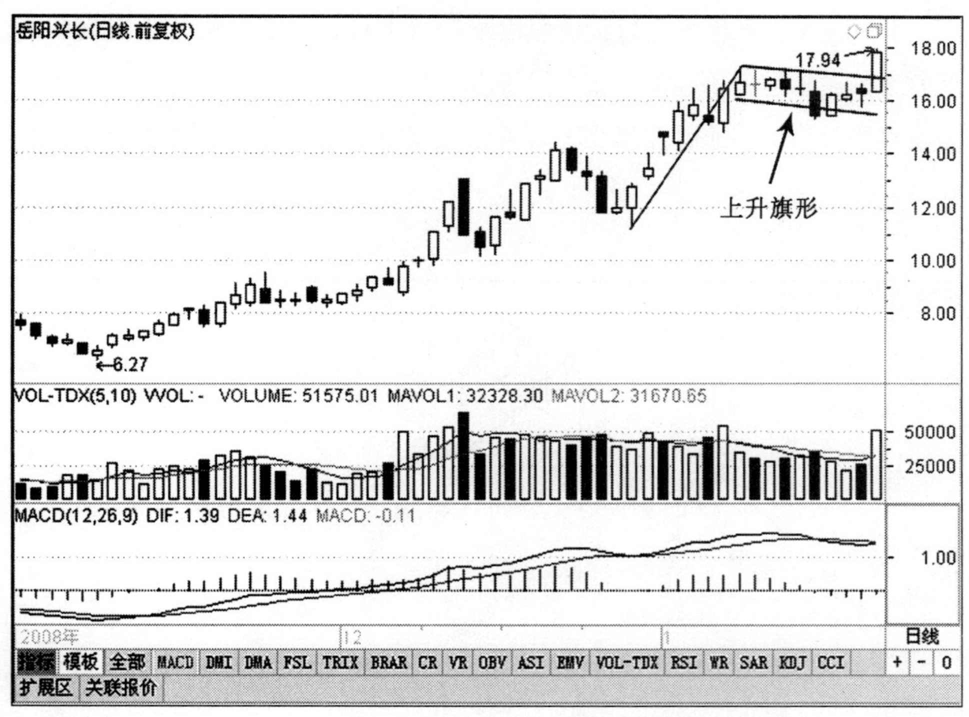

图 3－11　岳阳兴长　000819

如图 3－12 所示，当股价运行至第一目标价 22.94 元附近时，岳阳兴长没有任何犹豫，顺利向上突破。那么，第二目标价 26.61 元就成为下一个重点关注价位。2009 年 2 月 16 日，该股出现一根长上影阴线，显示滞涨迹象，恰好处于第二目标价附近，值得重点关注。2009 年 2 月 26 日，经过一段时间的振荡整理，该股出现一根大阴线，向下有效跌破颈线支撑，M 头确认，正式确认股价就此见顶。

如图 3－13 所示，在第二目标价附近顺利见顶之后，岳阳兴长进入一波宽幅振荡行情中。如此幅度的振荡整理行情，足够投资者进行高抛低吸

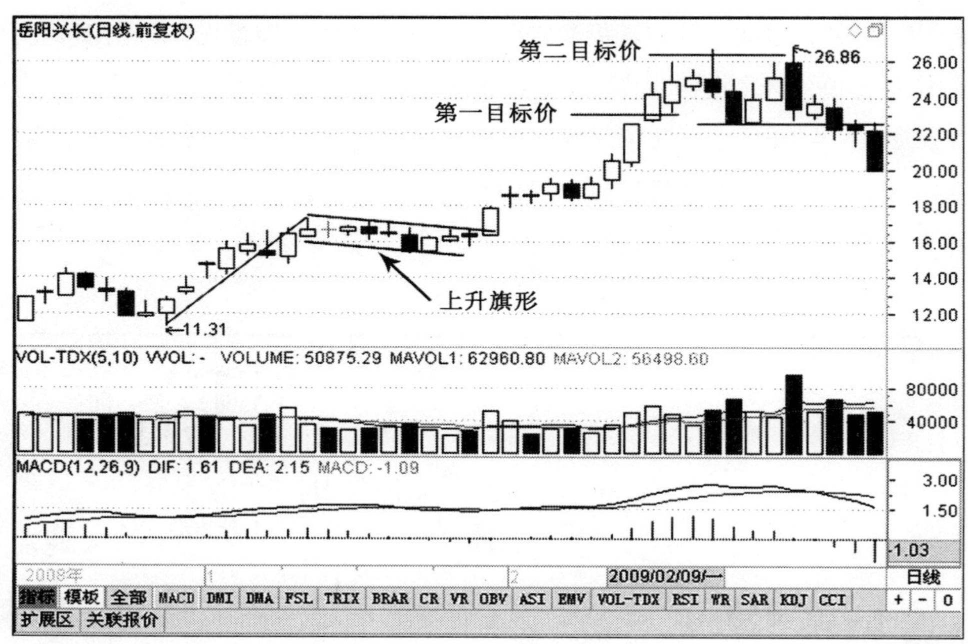

图3－12　岳阳兴长　000819

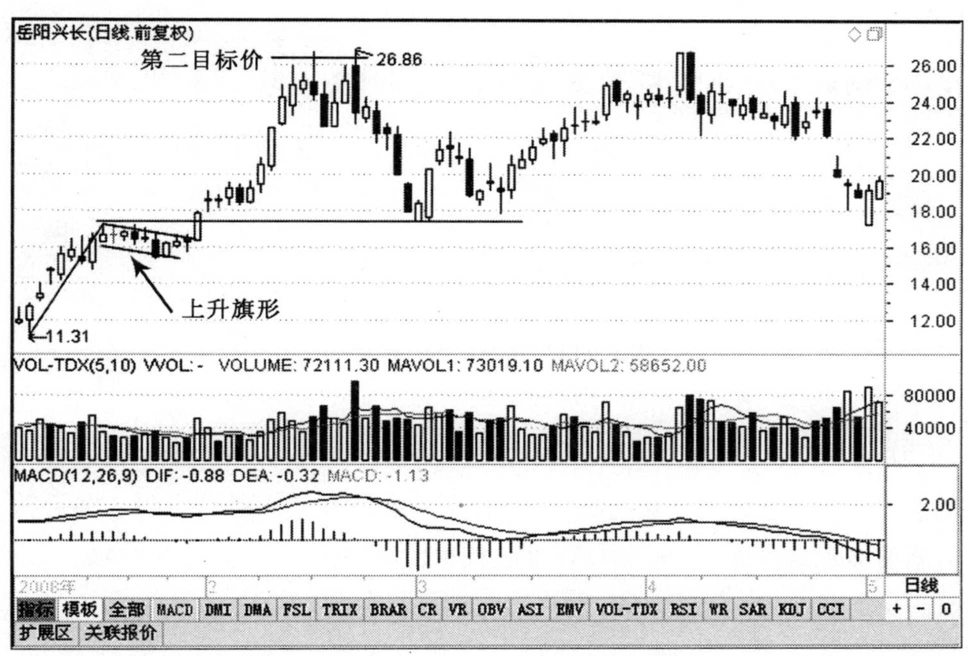

图3－13　岳阳兴长　000819

操作。另外，这波行情的走势非常标准，在该见底的位置见底，在该见顶的位置见顶，只要投资者具有一定的技术水准，很容易把握。

如图3-14所示，2010年8月30日，东莞控股出现一根向上突破阳线，上升旗形确认。利用该旗形的旗杆高度2.21元（7.32-5.11），可以推算该股后市上涨的目标价为7+2.21=9.21元。

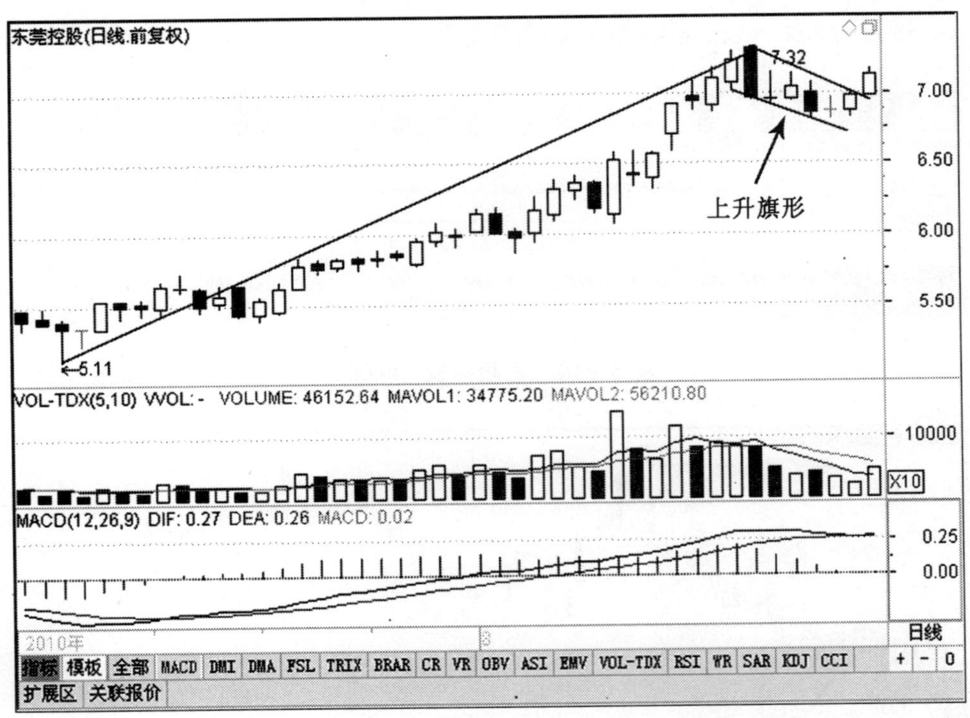

图3-14　东莞控股　000828

并非每个上升旗形都可以顺利达到预期的目标价。本例中，突破旗形调整之后，该股仅仅上涨到8.12元附近就见顶了（见图3-15），随后转入到振荡筑顶行情中。如果投资者坚持不达目标价不罢休，最终只能失望而归了。

如图3-16所示，2010年4月21日，承德露露出现一根向上突破大阳线，上升旗形确认，后市看涨，投资者可以入场做多了。图3-17是该股

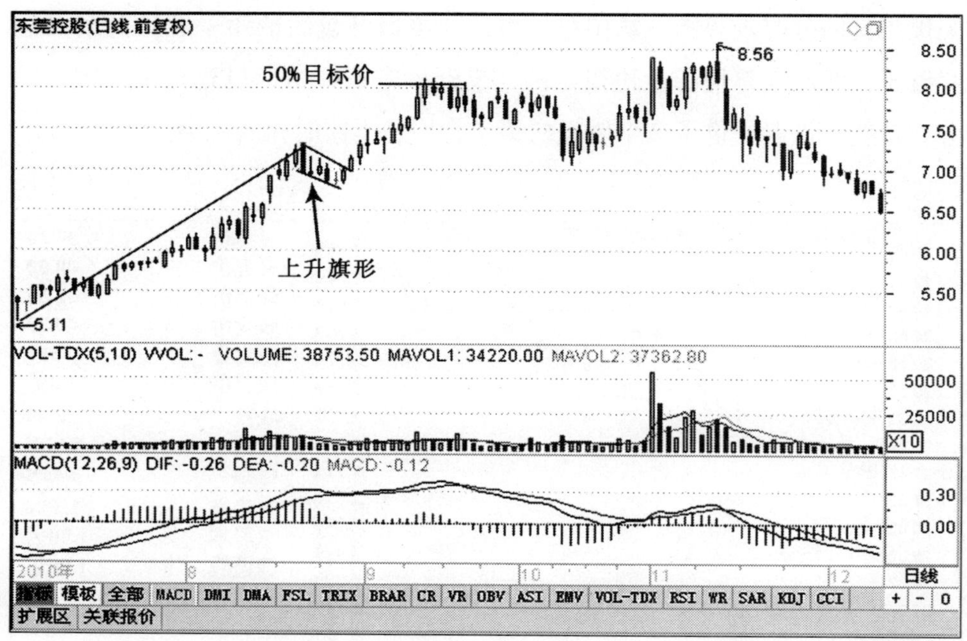

图3－15　东莞控股　000828

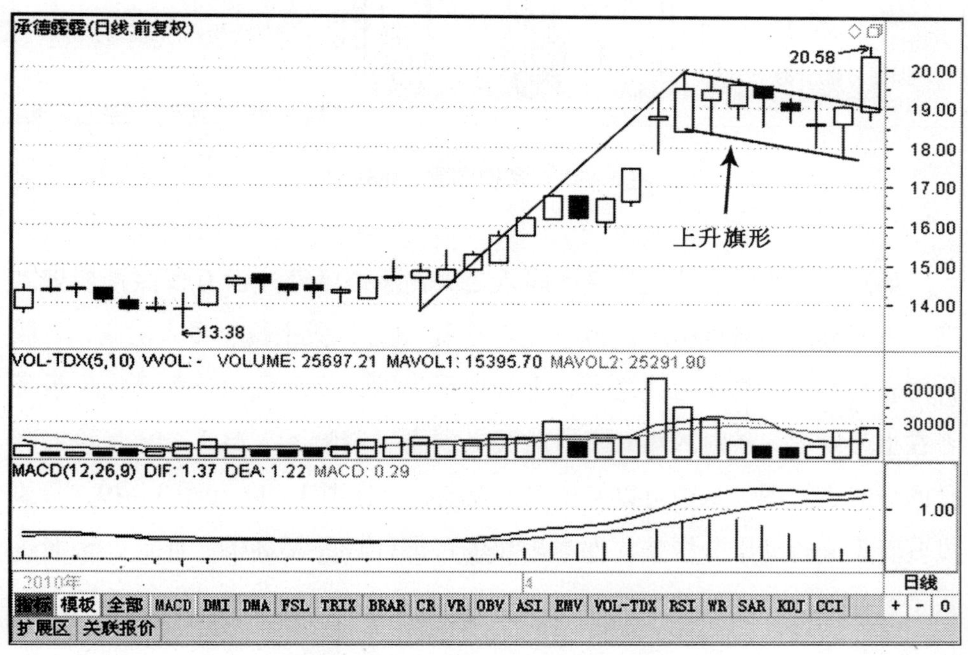

图3－16　承德露露　000848

突破当日的分时走势图，从中可以看出，该股开盘后的第一波拉升就已经突破了日线旗面整理的上边线压制，投资者应该开始择机建仓了。随后的分时走势，该股提供了三个明显的买点，均是不错的介入机会。

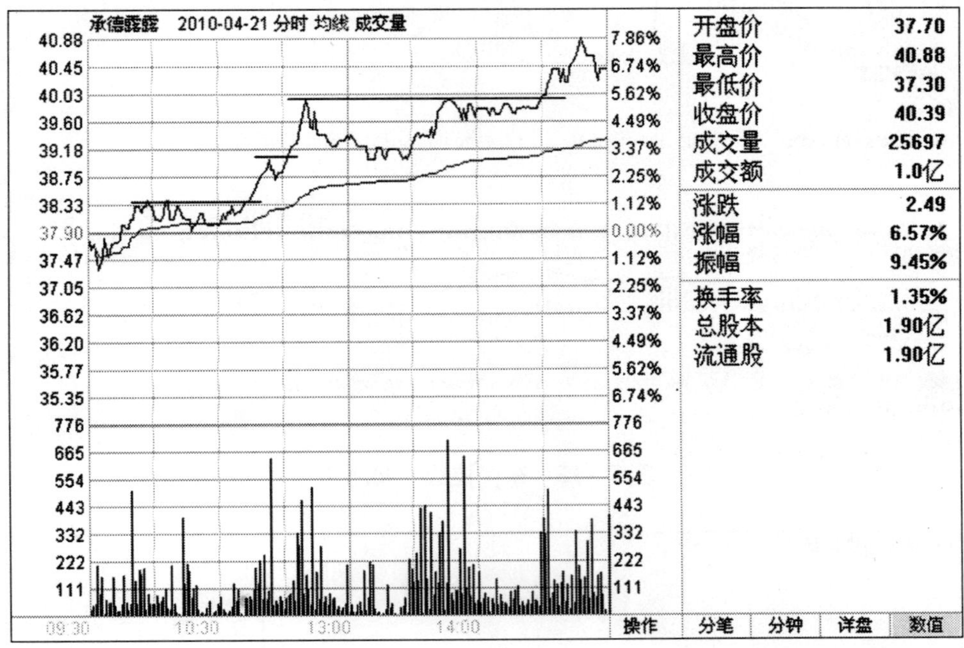

图 3－17　承德露露　000848

如图 3－18 所示，上升旗形确认之后，承德露露并没有按照预期进入又一波明显的上涨行情中。2010 年 4 月 26 日，该股出现一根大阴线，将股价重新打回到前高压力线之下，上升旗形失效，显示见顶迹象。如果投资者在上升旗形突破时入场做多，此时必须离场避险了。图 3－19 是该股当日的分时走势图，从中可以发现多个卖点。对比图 3－17 和图 3－19，只要投资者不是行动十分缓慢，保本出场的可能性还是很高的。此后，该股进入了宽幅振荡整理行情中。

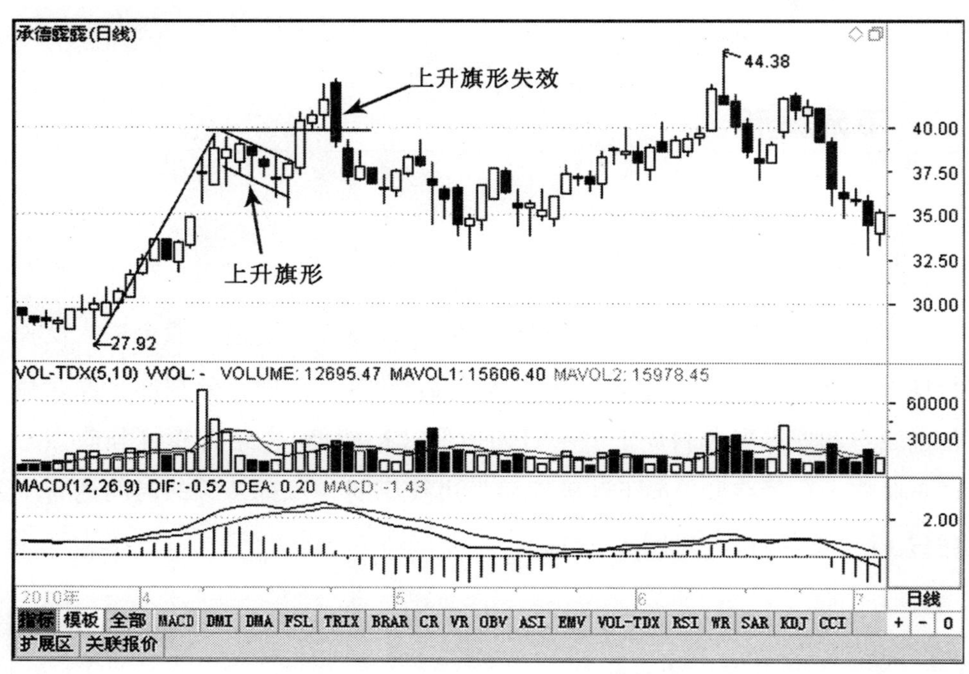

图3－18　承德露露　000848

图3－19　承德露露　000848

二、下降旗形

1. 招式图解

下降旗形，是指经过一波明显的下跌（即旗杆）之后，股价进入反弹行情（反弹幅度较小，通常不超过旗杆高度的1/3）中，分别连接反弹行情的高点和低点形成斜向上的平行四边形（即旗面），结合旗杆和旗面形成下降旗形，最终股价向下跌破旗面下边线压制（反弹持续的时间通常不超过15个交易日），见图3－20。

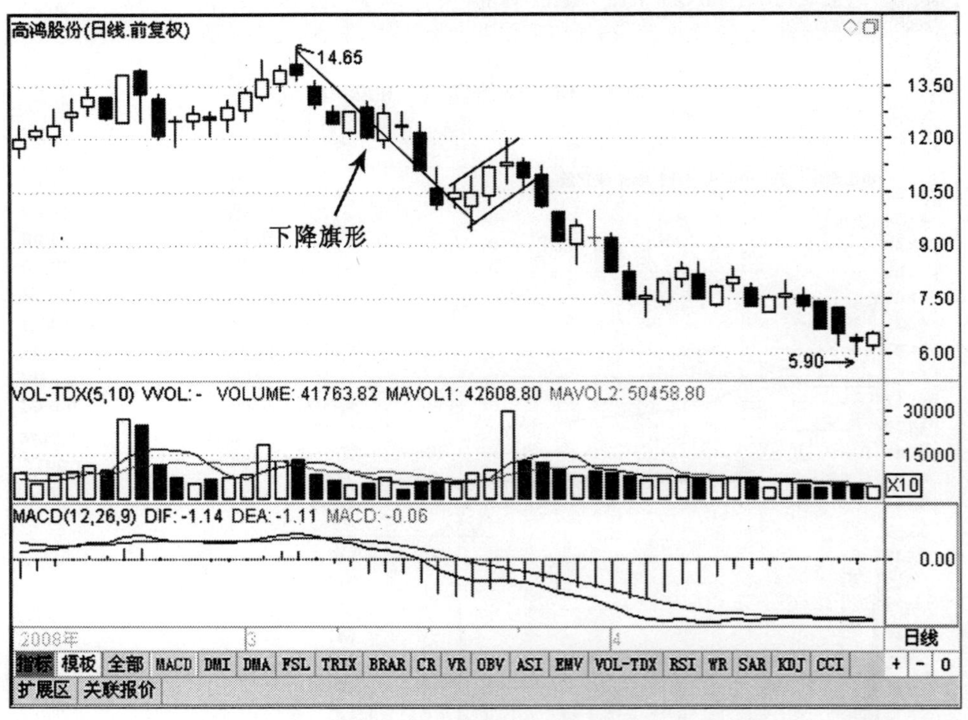

图3－20 高鸿股份 000851

如果反弹行情的高低点连线形成三角形走势，那么就会构成下降三角旗形，见图3－21。

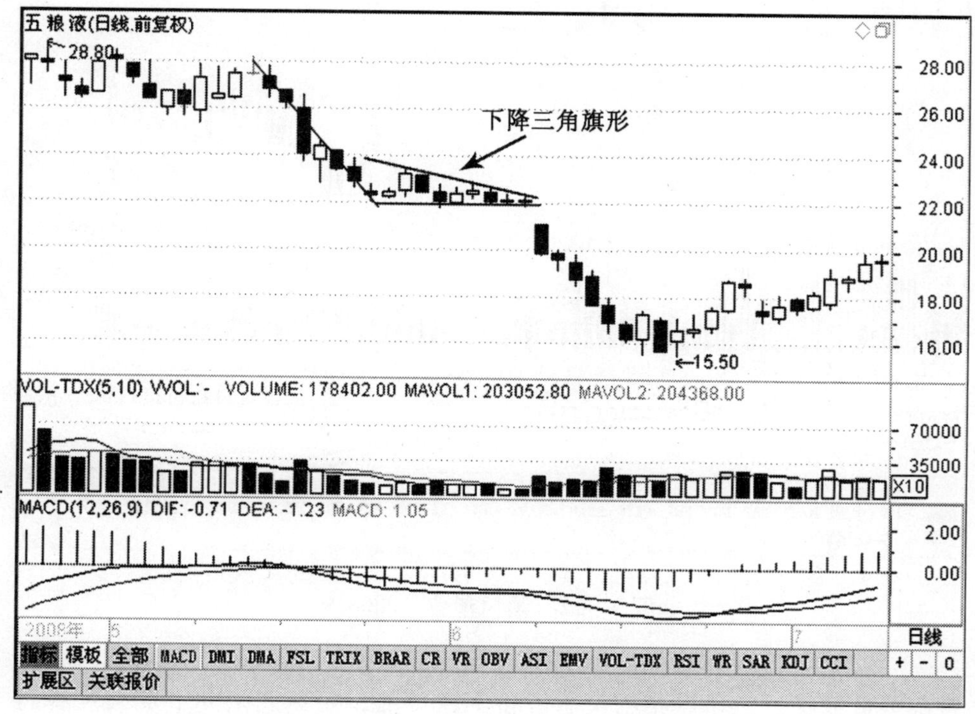

图3－21　五粮液　000858

除了在日线级别运用下降旗形判市之外，投资者还可以在分钟图、小时图、周线图、月线图上运用下降旗形观察市场，其特征和操作要点完全一致，见图3－22。

2. 操作要点

下降旗形属于持续看跌形态，意味着股价经过短暂反弹后将进入又一波跌势中。因此，投资者应该继续耐心持币观望。

持币信号：当股价向下突破下降旗形的旗面调整下边线支撑时。

止损点：下降旗形的止损点同样有两个：一是反弹结束股价没有向下

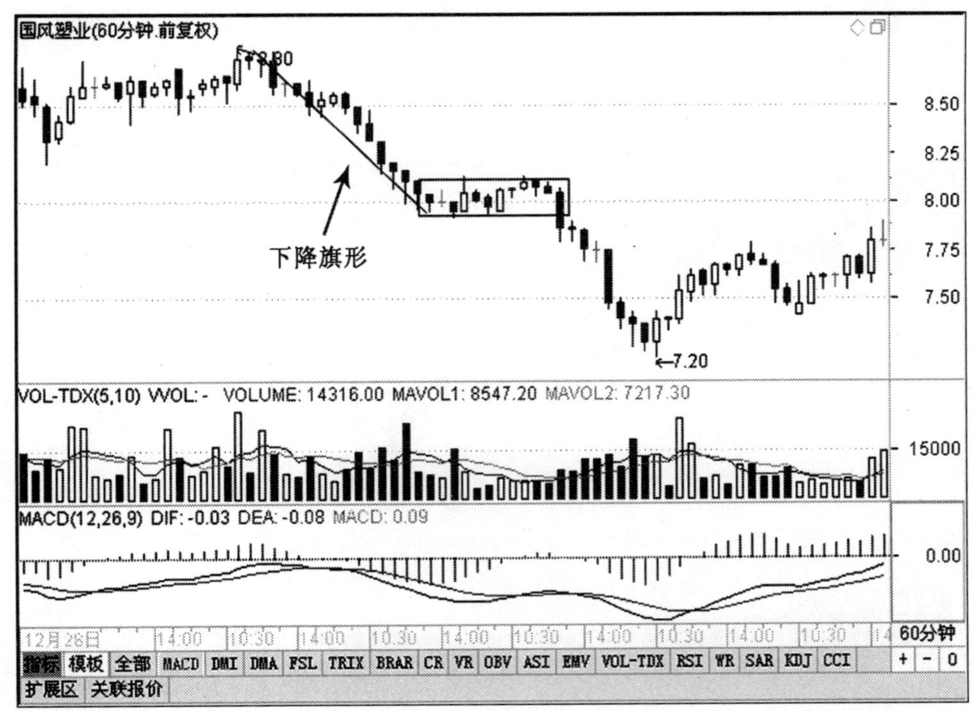

图 3－22　国风塑业　000859

跌破前低支撑，二是反弹结束后股价不跌反涨，短期之内向上突破反弹行情的最高点。

测量目标价：下降旗形确认后，可以利用其测量股价下跌的目标价。设定下降旗形的旗杆高度为 H，下降旗形确认后的第一下跌目标价为突破价位－H，第二目标价为突破价位－1.618H（黄金分割），第三目标价为突破价位－2H……

如图 3－23 所示，2011 年 1 月 7 日，顺鑫农业出现一根阴线，向下突破此前整理区的下边线支撑，下降旗形确认，后市该股仍有下行的空间。在下跌趋势中，投资者应该多看少动：多看，一是为了等待股价明确见底的信号，二是为了磨炼看盘技术；少动，是指抄底要慢一些，没有一定的把握，轻易不入场，短线反弹行情不要也罢。

如图 3－24 所示，2009 年 8 月 31 日，银星能源出现一根大阴线，跌破

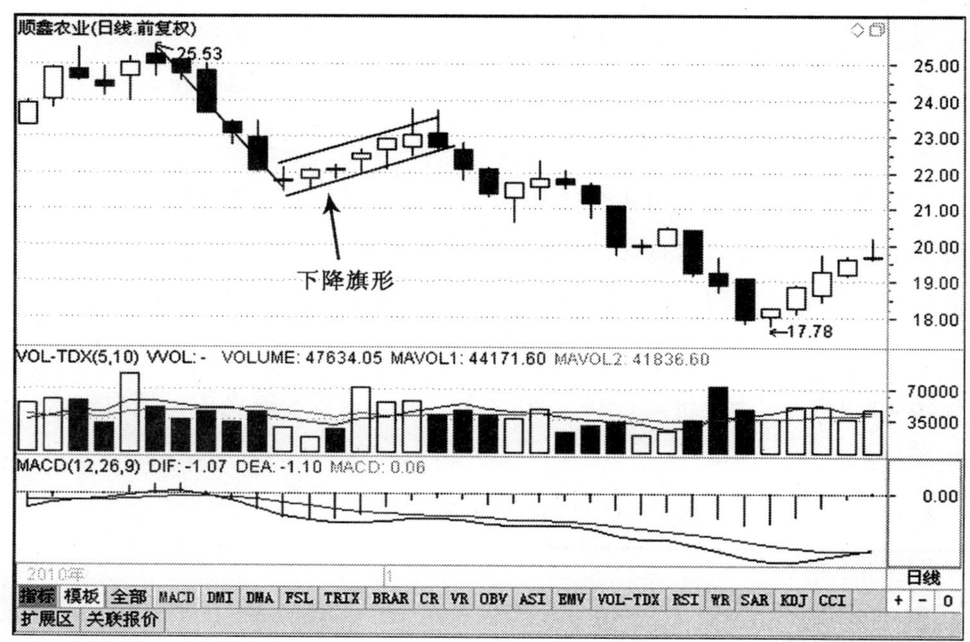

图3－23　顺鑫农业　000860

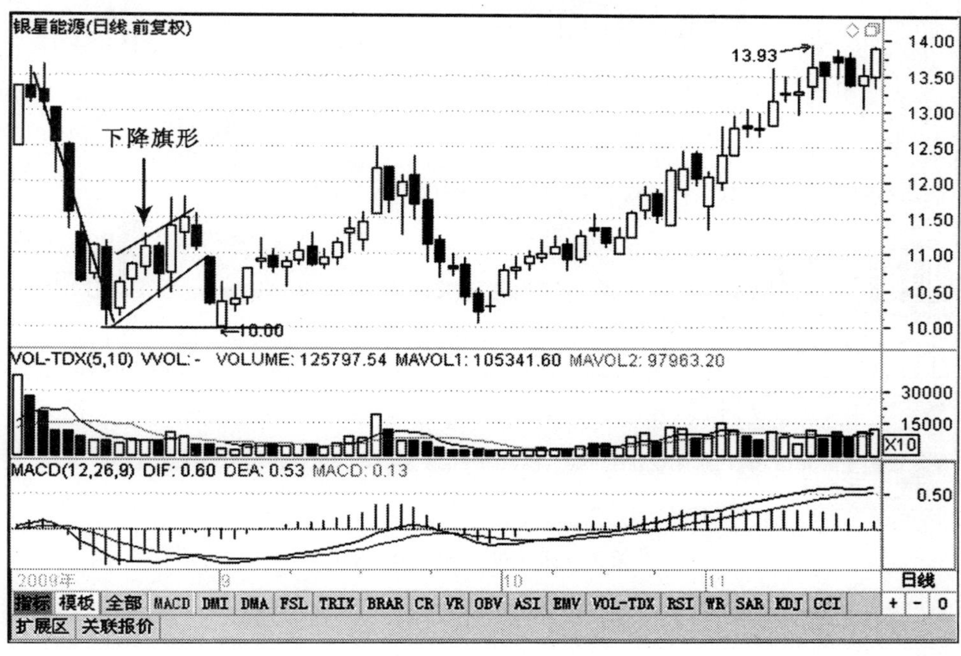

图3－24　银星能源　000862

了反弹行情的下边线支撑，下降旗形确认，后市看跌。然而，该股并没有由此进入又一波下跌走势中，反而接着就在前低附近获得支撑见底，随后开始了一波振荡上行的行情，下降旗形失效。

如图3－25所示，2011年5月23日，法尔胜出现一根大阴线，跌破下降旗形的支撑线，后市看跌。此时，投资者可以利用这个下降旗形推算该股后市的下跌目标价了。首先，计算下降旗形的旗杆高度H＝7.66－6.50＝1.16元。那么，可以推算出该股后市下跌的第一目标价＝6.56－1.16＝5.40元。当股价运行到5.40元上方时，该股止跌企稳，随后进入一波明显的反弹行情中。

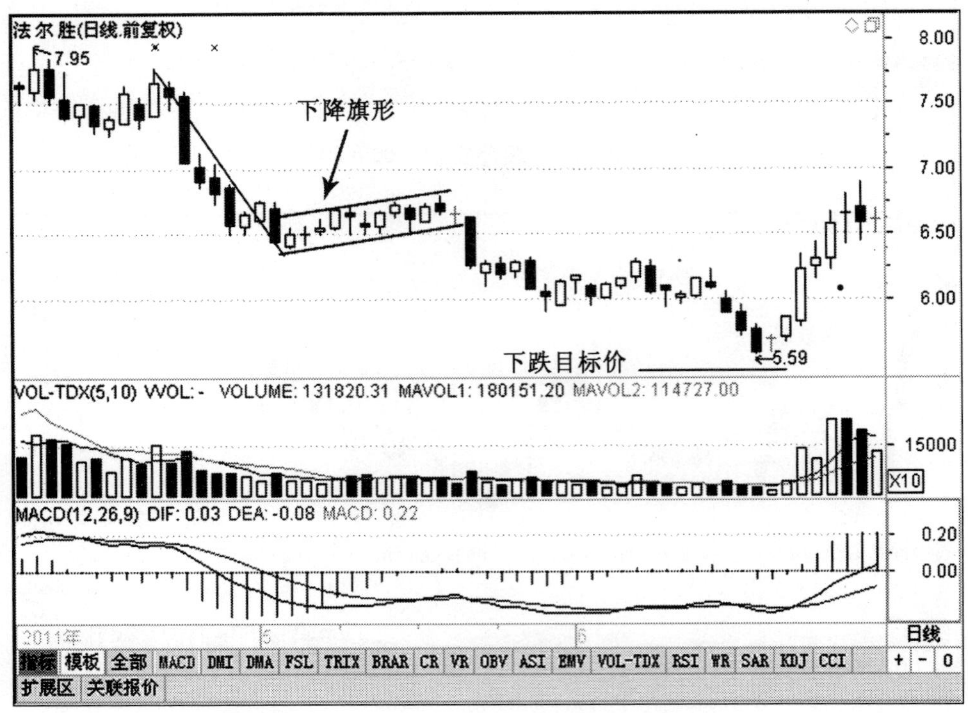

图3－25　法尔胜　000890

3. 实战解析

如图3－26所示，2011年5月23日，＊ST星美出现一根大阴线，先后跌破了此前整理区间的下边线和前低支撑，下降旗形确认，后市看跌。不仅如此，MACD经过一段时间的黏合之后，也开始呈现走低之势，显示做空力量重新占据上风。既然看空信号出现共振，一波跌势就更加难以避免了。

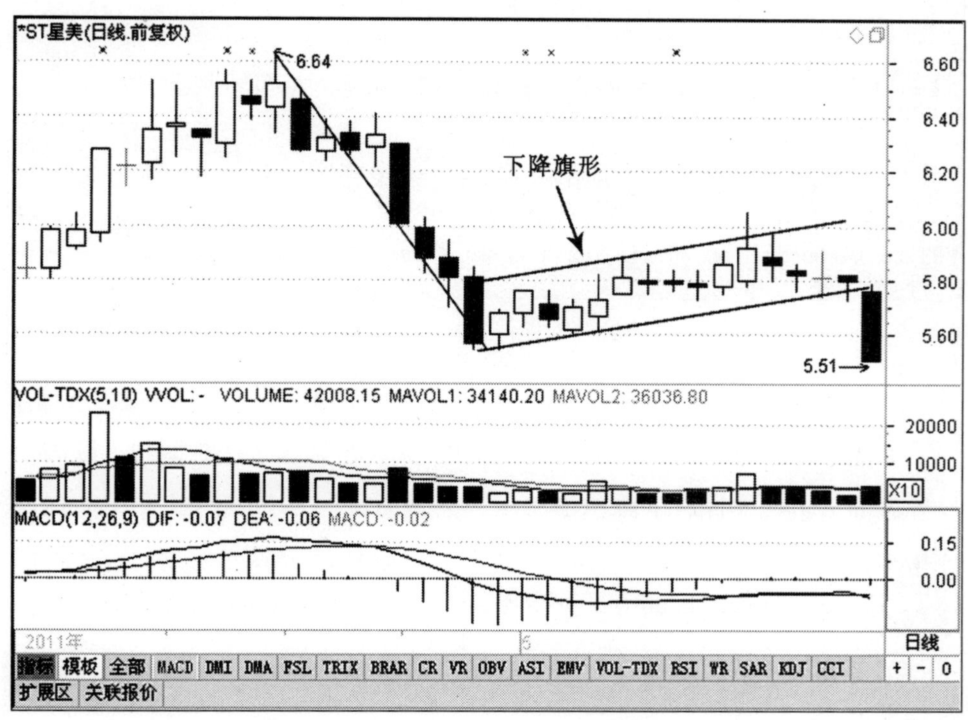

图3－26　＊ST星美　000892

如图3－27所示，下降旗形确认之后，＊ST星美继续下行探底。当然，这波跌势并不凶猛（尤其是相比下降旗形的旗杆跌势而言），而且跌速呈现明显的逐渐放缓迹象，说明做空力量被逐渐消耗殆尽。在创出4.93元的低点之后，该股成功见底，随后进入一波可观的涨势中。

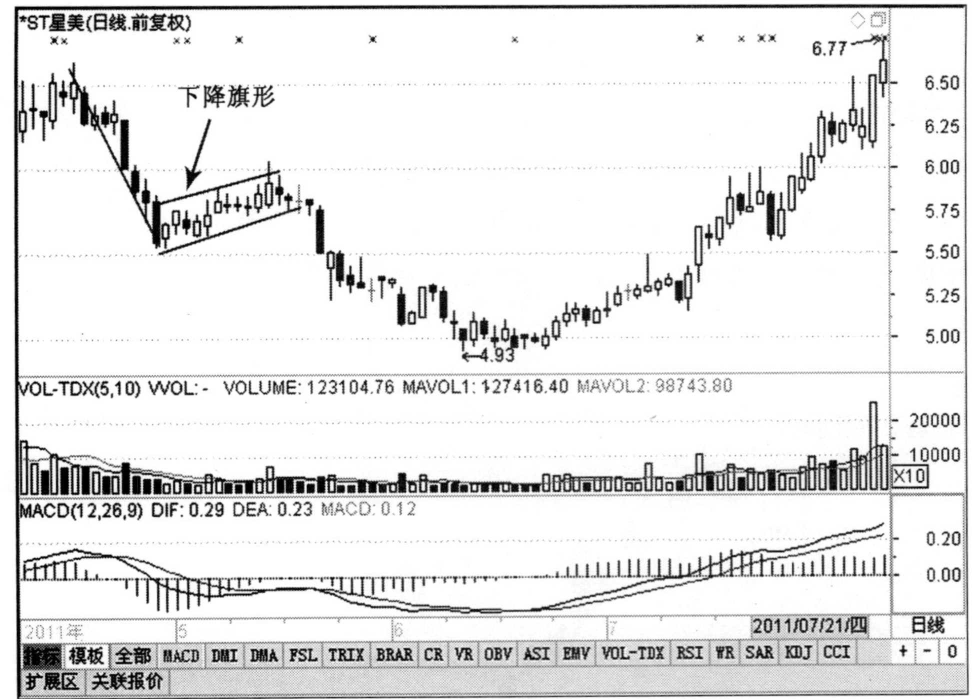

图3-27　*ST星美　000892

如图3-28所示，2010年7月16日，东凌粮油出现一根阴线，跌破了反弹区的下边线支撑，下降旗形确认，后市看跌。不过，与此同时的深证成指却已经显示见底迹象（见图3-29）。通过比较个股与大盘的走势可以发现，个股并没有形成独立走势。因此，在大盘见底的背景下，个股继续下行的可能性降低。换言之，对于这个下降旗形，投资者应保持看空不做空的态度。

如图3-30所示，下降旗形出现之后，东凌粮油没有继续下跌，反而是直接就此见底，随后进入一波明显的涨势中。观察与此同时的深证成指（见图3-31），同样出现一波明显的上涨行情。通过见底前后个股与大盘的走势对比可以发现，该股的走势基本按照大盘的节奏在发展，缺乏独立性。这其实也是市场中绝大部分股票的运行特征！因此，结合大盘来分析个股走势，是投资者常用的技术分析方法。

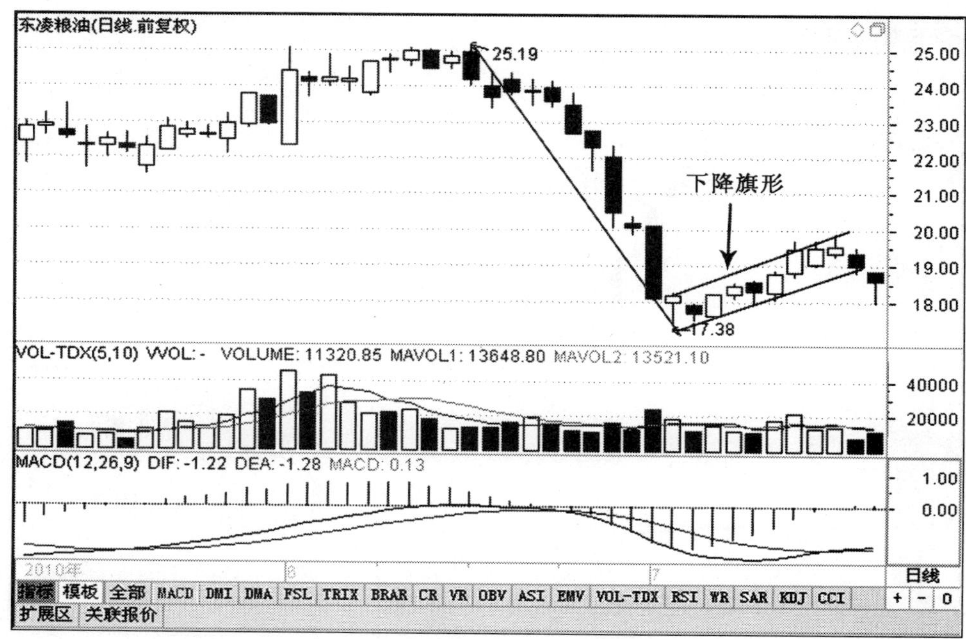

图3－28 东凌粮油 000893

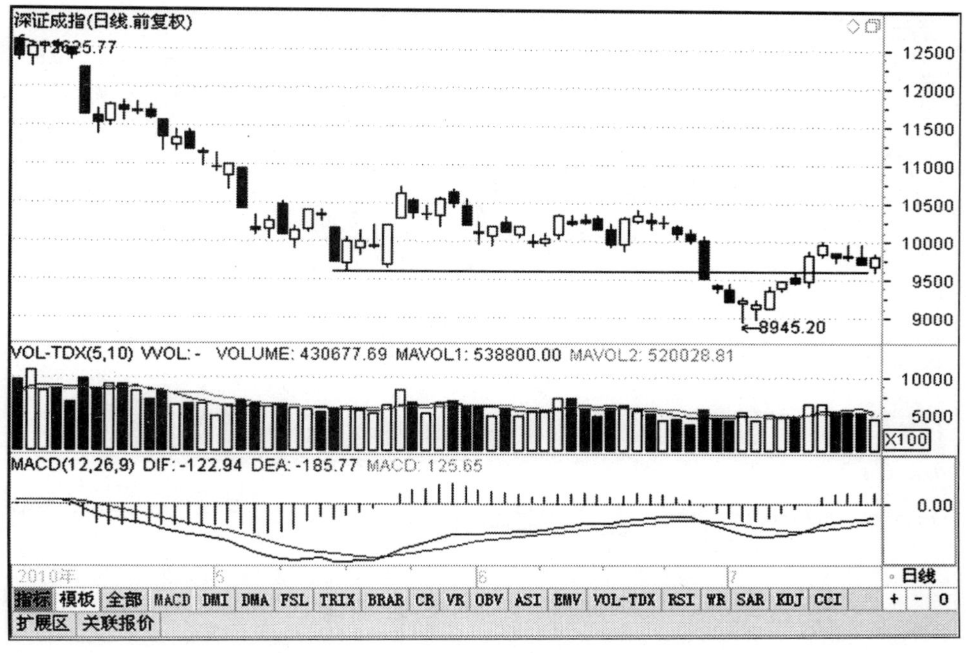

图3－29 深证成指 399001

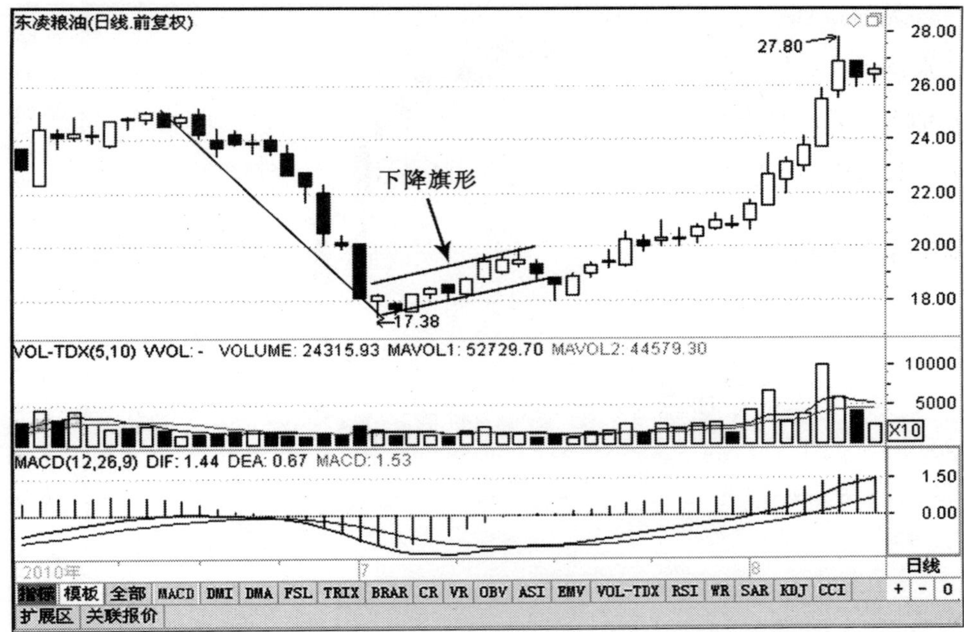

图3-30 东凌粮油 000893

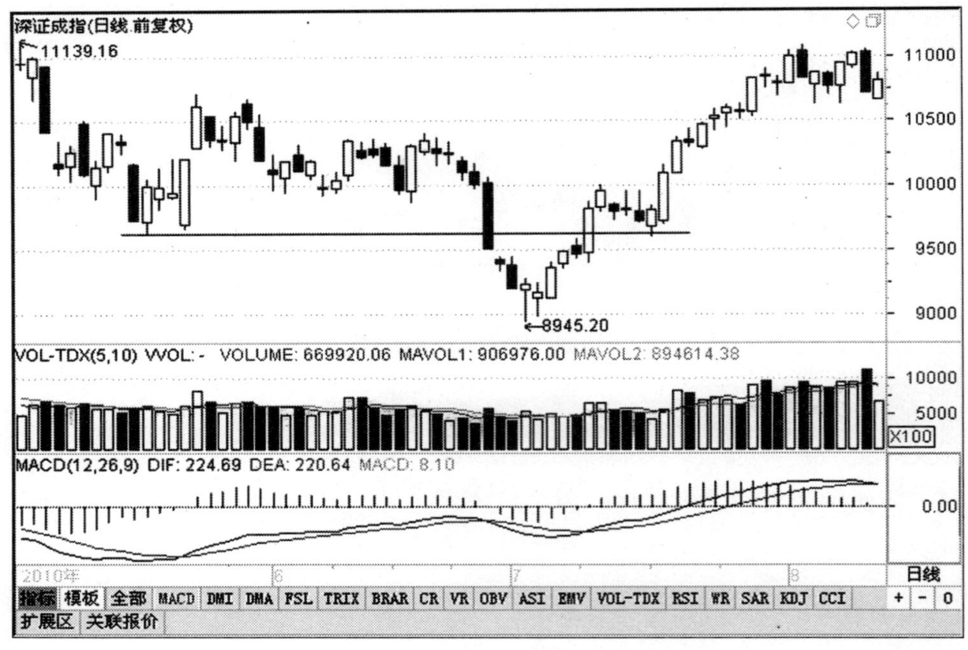

图3-31 深证成指 399001

如图3－32所示，2010年1月20日，鞍钢股份出现一根突破大阴线，下降旗形确认。另外，这根大阴线还跌破了此前高位整理区的下边线支撑，进一步加大了后市股价下跌的可能性。因此，投资者应该采取持币策略。与此同时，投资者也可以先推算下该股下跌的目标价，以迎接早晚都会到来的底部。

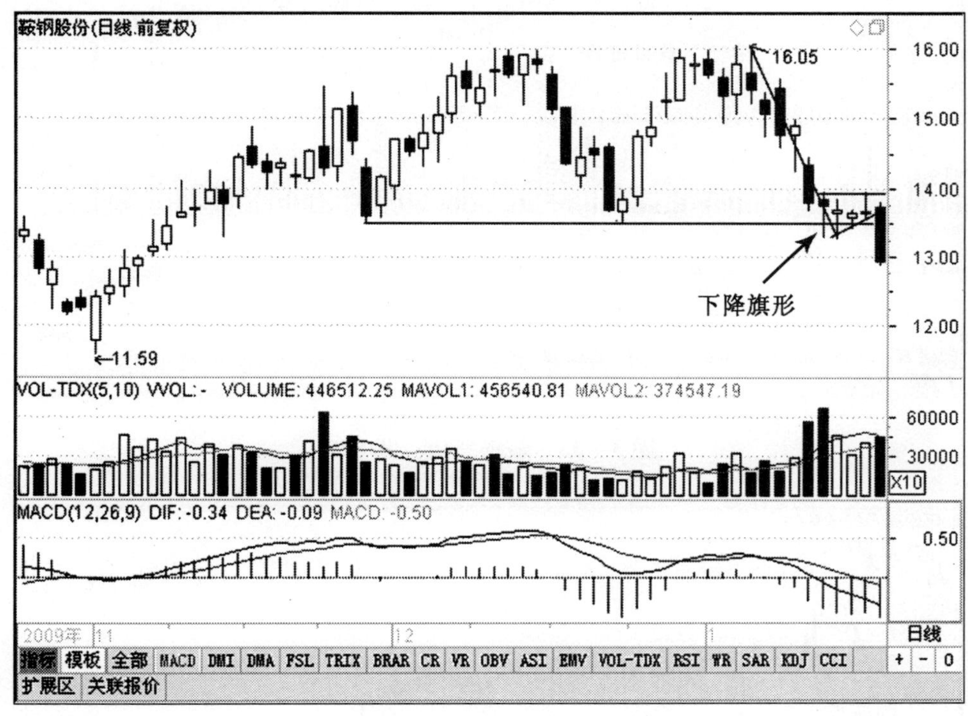

图3－32　鞍钢股份　000898

首先，计算下降旗形的旗杆高度 H = 16.05 － 13.29 = 2.76 元。然后，据此推算该股的下跌第一目标价为 13.60 －2.76 = 10.84 元。

如图3－33所示，当股价下跌至第一目标价10.84元时，该股顺利止跌，随后进入一波振荡整理行情中。这波整理行情明显非常弱势，期间始终没有出现可靠的日线级别的见底信号，投资者只能继续持币等待。2010年4月19日，该股出现一根大阴线，跌破第一目标价形成的支撑位，又一波下跌开始了。

如图3－34所示，跌破前低支撑位之后，鞍钢股份进入一波明显的下

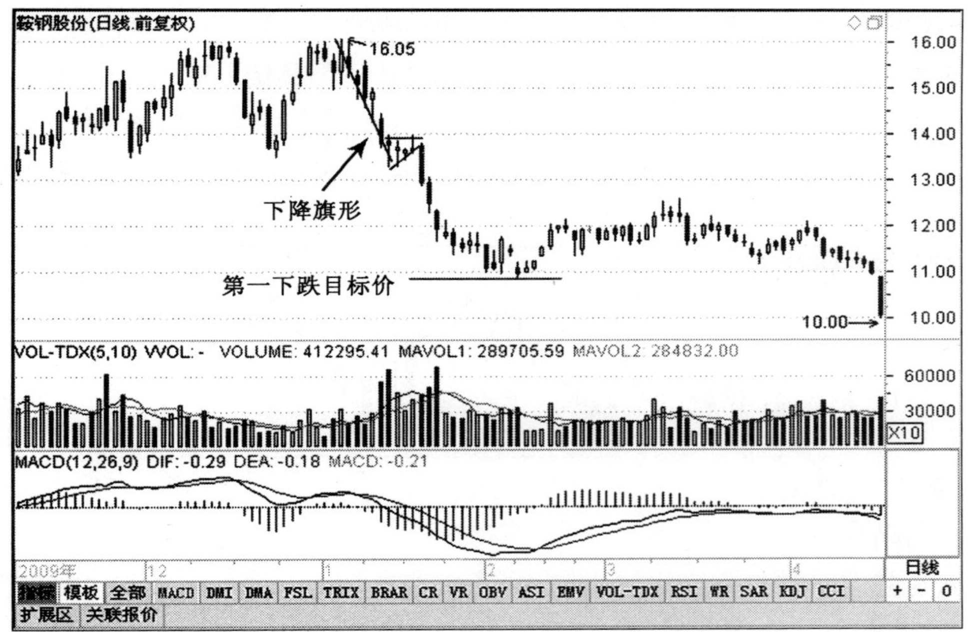

图3－33　鞍钢股份　000898

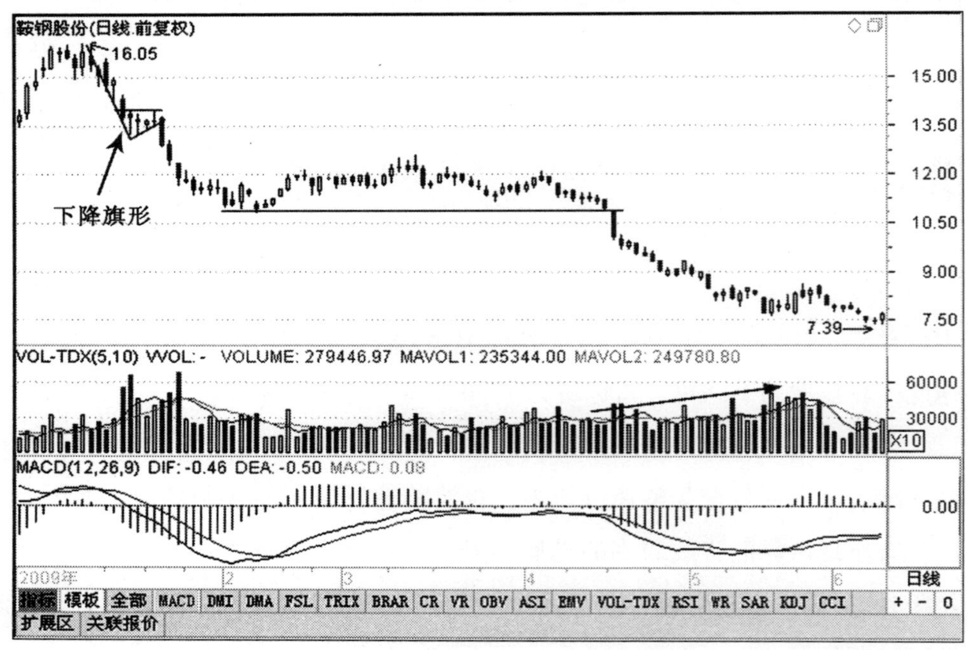

图3－34　鞍钢股份　000898

跌行情中。在此期间，伴随着股价的下滑，成交量却在逐渐放大，意味着杀跌力量依然强劲，短期之内该股看不到见底的希望。那么，投资者就继续耐心持币吧！

三、持续看涨三角形

1. 招式图解

持续看涨三角形，是指经过一波上涨之后，股价进入振荡整理行情中（通常超过20个交易日），逐渐形成三角形走势，整理结束后股价向上放量突破三角形的上边线，由此再次进入涨势，见图3－35。

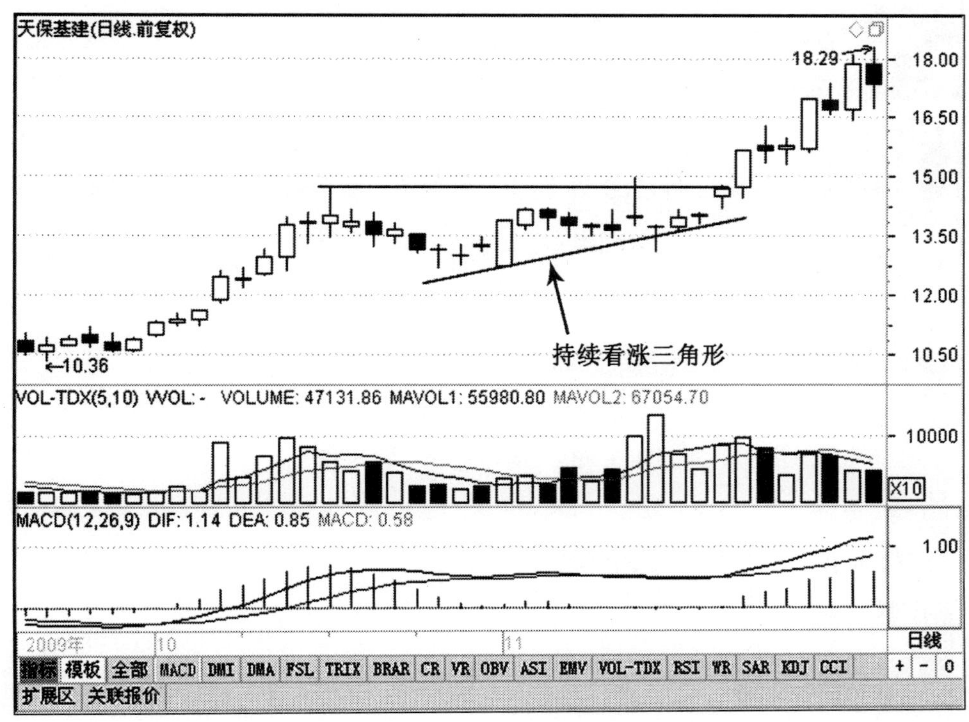

图3－35　天保基建　000965

持续看涨三角形分为多种形态：持续看涨上升三角形、持续看涨下降三角形、持续看涨收敛三角形。图 3－35 就是持续看涨上升三角形，其上边线为水平线，下边线为斜向上发展的直线；图 3－36 是持续看涨下降三角形顶，其下边线为水平线，上边线为斜向下发展的直线；图 3－37 是持续看涨收敛三角形，其上边线为斜向下发展的直线，下边线为斜向上发展的直线。

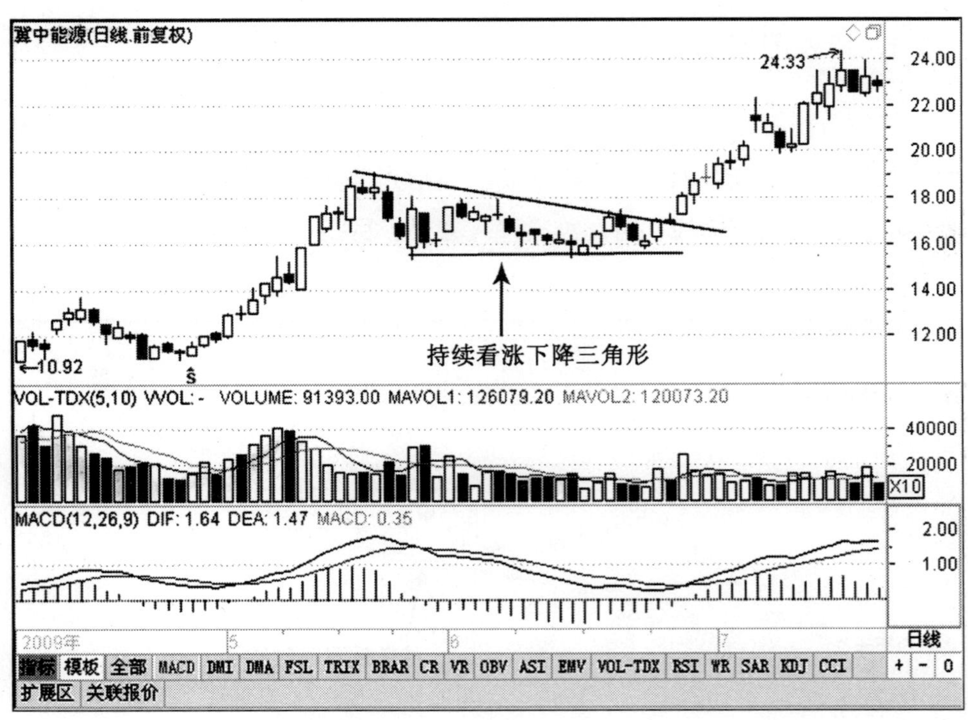

图 3－36　冀中能源　000937

持续看涨三角形可以出现在任何时间周期的 K 线图上，其形态特征和操作要点基本一致，见图 3－38。

2. 操作要点

三角形整理区本身并没有指向作用，关键在于整理结束时股价突破的

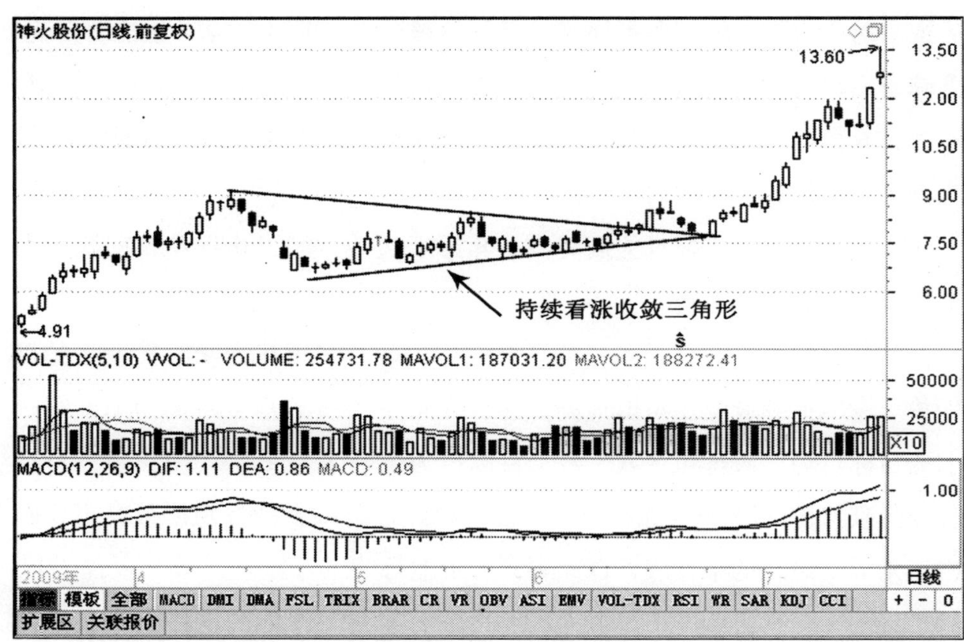

图3－37　神火股份　000933

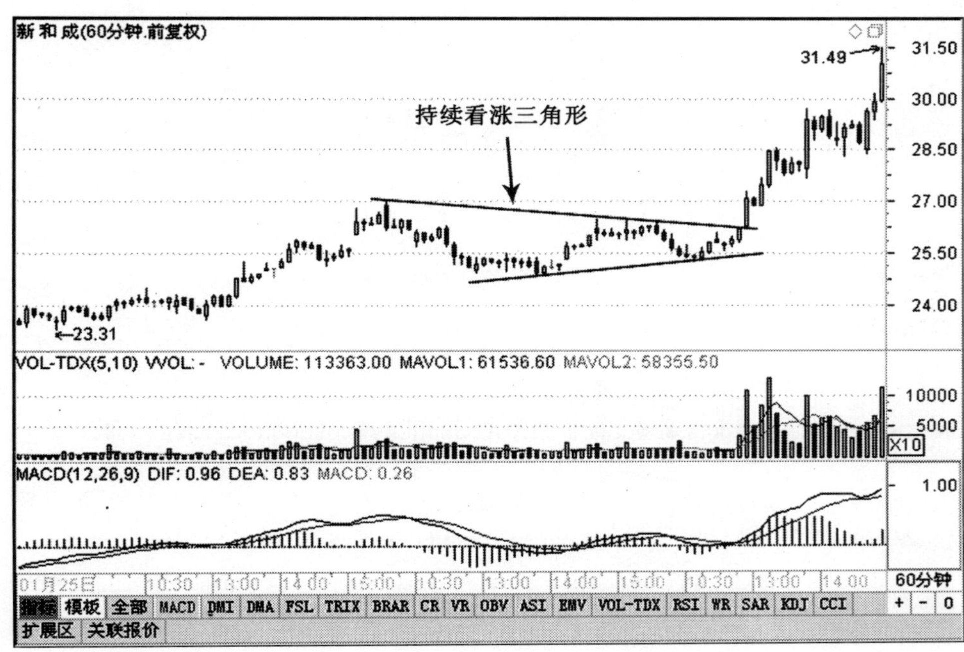

图3－38　新和成　002001

方向。对于持续看涨三角形而言，就是整理行情结束时股价向上放量突破，意味着后市将延续整理之前的上涨趋势。因此，投资者应该择机入场建仓。

建仓信号：第一个建仓信号为突破三角形上边线时；第二个建仓信号为回抽三角形边线支撑时。

止损点：第一止损点为假突破三角形上边线，第二止损点为回测三角形边线支撑时破位下行。

测量目标价：持续看涨三角形形成后，可以利用其测量股价上涨的目标价。设定持续看涨三角形最高点至三角形下边线的垂直距离为 H，第一上涨目标价为突破价位 + H，第二目标价为突破价位 + 1.618H，第三目标价为突破价位 +2H……除此以外，还可以经过持续看涨三角形最高点，画出三角形下边线的平行线，以此观察股价上行的压力。

如图 3 －39 所示，2009 年 12 月 28 日，经过一段时间的三角形整理之

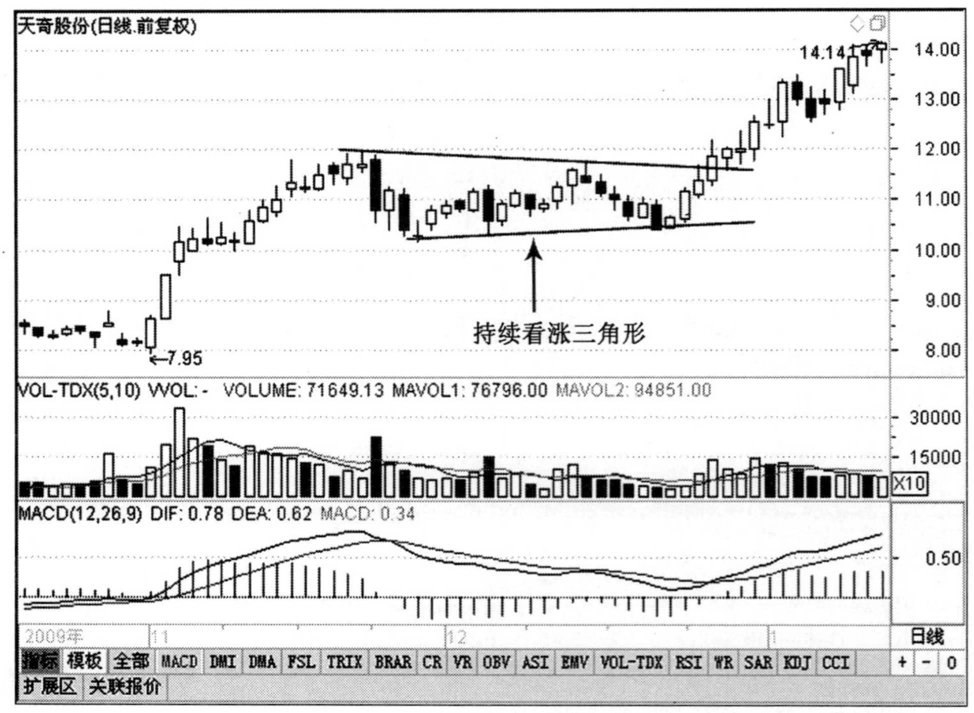

图 3 －39　天奇股份　002009

后，天奇股份出现一根中阳线，向上放量突破了整理区的上边线压制，持续看涨三角形确认，后市将重新回归上涨行情中。因此，投资者应该跟随入场做多。

如图3－40所示，2010年12月15日，大族激光出现一根大阳线，向上突破了上升三角形的上边线压制，后市看涨，第一入场点出现。经过几个交易日的冲高，该股进入回调行情中，并成功在三角形的上边线附近止跌企稳，第二入场点出现。对于技术分析高手而言，利用高抛低吸（可以利用低级别的K线走势图寻找出入场点），可以充分把握这两个入场点，扩大获利空间。

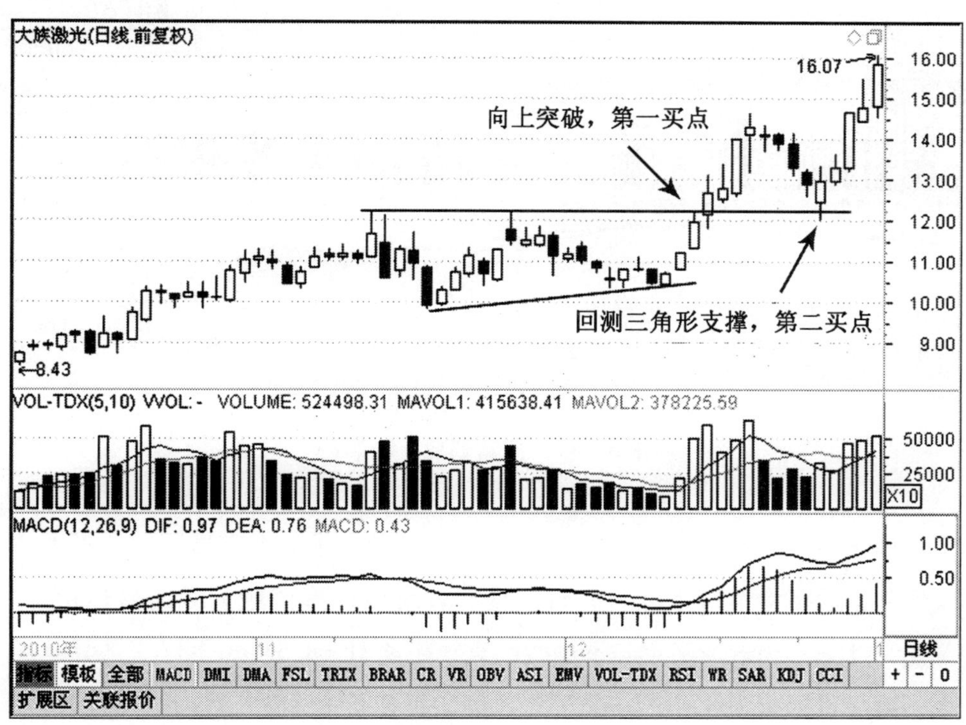

图3－40　大族激光　002008

如图3－41所示，2010年4月14日，鑫富药业出现一根大阳线，向上突破了三角形整理区的上边线压制，后市继续看涨。然而，这次突破仅维持了四个交易日，而且突破的力度非常有限。2010 年 4 月 20 日，该股大幅跳空低开，直接跌破了收敛三角形的下边线支撑，确认此前的向上突破为假突破，持续看涨三角形彻底失效，后市将转入下跌行情中。

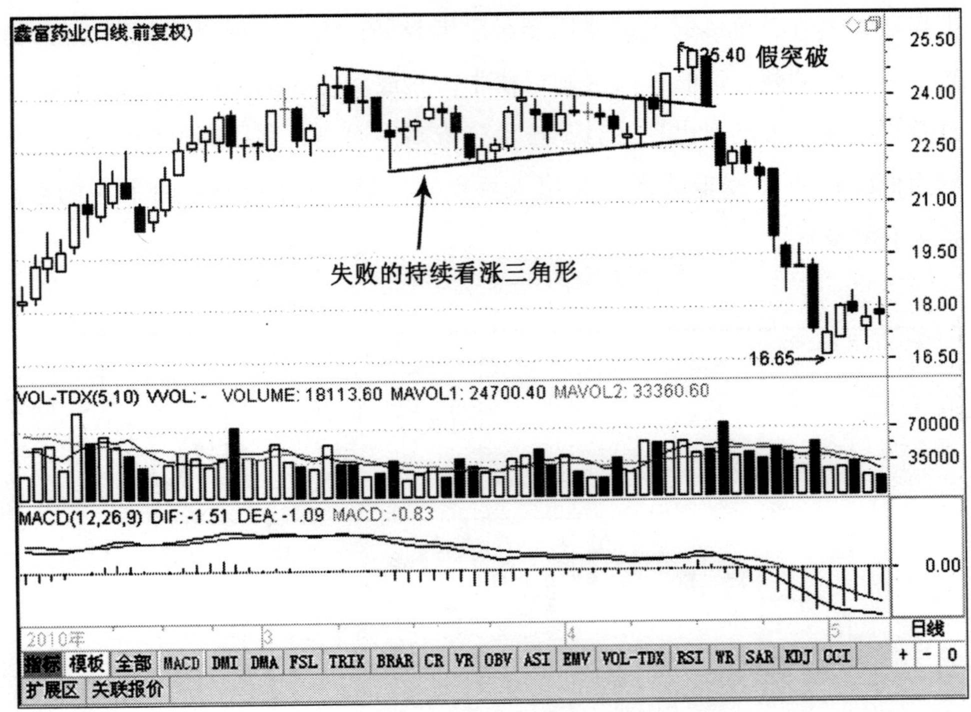

图 3 – 41　鑫富药业　002019

如图 3 – 42 所示，2009 年 2 月 3 日，同洲电子向上突破了三角形上边线压制，后市将继续上涨。此时，投资者可以推算该股上涨的目标价了。首先，计算三角形最高点与下边线的直线距离 H = 8. 53 – 6. 83 = 1. 7 元。那么，第一目标价为 8 + 1. 7 = 9. 7 元，第二目标价为 8 + 1. 7 × 1. 618 = 10. 75 元。当股价上行至第二目标价附近时，该股见顶回落，进入下一波整理行情中。

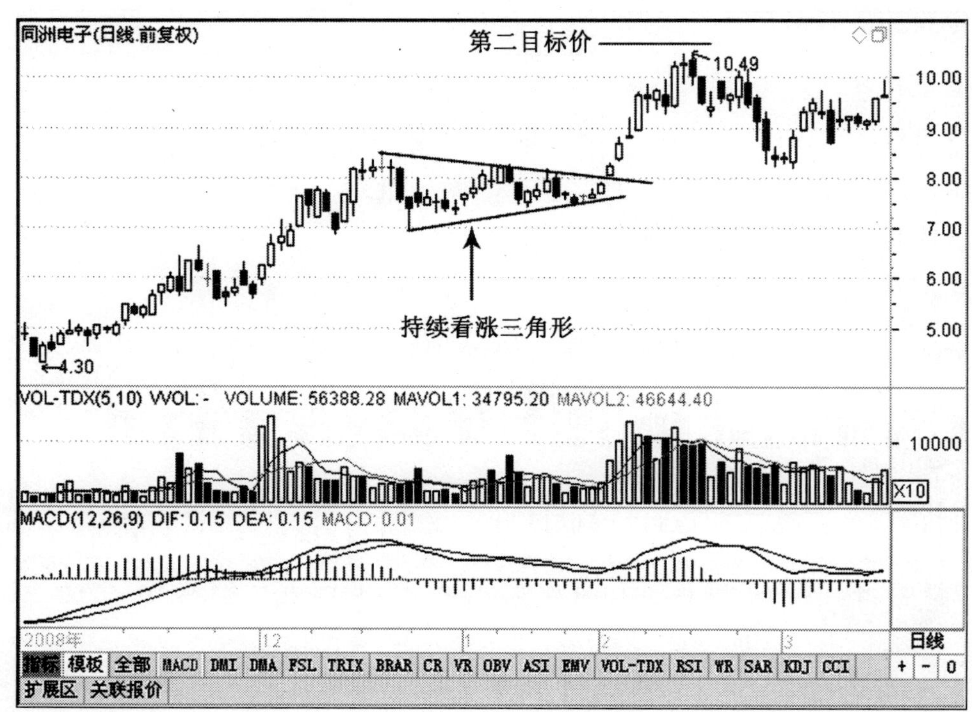

图3－42　同洲电子　002052

3. 实战解析

如图3－43所示，2010年10月22日，中钢天源出现一根涨停大阳线，向上突破了上升三角形的上边线压制，伴随着明显的放量，意味着整理行情结束，后市将进入又一波涨势中。至于与此同时的中小板指数，已经向上突破了前高的压制，同样意味着一波涨势的到来（见图3－44）。在大盘看涨的背景下，个股利用涨停强势突破，值得投资者重点关注（强者恒强），可以考虑当日追涨介入。

如图3－45所示，向上突破三角形之后，中钢天源进入一波直线飙升的行情中。这种快速拔高的走势，是投资者的最爱。不过，要把握这种行情，仅靠技术分析还不够，具有良好的选股能力很重要。

如图3－46所示，2010年8月26日，海特高新出现一根十字线，向上

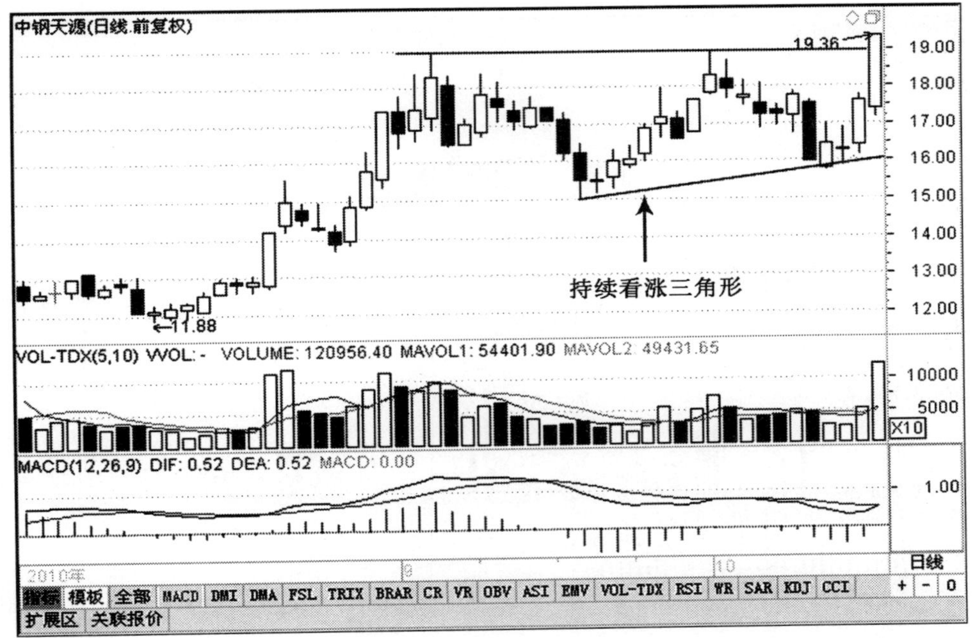

图3-43　中钢天源　002057

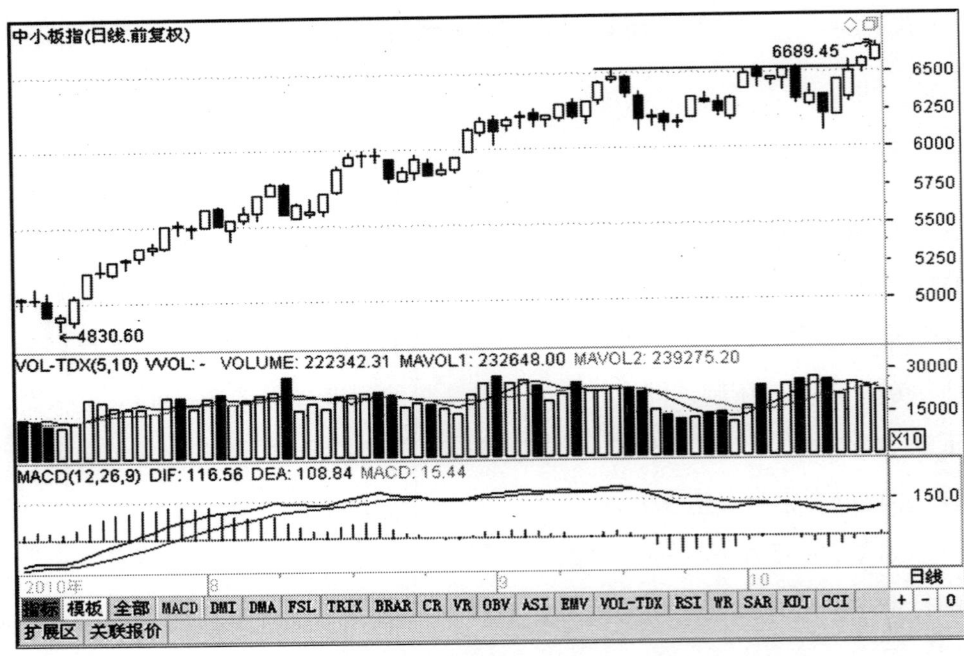

图3-44　中小板指　399005

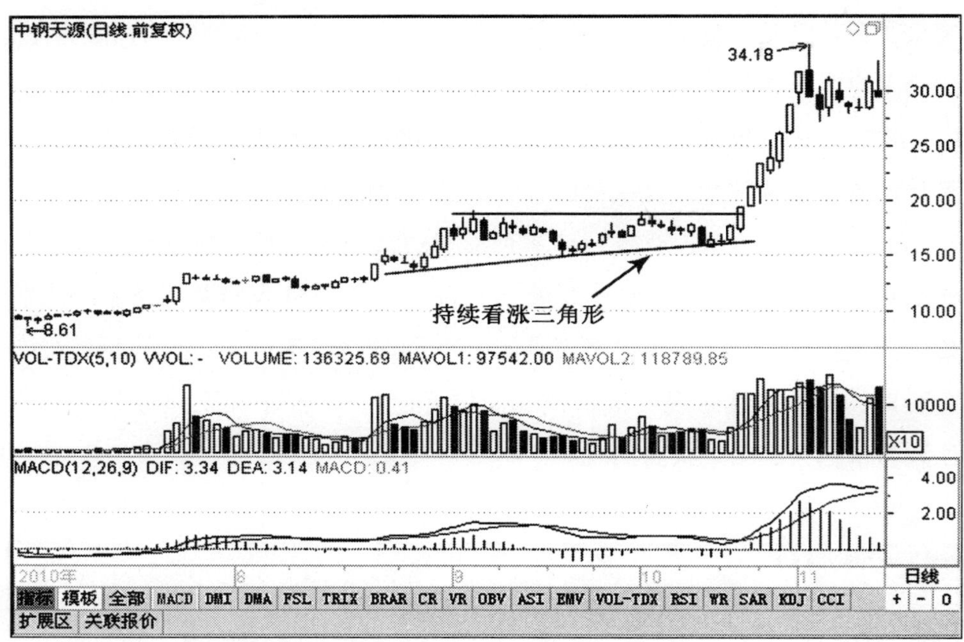

图 3－45　中钢天源　002057

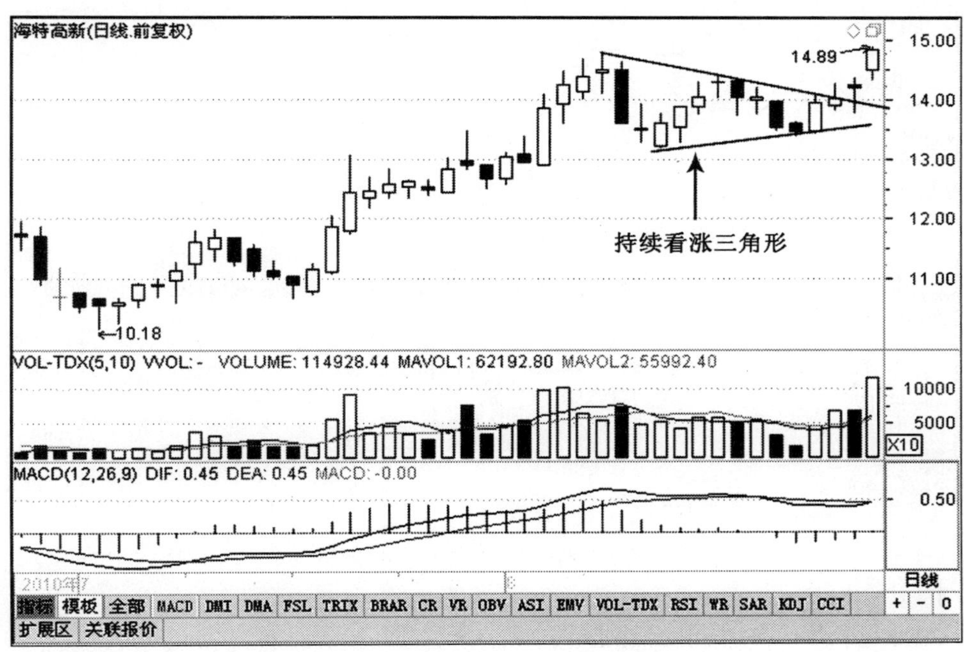

图 3－46　海特高新　002023

突破了此前三角形整理区的上边线压制。不过，由于这次突破的幅度有限，成交量也没有明显放大，突破的有效性值得怀疑。

次日，该股出现一根中阳线，突破三角形上边线的幅度超过3%，而且伴随着明显的放量，确认突破有效，投资者可以建仓了。

如图3－47所示，有效突破三角形上边线压制之后，海特高新进入一波涨势中，直至创出18.50元的高点。随后，该股进入回调行情中。当股价下滑至持续看涨三角形的最高点附近（同时是三角形下边线的延长线附近）时，该股连续出现五根阳线（低位五连阳），显示见底迹象，意味着回调行情结束，第二买点出现。

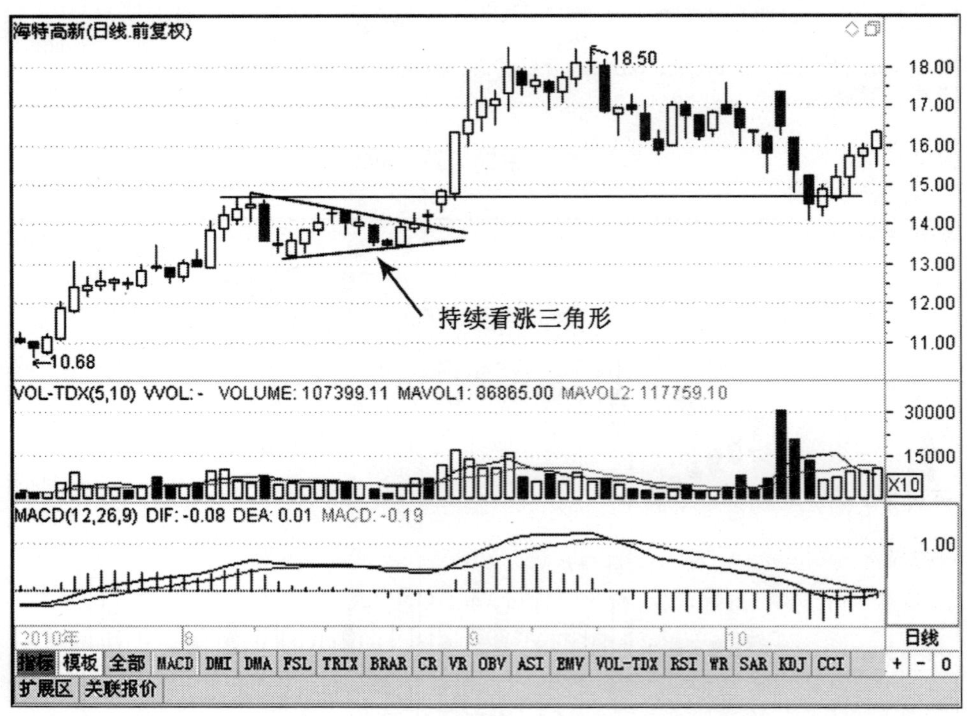

图3－47 海特高新 002023

如图3－48所示，在第二买点出现之后，海特高新进入又一波上涨行情，直至创出20.78元的高点。以低位五阳线的最高点为起点，这波涨势

图3-48 海特高新 002023

的最大涨幅约为27%，有足够的空间供投资者进出。

如图3-49所示，2009年6月1日，金智科技出现一根涨停大阳线，突破了上升三角形的上边线压制，后市将进入又一波涨势中。此时，投资者可以计算这波涨势的目标价了。根据上升三角形的最高价8.39元和最高点垂直对应的下边线价6.40元，计算出H=8.39-6.40=1.99元。那么，这波涨势的第一目标价为8.39+1.99=10.38元。

如图3-50所示，向上突破之后，该股继续加速上行。当股价运行至第一目标价10.38元附近时，该股出现一根长上影线阳线，创出11.26元的高点。随后两个交易日，该股连续走出阴线，跌破长上影阳线的最低点支撑，没能守住涨势，这波行情就此告一段落了。

如图3-51所示，长上影阳线出现之后，该股见顶回落，从此进入了长时间的振荡整理行情中。由于这波整理行情的振幅较小，投资者完全可

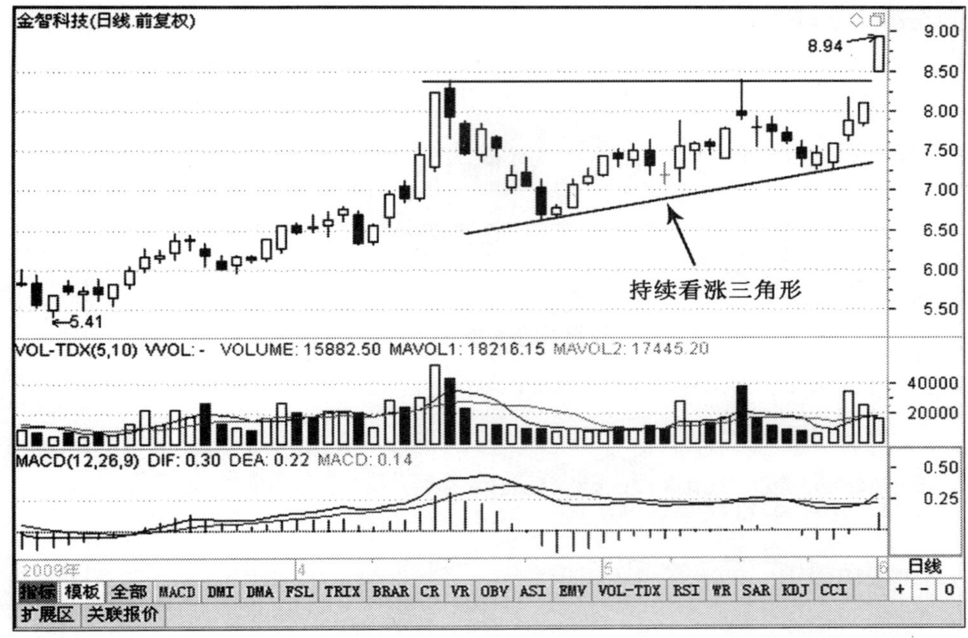

图 3－49　金智科技　002090

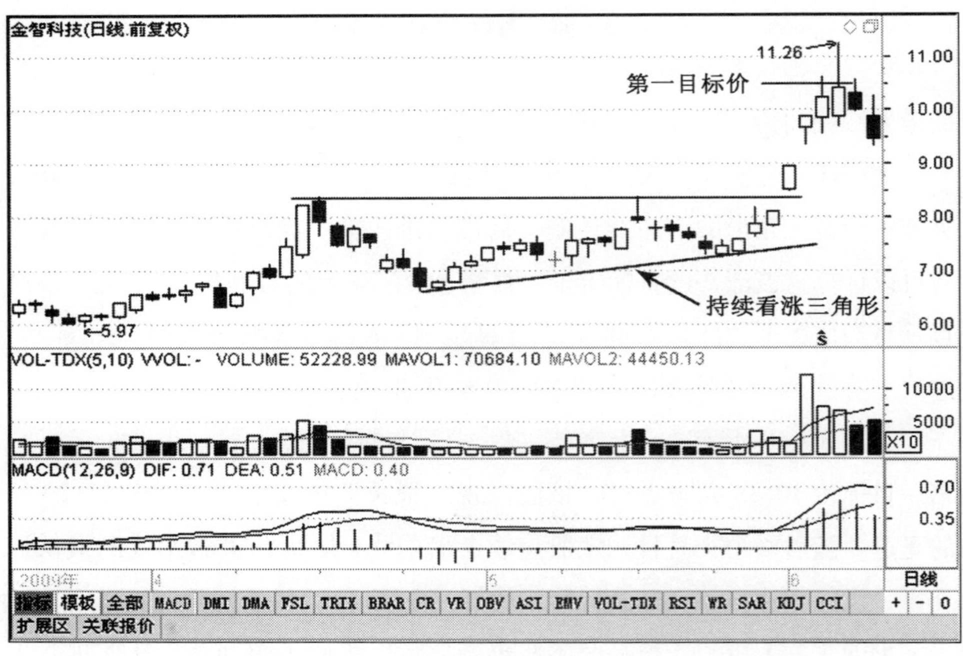

图 3－50　金智科技　002090

以不参与。当然，对于善于高抛低吸的技术高手，利用低级别的K线走势图，这点空间还是可以从中获利的。

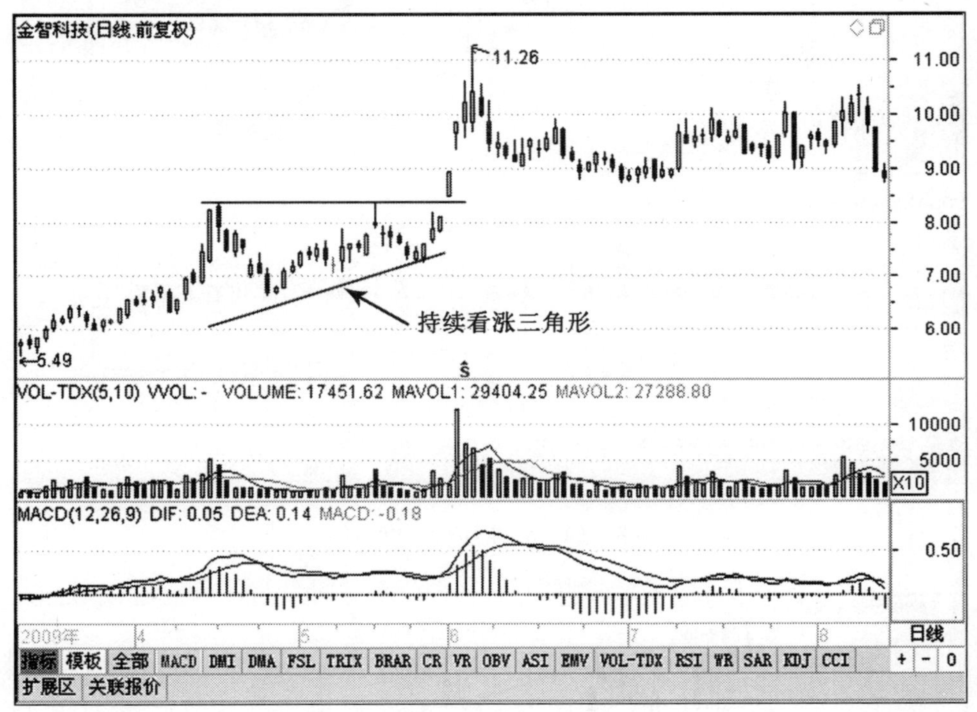

图3－51　金智科技　002090

如图3－52所示，2010年12月17日，恒宝股份向上突破收敛三角形的幅度超过3%，突破确认。不过，这次向上突破并没有伴随着成交量的放大。在成交如此低迷的背景下，突破的有效性非常值得怀疑，投资者还是再观察一下比较稳妥。

如图3－53所示，确认突破的次日，恒宝股份出现一根长下影阴线，基本可以认定此前的突破为假突破，新的三角形上边线就此形成（见图3－53中的虚线）。2010年12月23日，该股向下突破了三角形的下边线支撑，股价后市发展的方向明确了。此后，该股进入一波明显的下跌行情中。

如果投资者在向上突破三角形压制时入场做多，却没有及时止损离场，

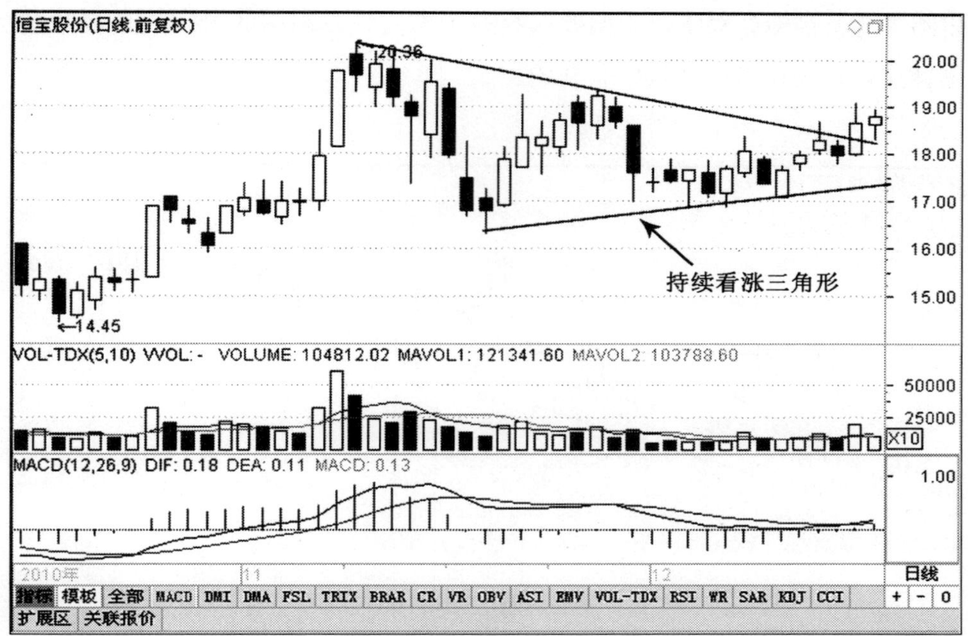

图3－52　恒宝股份　002104

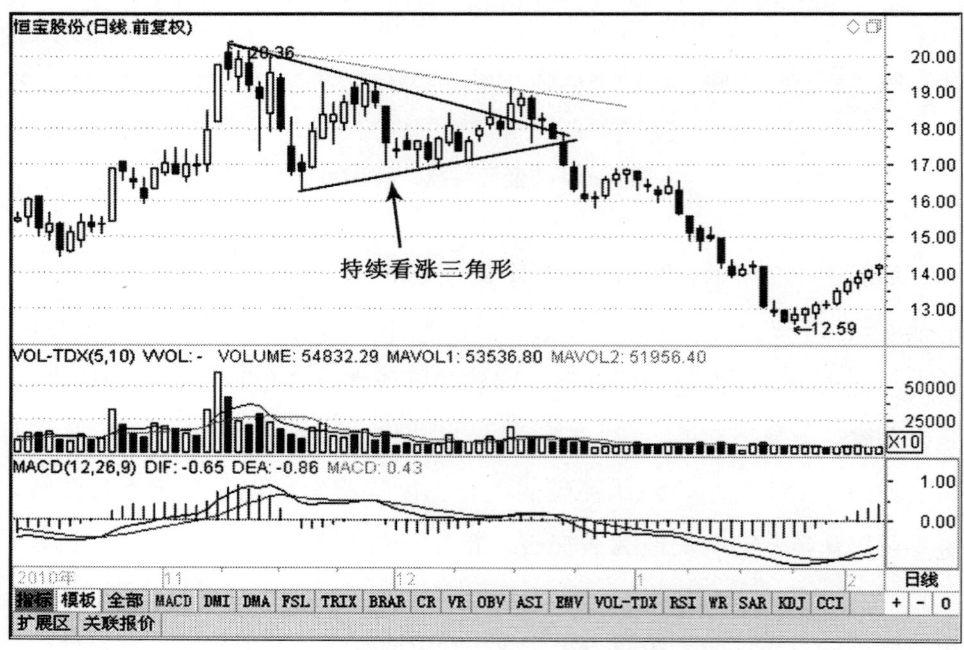

图3－53　恒宝股份　002104

将陷入非常被动的局面中。因此，投资者在入场的时候，必须明确出场的条件。一旦出场条件被触发，就应该立刻离场。

四、持续看跌三角形

1. 招式图解

持续看跌三角形，是指经过一波下跌之后，股价进入振荡整理行情中（通常超过20个交易日），逐渐形成三角形走势，整理结束后股价向下跌破三角形的下边线，由此再次进入跌势，见图3－54。

图3－54 *ST钛白 002145

持续看跌三角形分为持续看跌上升三角形（见图3－54）、持续看跌下降三角形（见图3－55）、持续看跌收敛三角形（见图3－56）和持续看跌扩散三角形（见图3－57）。扩散三角形，是指其上边线为斜向上发展的直线，下边线为斜向下发展的直线（或者，上边线水平下边线斜下发展；又或者，上边线斜上发展下边线水平）。

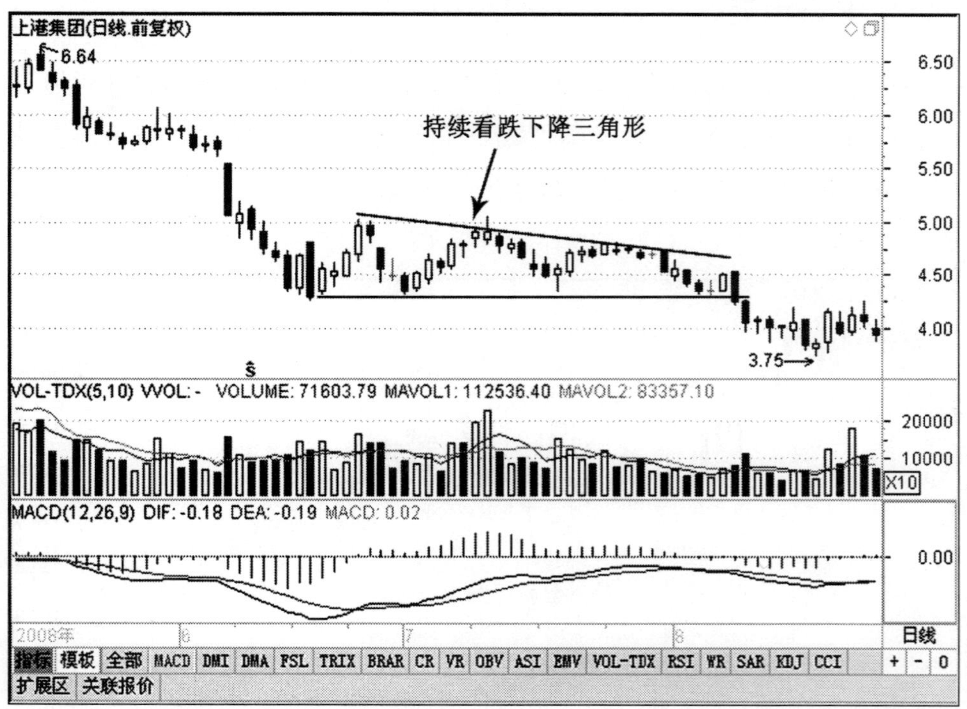

图3－55　上港集团　600018

持续看跌三角形同样可以出现在任何时间周期的K线图上，其形态特征和操作要点基本一致，见图3－58。

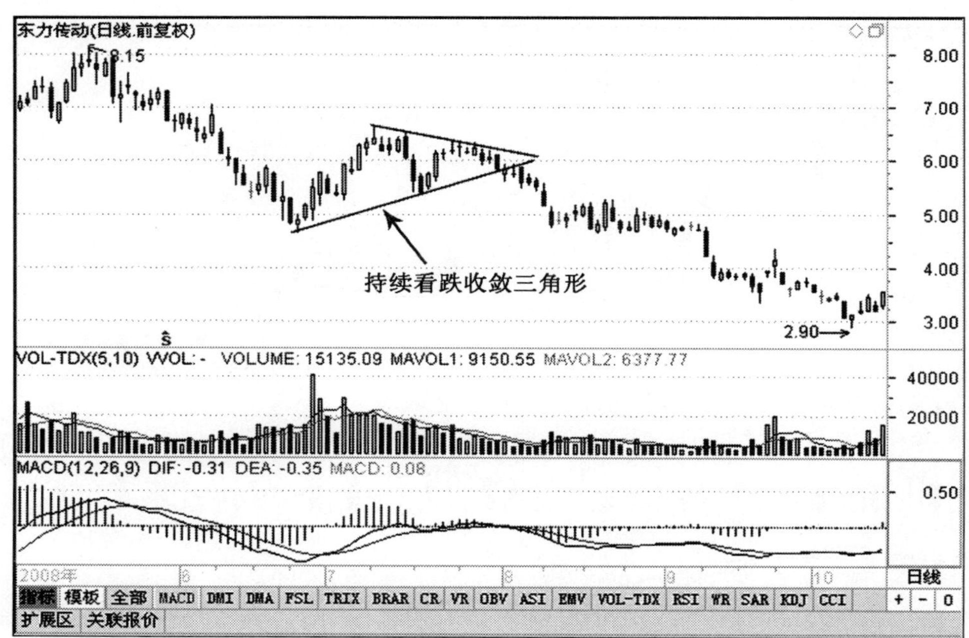

图3-56 东力传动 002164

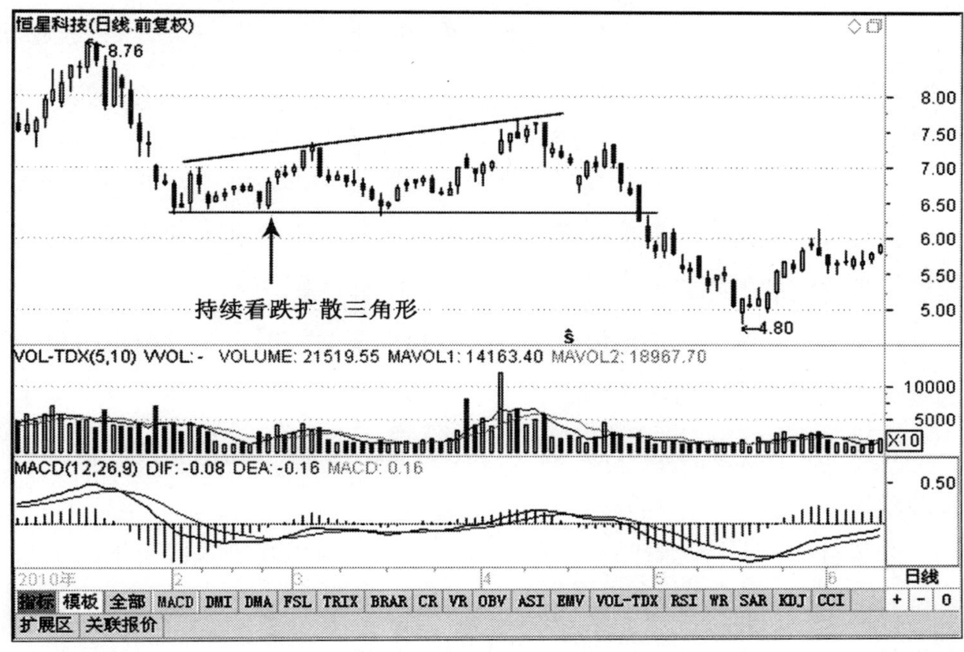

图3-57 恒星科技 002132

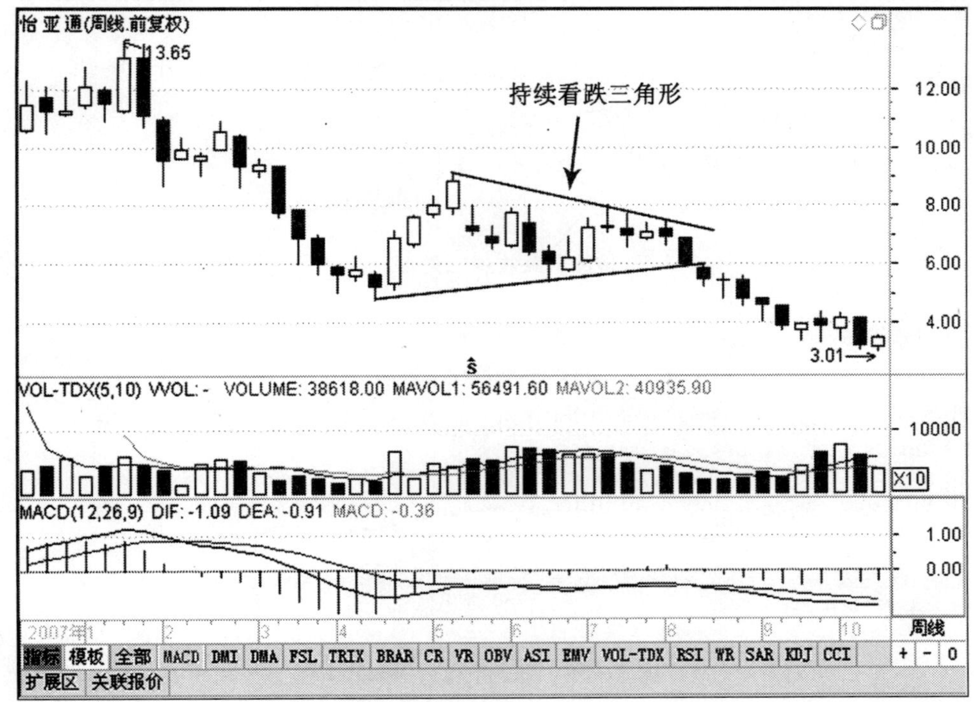

图3-58 怡亚通 002183

2. 操作要点

持续看跌三角形，是指整理行情结束时股价向下突破，意味着后市将延续整理之前的下降趋势。因此，投资者应该耐心持币观望。

持币信号：第一个持币信号为跌破三角形下边线时；第二个持币信号为反弹受制于三角形边线压力时。

止损点：第一止损点为假突破三角形下边线，第二止损点为回抽三角形边线压力时直接转入升势。

测量目标价：持续看跌三角形形成后，可以利用其测量股价下跌的目标价。设定持续看跌三角形最低点至三角形上边线的垂直距离为H，第一下跌目标价为突破价位－H，第二目标价为突破价位－1.618H，第三目标价为突破价位－2H……除此以外，还可以经过持续看跌三角形最低点，画出三角形上边线的平行线，以此观察股价下行的支撑。

如图 3－59 所示，经过一波下跌之后，山下湖进入振荡整理区间，逐渐形成三角形走势。2008 年 3 月 7 日，该股出现一根阴线，跌破三角形整理区的下边线支撑，持续看跌三角形确认。随后，该股进入又一波下跌行情中。

图 3－59　山下湖　002173

如图 3－60 所示，2008 年 6 月 11 日，御银股份出现一根大阴线，向下跌破了下降三角形的下边线支撑，后市看跌，第一持币信号出现。经过数个交易日的下跌之后，该股进入反弹行情中。这波反弹在三角形的上边线附近见顶回落，第二持币信号出现。此后，该股转入又一个三角形（上升三角形）整理行情中，始终受制于此前下跌三角形下边线的压制。2008 年 8 月 8 日，该股跌破上升三角形的下边线支撑，又一波跌势开始了。

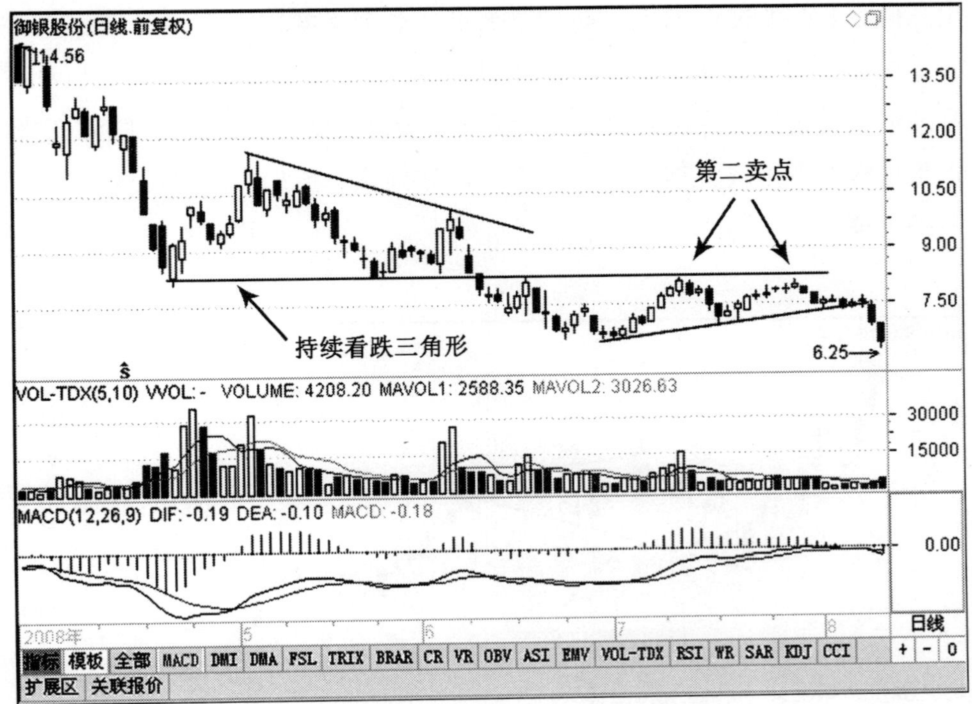

图 3-60　御银股份　002177

如图 3-61 所示，2008 年 3 月 10 日，海得控制向下跌破收敛三角形的下边线支撑，后市将进入又一波跌势中。此时，投资者可以推算这波跌势的下跌目标价。首先，利用收敛三角形的最低点 9.55 元以及其垂直对应的上边线价 11.75 元，得出 H = 11.75 - 9.55 = 2.2 元。那么，该股下跌的第一目标价为 10.71 - 2.2 = 8.51 元。当股价运行至 8.50 元附近时，该股成功止跌反弹。

如图 3-62 所示，2011 年 6 月 16 日，海隆软件出现一根跳空中阴线，向下突破了三角形的下边线支撑，后市将继续下跌。然而，实际走势却并非如此，在这根中阴线出现之后，该股只是在日内略微下探就见底企稳了。当股价重新回到三角形的下边线之上时，确认持续看跌三角形失效。

图3-61 海得控制 002184

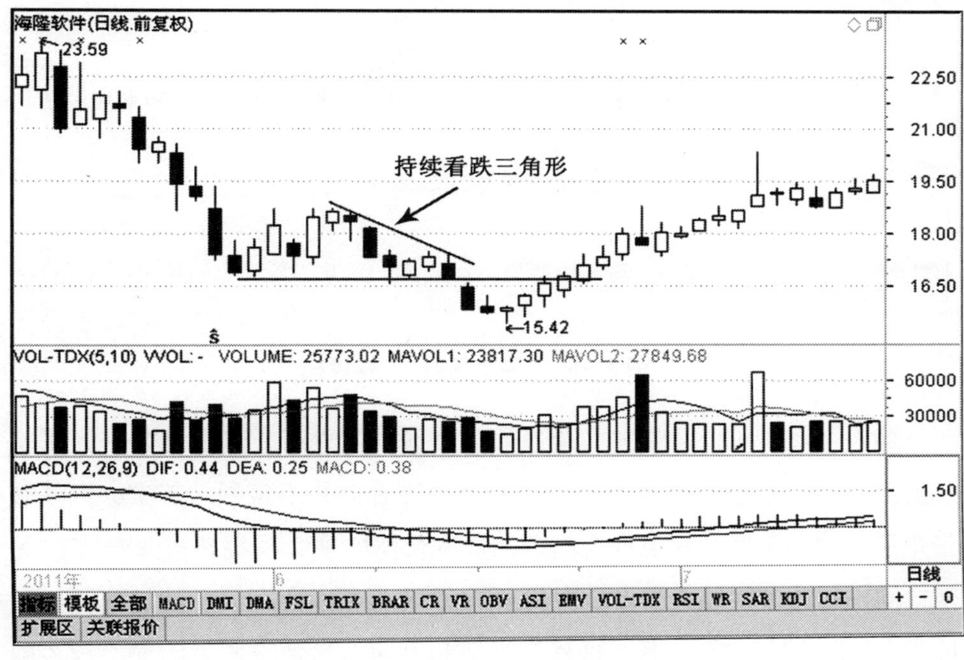

图3-62 海隆软件 002195

3. 实战解析

如图3－63所示，2008年8月15日，武汉凡谷的周线走势图中出现一根阴线，向下跌破了收敛三角形的下边线支撑，意味着整理行情结束，后市将重新回归跌势。在周线级别发现持续看跌信号，短期之内该股的走势难有起色了，投资者可以将其暂时忽略了。

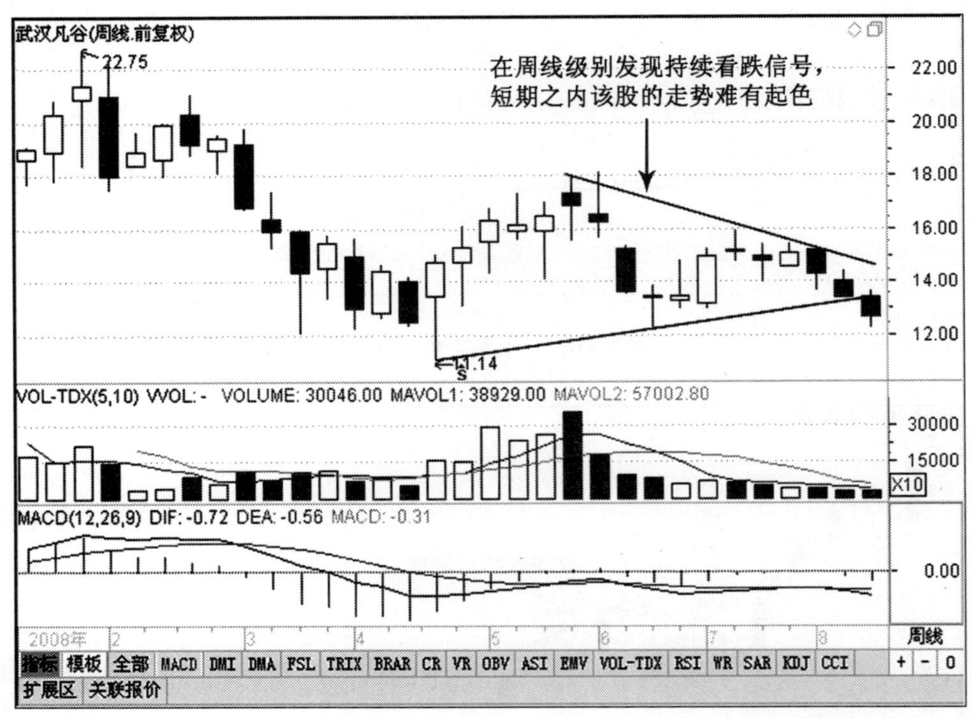

图3－63 武汉凡谷 002194

如图3－64所示，跌破三角形的下边线支撑之后，武汉凡谷进入了又一波跌势中。由于周线图的缘故，这波跌势看似并不猛烈。其实，以跌破三角形支撑的阴线的最低点为起点，这波行情的最大跌幅超过40%了。另外，同样以跌破阴线为起点，在创出7.99元的低点之前，这波跌势持续了10个星期，即超过2个月。这样的时间和空间，足够投资者去度个悠长假期了。

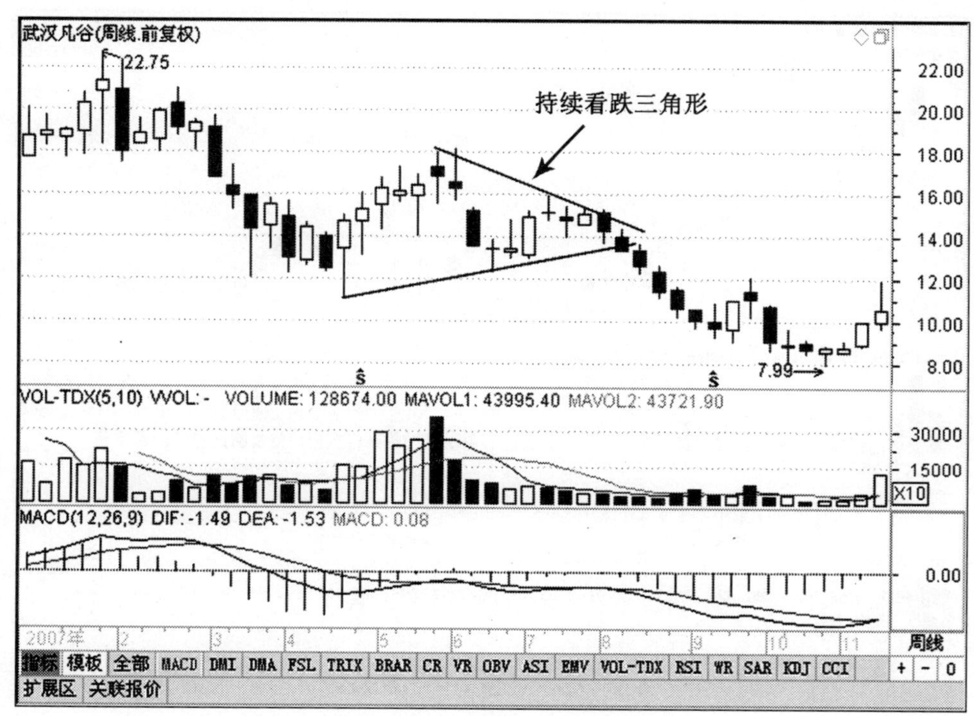

图3－64　武汉凡谷　002194

如图3－65所示，2010年6月29日，证通电子出现一根大阴线，跌破了上升三角形的下边线支撑，后市看跌。此时，投资者可以推算这波跌势的下跌目标价了。根据三角形的最低点9.46元以及上边线11.46元，可以计算出H＝11.46－9.46＝2元。那么，下跌的第一目标价为10.16－2＝8.16元。

如图3－66所示，跌破三角形支撑之后，证通电子进入了数个交易日的直线下跌中。当股价下滑至第一目标价8.16元附近时，该股见底企稳，随后开始低位振荡整理。2010年7月22日，该股出现一根阳线，向上突破了颈线压制，伴随着成交量放大，W底确认，后市将转入涨势中。

如图3－67所示，W底形态确认之后，证通电子进入一波上升行情中。从突破W底的阳线开始计算，在一个多月的时间内，该股的最大涨幅超过45%，有足够的空间供投资者进出。

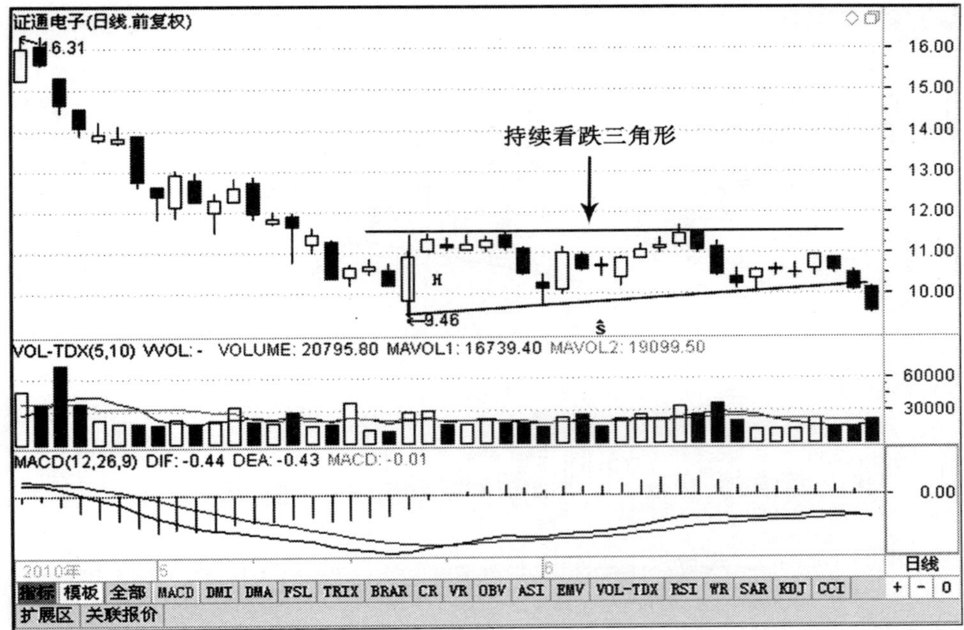

图 3－65　证通电子　002197

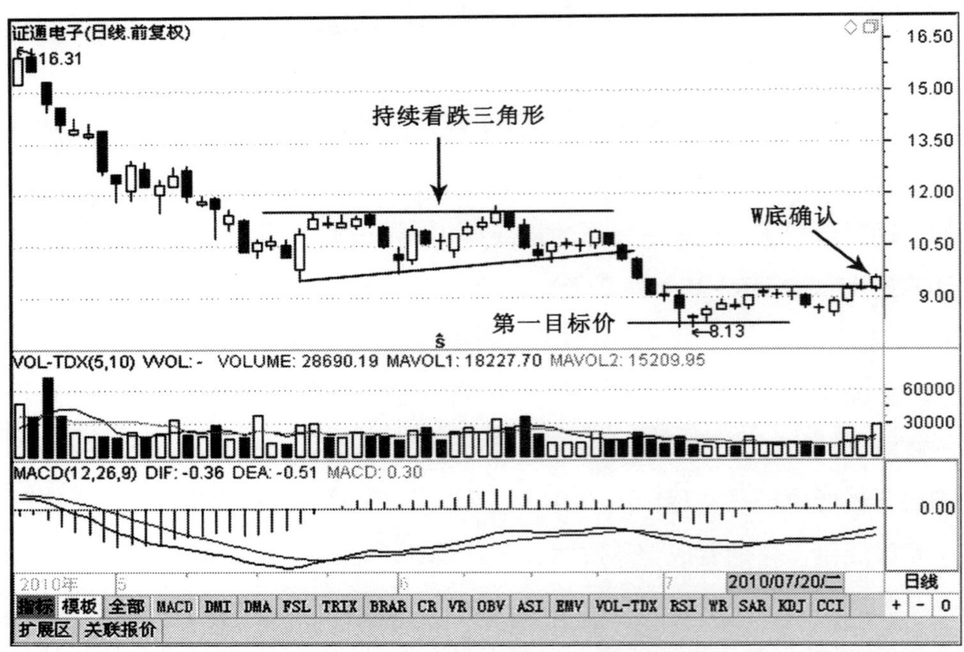

图 3－66　证通电子　002197

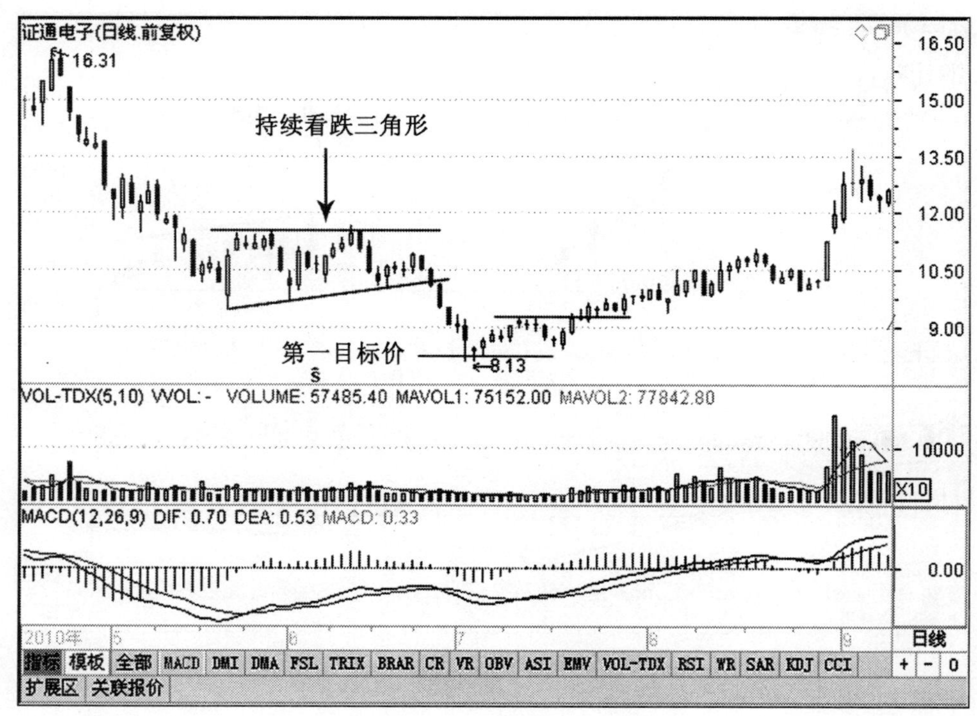

图 3－67　证通电子　002197

如图 3－68 所示，2008 年 8 月 5 日，金风科技出现一根大阴线，跌破下降三角形的支撑，后市看跌。同样，利用三角形下边线价 14.76 元和其垂直对应的上边线价 19.16 元，计算出 H 为 4.4 元。那么，第一下跌目标价为 14.76－4.4＝10.36 元，第二目标价为 14.76－4.4×1.618＝7.64 元。

如图 3－69 所示，跌破三角形支撑之后，金风科技进入一波明显的跌势中。当股价下滑至第一目标价 10.36 元附近时，形成一波反弹，不过反弹力度很弱，没有形成入场点。数个交易日之后，反弹结束，该股继续下行探底。当股价到达第二目标价 7.64 元附近时，同样形成一波反弹，反弹力度相对较强，不过依然没有入场信号出现。

如图 3－70 所示，2008 年 10 月 8 日，金风科技出现一根大阴线，反弹行情结束，看来底部还没有到来。此时，投资者应该计算该股下跌的第三目标价 14.76－4.4×2＝5.96 元。

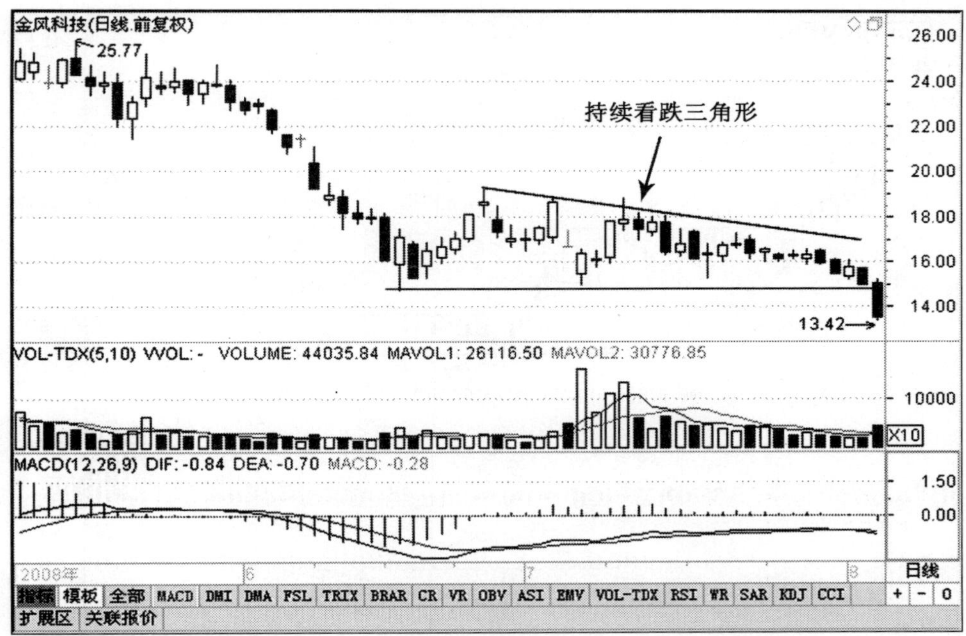

图 3－68　金风科技　002202

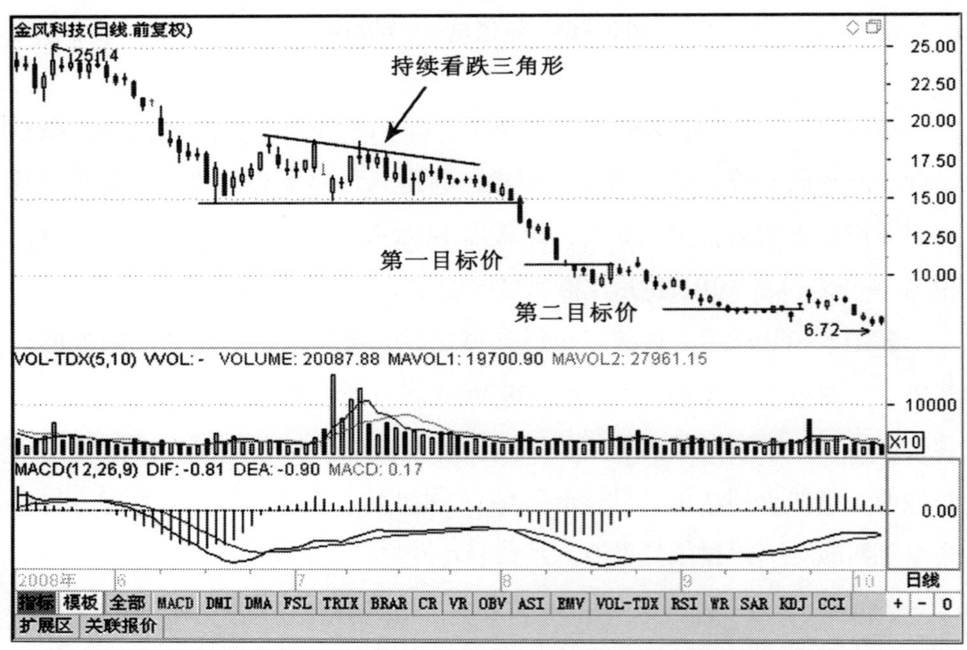

图 3－69　金风科技　002202

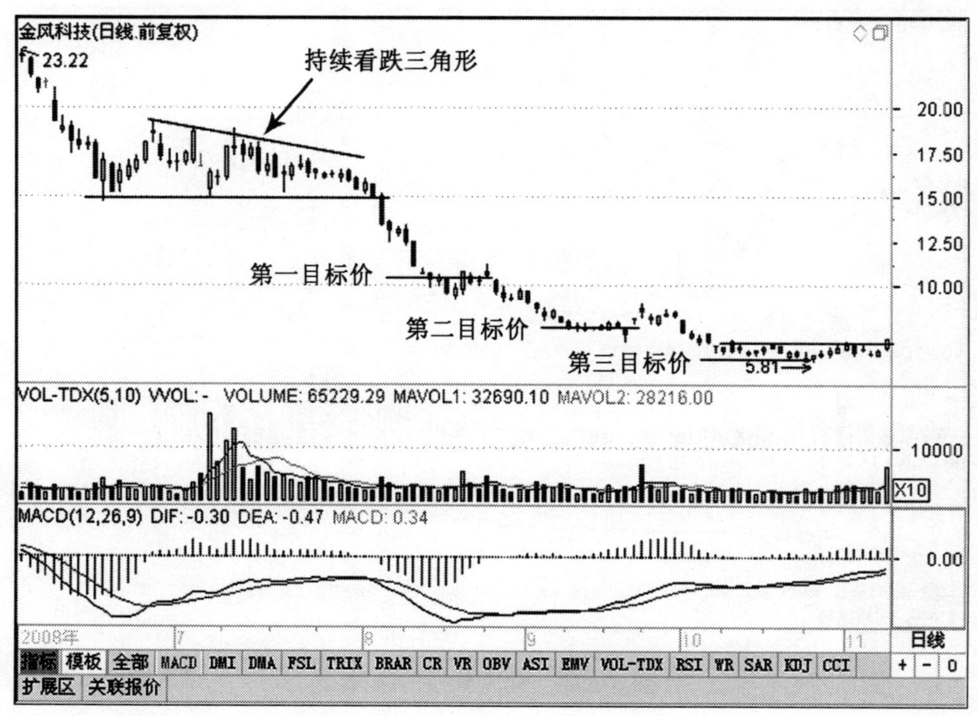

图3－70　金风科技　002202

当股价下跌至第三目标价5.96元附近时，该股进入振荡整理行情中。经过一段时间的振荡整理，该股形成圆弧底形态。2008年11月10日，该股出现一根大阳线，向上突破了圆弧底形态中的重要压力线，后市看涨。此时，投资者才可以跟随入场做多。

如图3－71所示，突破压力线之后，金风科技终于出现了一波难得一见的上涨行情。投资者只要入场时机把握得当，短期之内获利颇丰。

由此可见，根据三角形所计算的下跌目标价，只是观察市场运行到标杆（上涨目标价同样如此），并不能作为入场信号对待。投资者要想入场做多，还是必须要等待行情中有确切的入场信号出现才行。

如图3－72所示，2010年12月24日，联合化工出现一根大阴线，跌破下降三角形支撑，第一持币信号出现。随后，该股又下滑了两个交易日，然后进入反弹行情中。2011年1月10日，在此前的下降三角形的两条边线

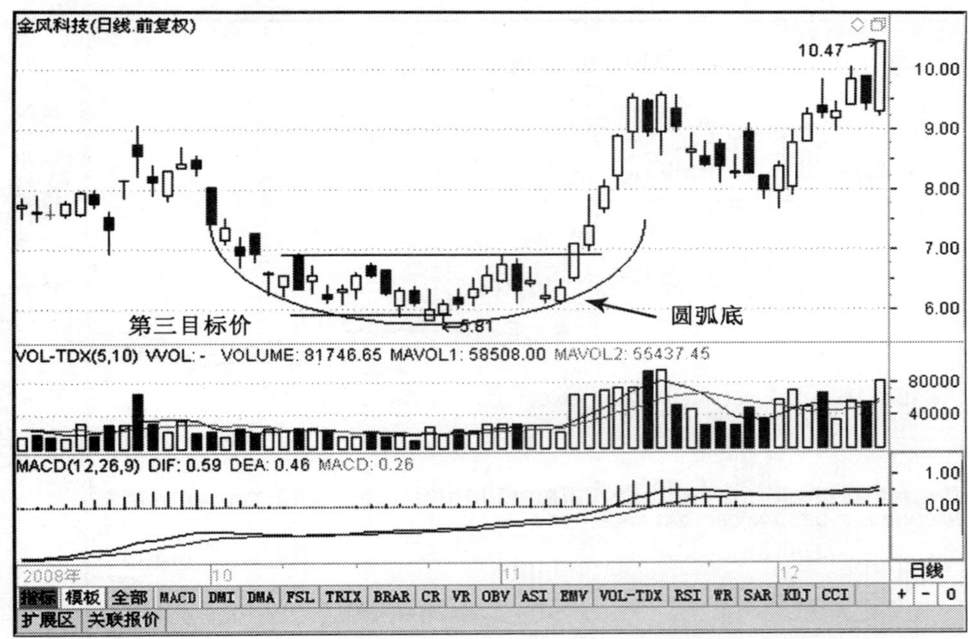

图3－71　金风科技　002202

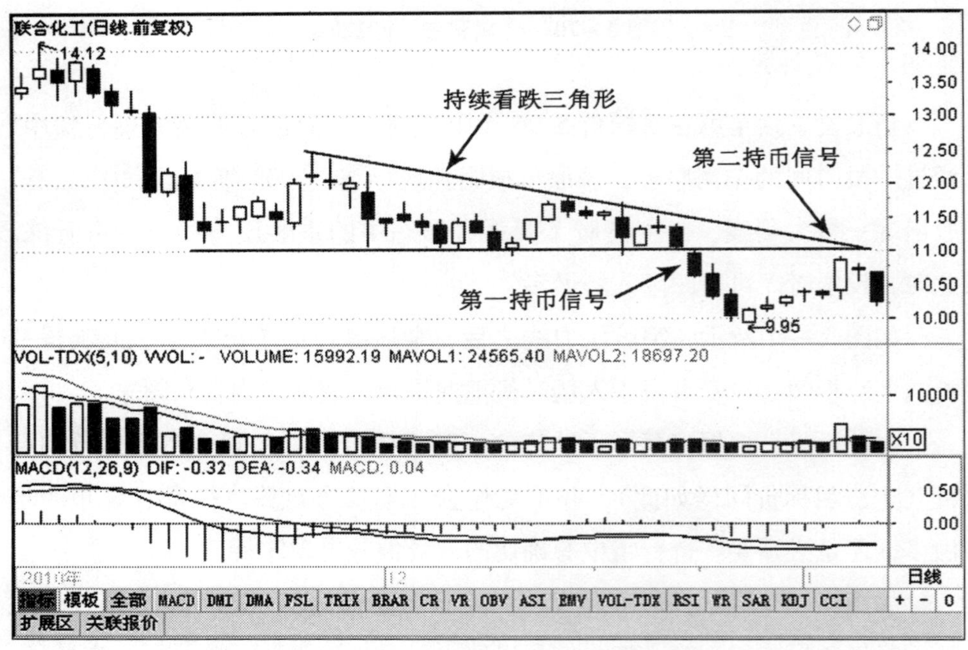

图3－72　联合化工　002217

附近（双重压力），该股再次出现一根大阴线，与此前的两根K线构成黄昏之星，见顶组合，第二持币信号出现。

如图3－73所示，第二持币信号出现之后，联合化工再次进入一波跌势中。通常而言，在不能做空的市场中，投资者应该尽可能不参与下跌行情。因此，尽管这波下跌的幅度并不大，而且很快转入上升趋势中，投资者也不能为了贪便宜觉得应该提前入场抄底，毕竟在实战中我们是无法看到后面走势的。

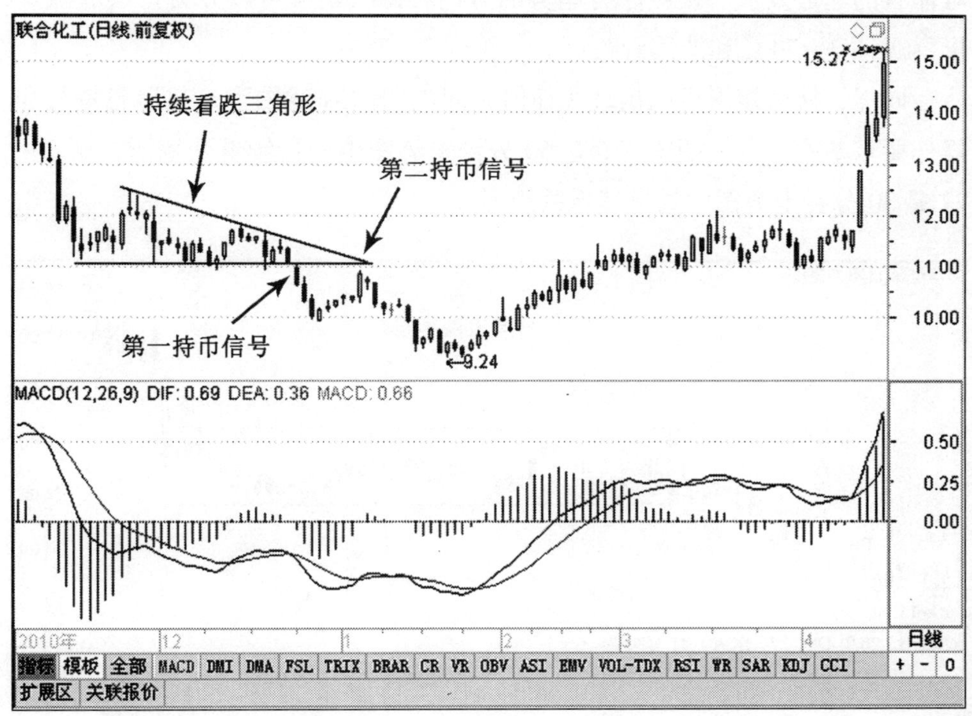

图3－73　联合化工　002217

五、持续矩形

1. 招式图解

持续矩形，是指在一波明显的行情之后，股价进入一波振荡整理行情中（通常超过20个交易日），逐渐形成矩形走势，整理结束后股价继续沿着原有的趋势发展。按照原有趋势的方向，持续矩形可以分为持续看涨矩形（见图3－74）和持续看跌矩形（见图3－75）。

同样，持续矩形可以出现在任何时间周期的K线图上，其形态特征和操作要点基本一致。图3－76是60分钟走势图中的持续看涨矩形，图3－77是30分钟走势图中的持续看跌矩形。

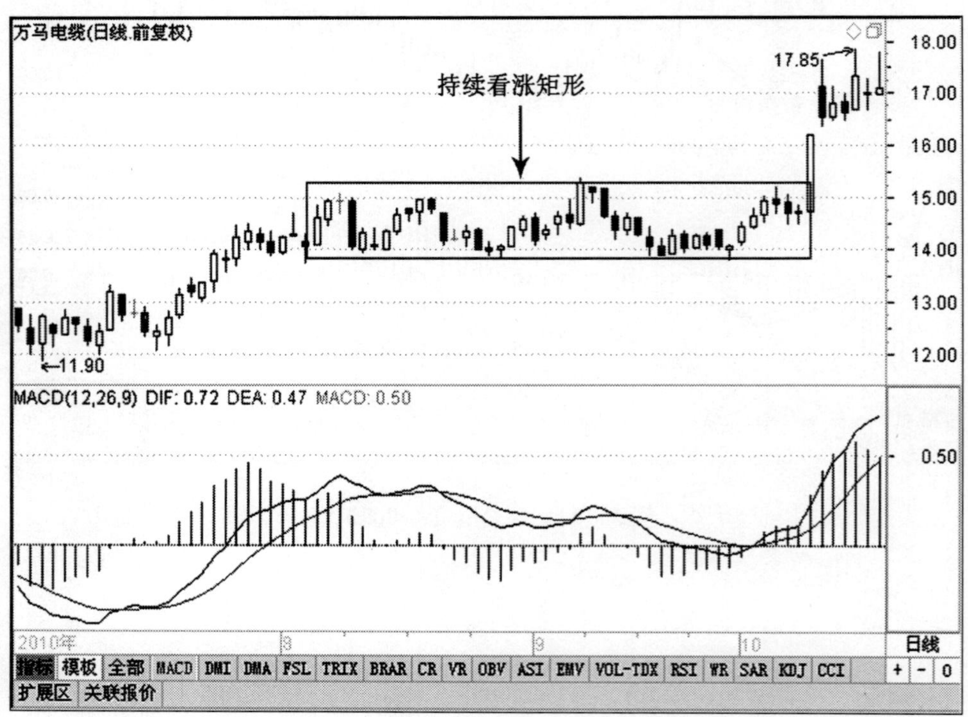

图3－74　万马电缆　002276

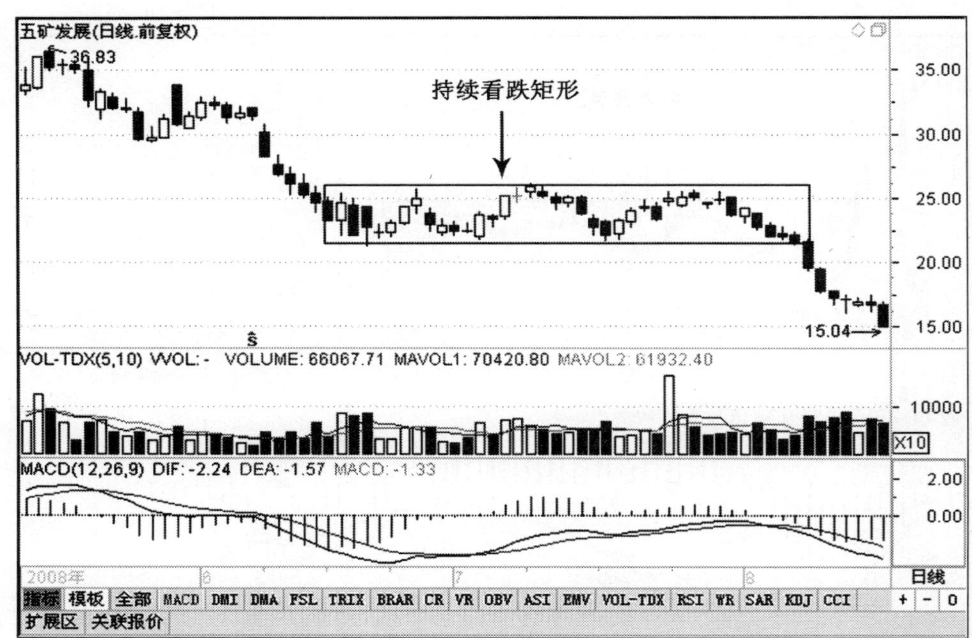

图3-75　五矿发展　600058

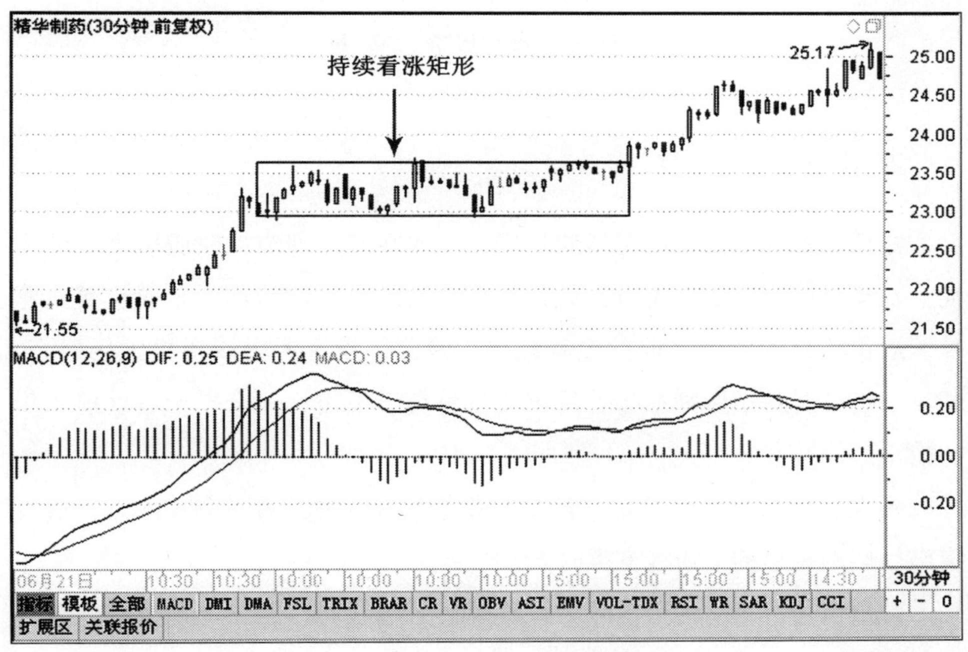

图3-76　精华制药　002349

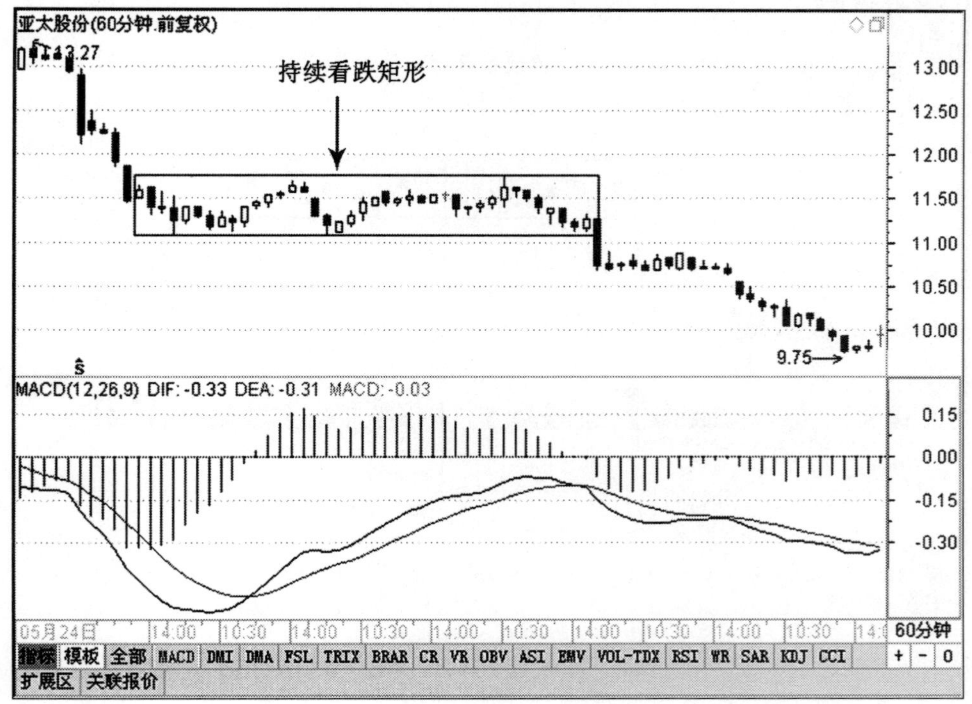

图 3－77　亚太股份　002284

2. 操作要点

矩形整理区本身并没有指向作用，关键在于整理结束时股价突破的方向。对于持续看涨矩形而言，就是整理行情结束时股价向上放量突破，意味着后市将延续整理之前的上涨趋势。因此，投资者应该择机入场建仓。相反，持续看跌矩形则意味着后市股价将继续下滑，那么投资者就应该耐心持币。

买入点：第一个买入点为突破矩形的上边线时，第二个买入点为股价突破后回测矩形的上边线支撑时。

持币信号：第一持币信号为跌破矩形下边线时，第二持币信号为股价下行后回抽矩形的下边线压力时。

止损点：第一买入点对应的止损点为股价假突破矩形上边线，第二买入点对应的止损点为股价回测矩形上边线时跌破矩形上边线支撑；第一持币信号对应的止损点为股价假突破矩形下边线，第二持币信号对应的止损点为股价回抽矩形下边线时向上突破。

测量目标价：持续矩形确认后，可以利用其测量股价上涨或者下跌的目标价。设定矩形上下边线之间的垂直距离为H，矩形向上突破后的第一上涨目标价为矩形的上边线价+H，第二目标价为上边线价+1.618H（黄金分割），第三目标价为上边线价+2H……矩形向下突破后的第一下跌目标价为矩形的下边线价-H，第二目标价为下边线价-1.618H（黄金分割），第三目标价为下边线价-2H……

如图3-78所示，2010年11月5日，ST金花出现一根大阳线，向上突破此前矩形整理区的上边线压力，后市将继续上涨走势，第一入场点出现。经过一波上涨之后，该股进入回调行情中。当股价在持续看涨矩形的

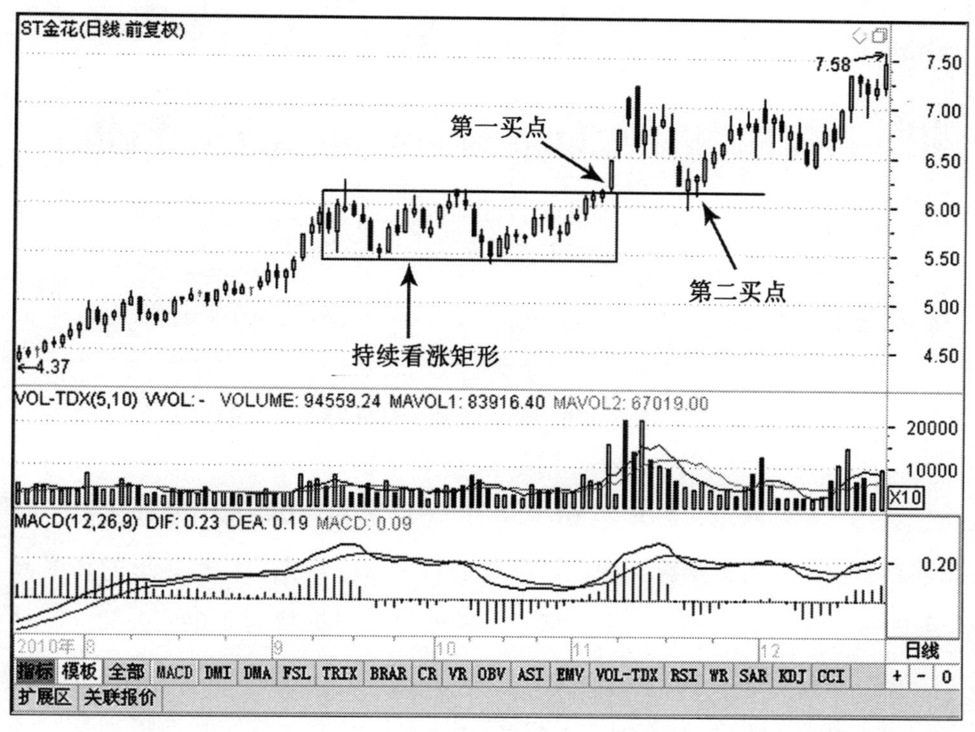

图3-78 ST金花 600080

上边线附近止跌企稳时，第二入场点出现。

如图3－79所示，2008年8月8日，新疆天业出现一根大阴线，跌破了此前矩形整理区的下边线支撑，后市将继续下跌行情，第一持币信号出现。因此，投资者应该顺应潮流，继续耐心观望，除非出现明确的见底信号，否则绝不入场抄底。

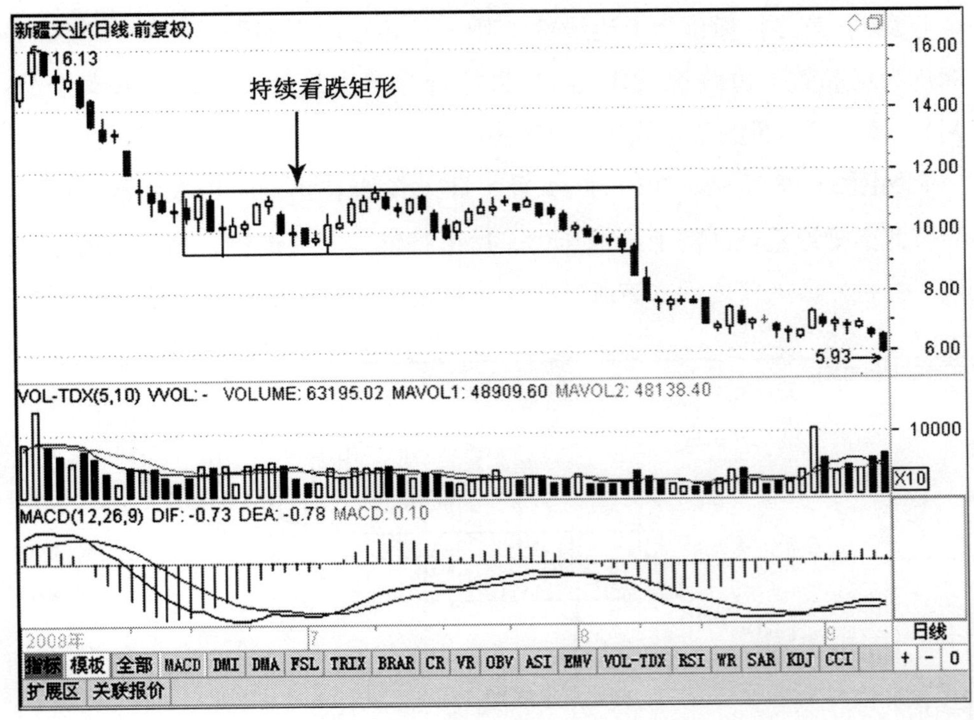

图3－79　新疆天业　600075

如图3－80所示，2008年10月7日，ST金花跌破矩形下边线支撑，后市看跌。由此，可以推算该股后市下跌的目标价。首先，计算矩形的高度H＝2.96－2.64＝0.32元。那么，该股下跌的第一目标价为2.64－0.32＝2.32元，第二目标价为2.64－0.32×1.618＝2.12元，第三目标价为2.64－0.32×2＝2元，第四目标价为2.64－0.32×2.618＝1.80元。从实际走势来看，该股在第三目标价附近形成反弹，直至第四目标价附近才真正见底企稳。

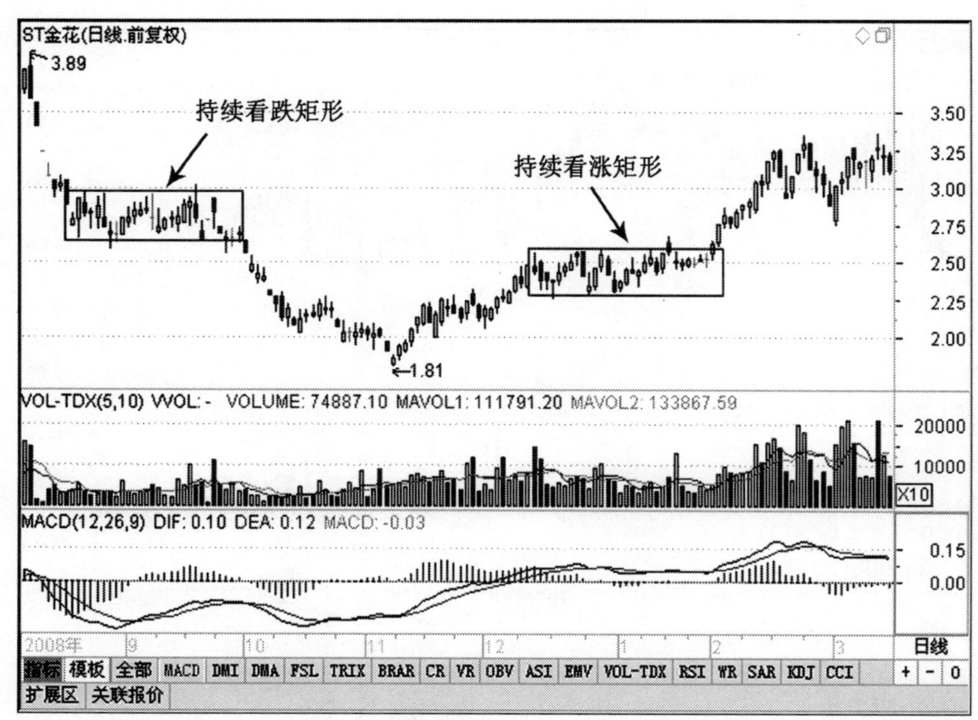

图 3－80　ST 金花　600080

在由下跌趋势转入上升趋势之后，ST 金花在此前的持续看跌矩形下方形成了又一个矩形，构成持续看涨矩形。同样，当股价向上有效突破矩形压力之后（注意，在此期间出现过一次假突破），投资者可以推算该股后市上涨的目标价了。由于这个矩形的高度 H＝2.58－2.3＝0.28 元，那么该股上涨的第一目标价为 2.58＋0.28＝2.86 元，第二目标价为 2.58＋0.28×1.618＝3.03 元，第三目标价为 2.58＋0.28×2＝3.14 元。从实际走势来看，当股价运行至第三目标价附近时，该股见顶回落，进入又一波整理行情中。

如图 3－81 所示，2011 年 4 月 13 日，国金证券出现一根大阳线，向上突破矩形整理区，伴随着明显放量，后市看涨。然而，次日该股没有顺势上攻，反而出现一根大阴线，显示出一丝隐忧。随后，经过两个交易日的小阳线振荡，该股终于破位下行，确认此前的突破为假突破，后市看跌。

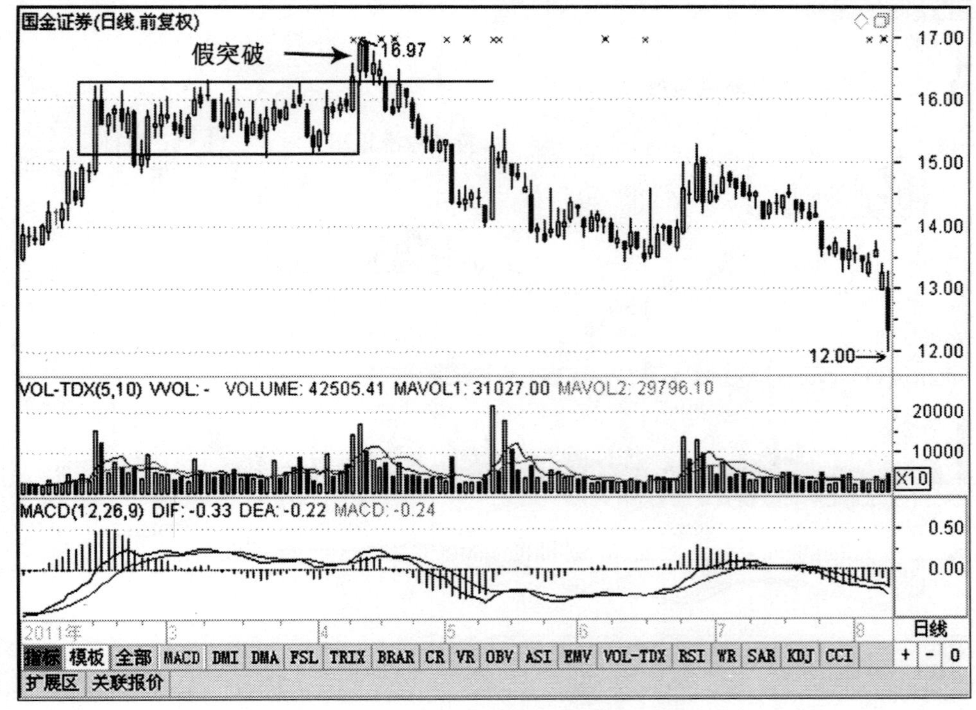

图3－81 国金证券 600109

3. 实战解析

如图3－82所示，2006年12月22日，在周线走势图中，特变电工出现一根阳线，向上突破了此前矩形上边线的压制，意味着整理行情结束，后市将再次进入涨势中。**在周线图中发现持续看涨矩形，此后的涨势应该会持续很长时间，投资者可以在日线走势图中择机介入了。**

如图3－83所示，持续看涨矩形确认之后，特变电工进入一波直线拉升的行情中。以突破矩形上边线的阳线为起点，在此后的16周内，该股始终处于涨势中，最大涨幅超过300%。这就是2007年的那波大牛市！有些投资者觉得那波牛市毫无征兆地就发生了。其实不然，那波牛市在走势图中完全是有迹可循的。

如图3－84所示，2008年8月8日，ST明科出现一根大阴线，跌破了

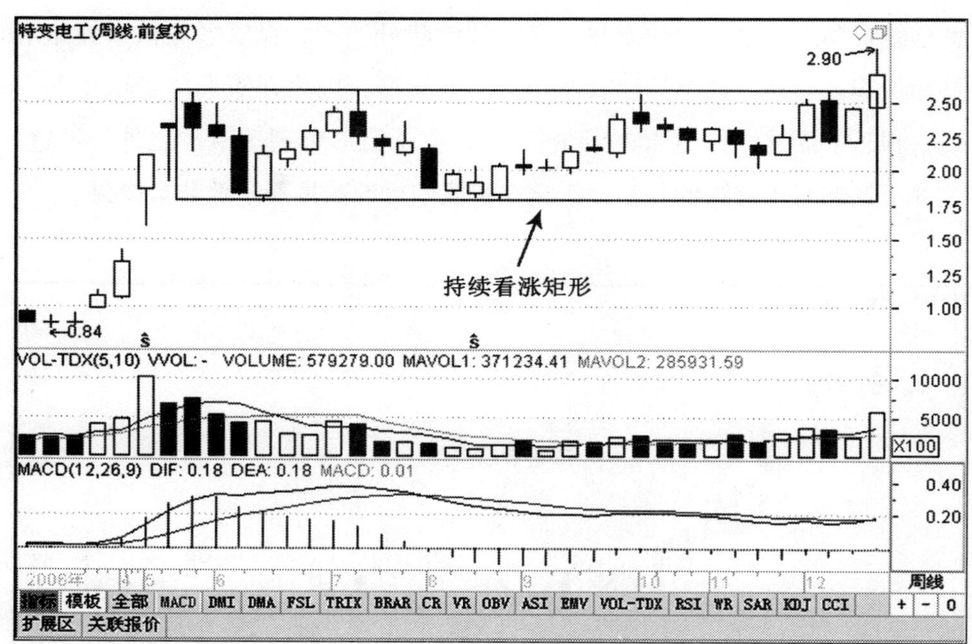

图3-82 特变电工 600089

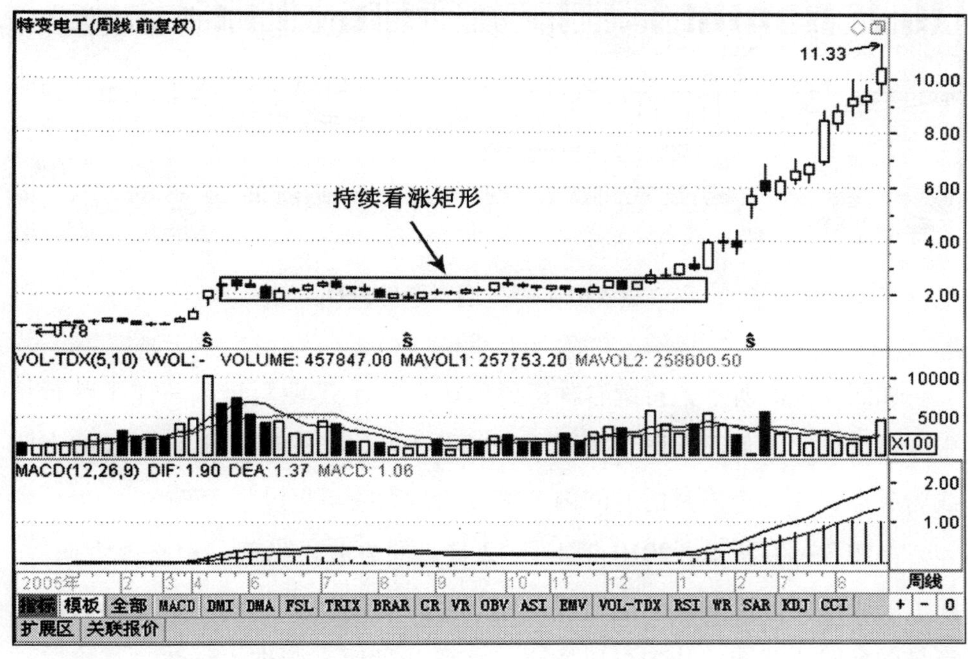

图3-83 特变电工 600089

此前矩形整理区的下边线支撑，又一波跌势开始了，投资者应该继续耐心持币旁观。当然，这个持续看跌矩形并不标准，因为在矩形整理区中间出现一根长下影线，创出 4. 30 元的低点，位于矩形整理区范围之外。不过，这并不影响后市看跌的判断，毕竟在**实战中标准的矩形走势非常少见。**

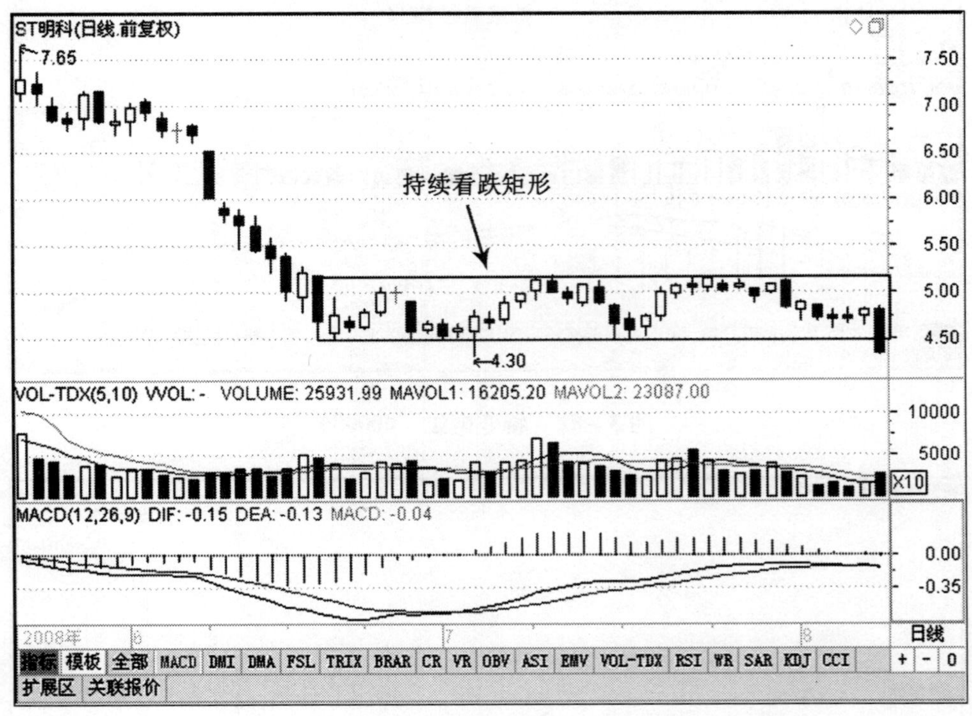

图 3－84　ST 明科　600091

如图 3－85 所示，持续看跌矩形确认之后，ST 明科进入一波下跌行情中。这波跌势看似不起眼，实际上跌幅并不小。以跌破矩形下边线的大阴线为起点，在一个多月的时间内，该股的最大跌幅超过了 35%。

如图 3－86 所示，2010 年 4 月 12 日，同方股份出现一根涨停大阳线，向上突破了矩形整理区的上边线压制，后市看涨。图 3－87 是涨停大阳线当日的分时走势图，从中可以发现，该股开盘后直接进入涨势，直接突破了矩形上边线的压力，伴随着成交量的放大，那么投资者应该择机入场做

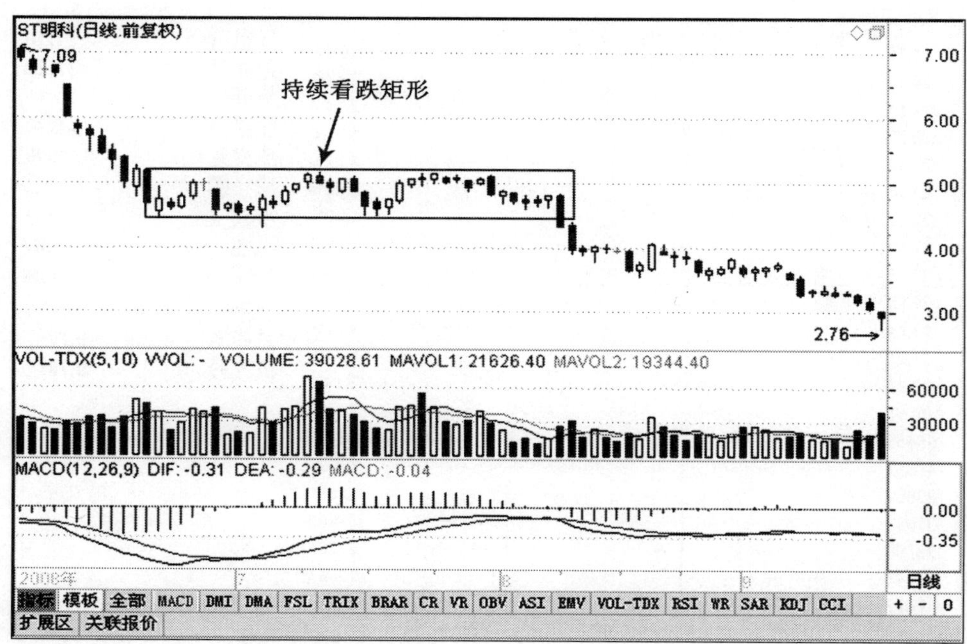

图3-85 ST明科 600091

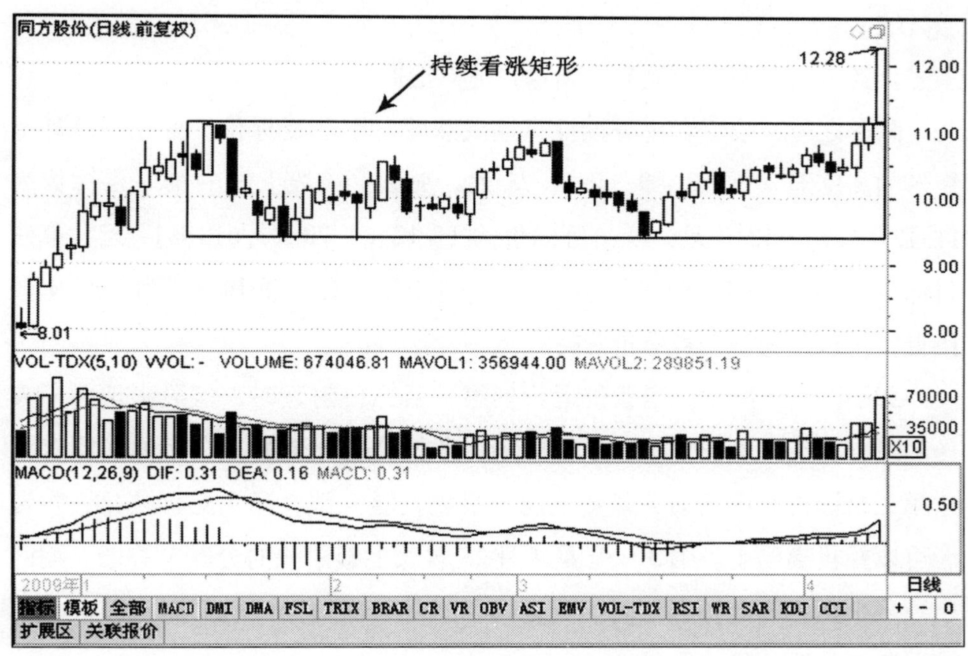

图3-86 同方股份 600100

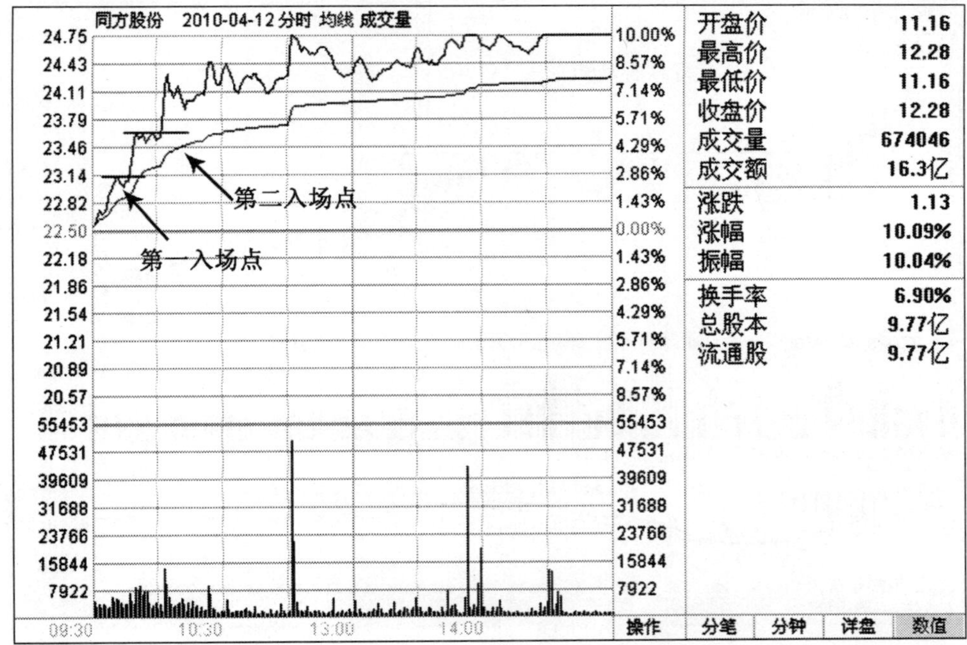

图 3-87　同方股份　600100

多了。其中，有两个明显的入场点，值得把握。

除此之外，投资者还应该推算这波涨势的上涨目标价。首先，计算出矩形的高度 H = 11.12 - 9.34 = 1.78 元。那么，该股上涨的第一目标价为 11.12 + 1.78 = 12.9 元，第二目标价为 11.12 + 1.78 × 1.618 = 14 元，第三目标价为 11.12 + 1.78 × 2 = 14.68 元。由于第二目标价和第三目标价比较接近，可以作为一个目标价看待。

如图 3-88 所示，当股价运行到第一目标价附近时，该股出现两阳夹一阴组合，意味着股价仍有上行空间。当股价运行至第二目标价（同时到达第三目标价）附近时，该股出现一根长上影 K 线，显示见顶迹象，投资者可以择机离场了。图 3-89 是 4 月 28 日长上影阳线的分时走势图，期间出现多个卖出信号，都在向投资者提示风险。次日，该股又出现一根大阴线，进一步确认股价见顶。

如图 3-90 所示，长上影阳线出现之后，同方股份见顶回落，随后转

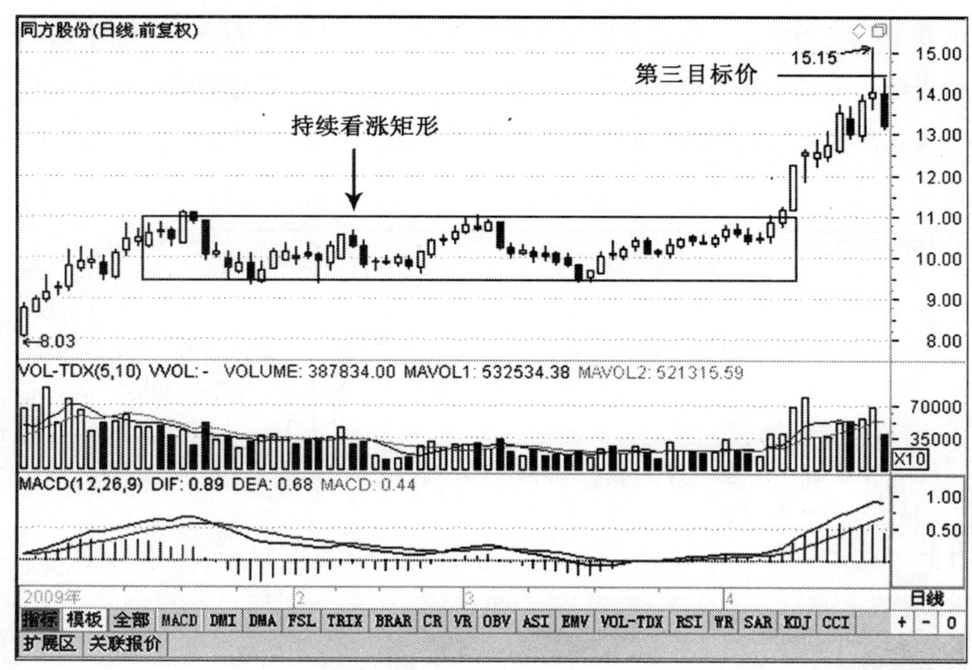

图3－88 同方股份 600100

图3－89 同方股份 600100

入到下跌趋势中，投资者又要进入持币周期了。回头分析图 3－86 中的股价走势，从进入矩形整理区开始计算，在随后接近 6 个月的时间内，投资者真正需要入场持股的时间也就在 1 个月左右。

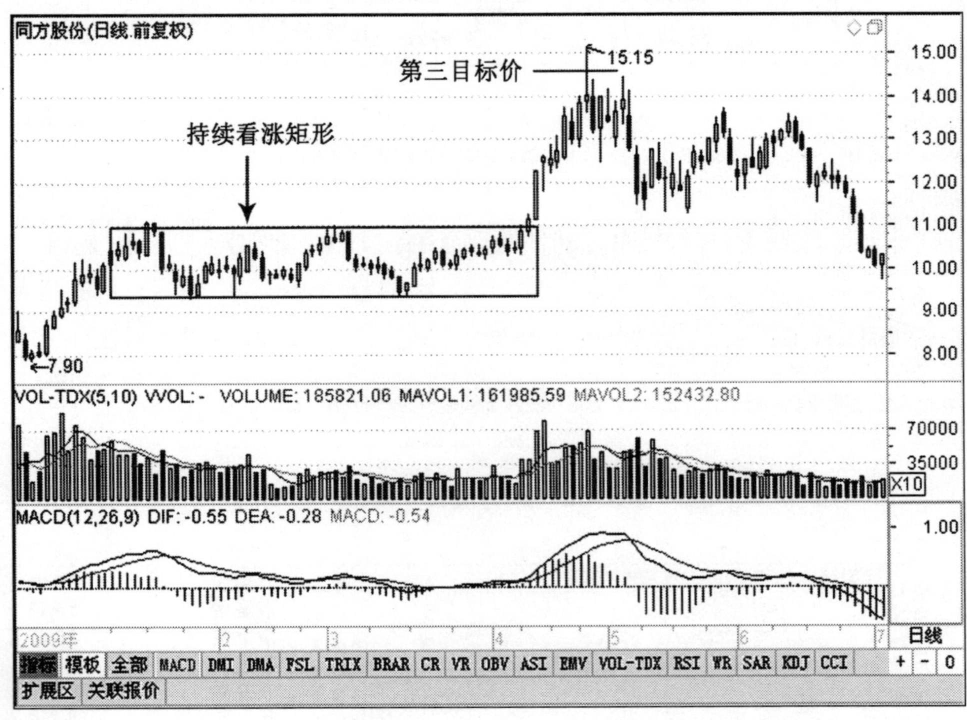

图 3－90　同方股份　600100

第4章

相辅相成——量价关系

量价理论，最早见于美国股市分析家葛兰碧（Joe Granville）所著的《股票市场指标》。葛兰碧认为成交量是股市的元气与动力，成交量的变动，直接表现为股市交易是否活跃，人气是否旺盛，而且体现了市场运作过程中供给与需求间的动态实况，没有成交量的变动，市场价格就不可能变动，也就无股价趋势可言，成交量的增加或萎缩都表现出一定的股价趋势。因此，投资者可通过分析量价关系，判断市场运行趋势，进而指导实战交易。

一、量增价涨

1. 招式图解

量增价涨，是指在成交量逐渐放大的同时，股价也随之上涨，意味着股价的上涨得到了资金的支持，属于健康的量价关系，见图4-1。

除了在日线级别运用量增价涨判市之外，投资者还可以在分钟图、小时图、周线图、月线图上分析量价关系观察市场，其特征和操作要点与日线图完全一致，见图4-2。

2. 操作要点

量增价涨属于持股信号。投资者一旦发现该信号，可以耐心持股待涨；如果身处场外，也可以择机入场做多。当然，在实战交易过程中，投资者还是要结合股价所处的位置进行具体的分析。

如图4-3所示，经过一段时间的振荡整理之后，深物业A再次进入一波多个交易日的上涨行情中。在此期间，伴随着股价的上扬，成交量也随之放大，显示筹码换手活跃，场外资金在积极入场做多。在这种量价配合健康的背景下，投资者应该耐心持股待涨。

如图4-4所示，经过一波快速下跌之后，南京中北进入一波快速反弹行

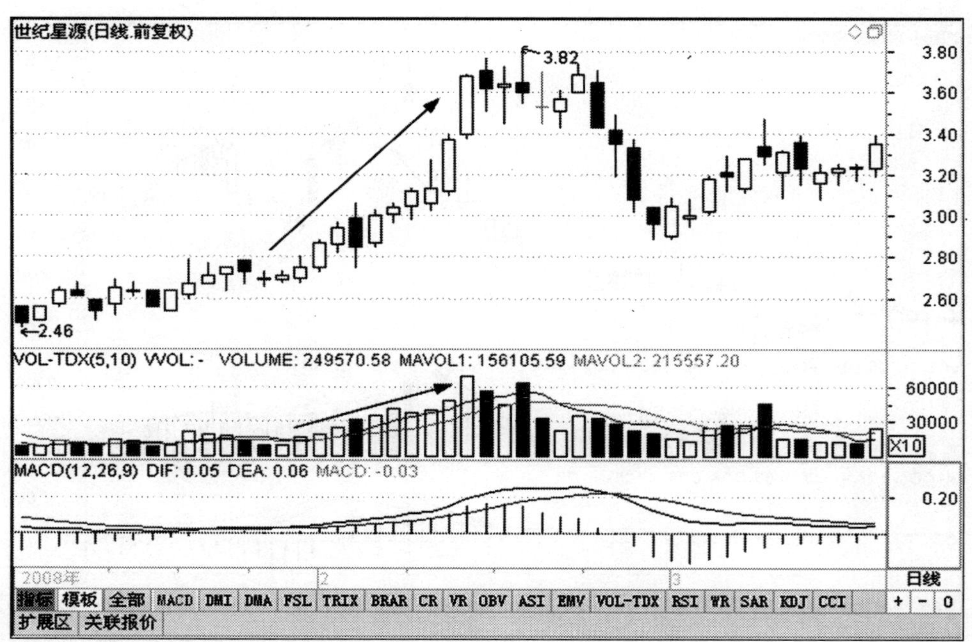

图 4－1　世纪星源　000005

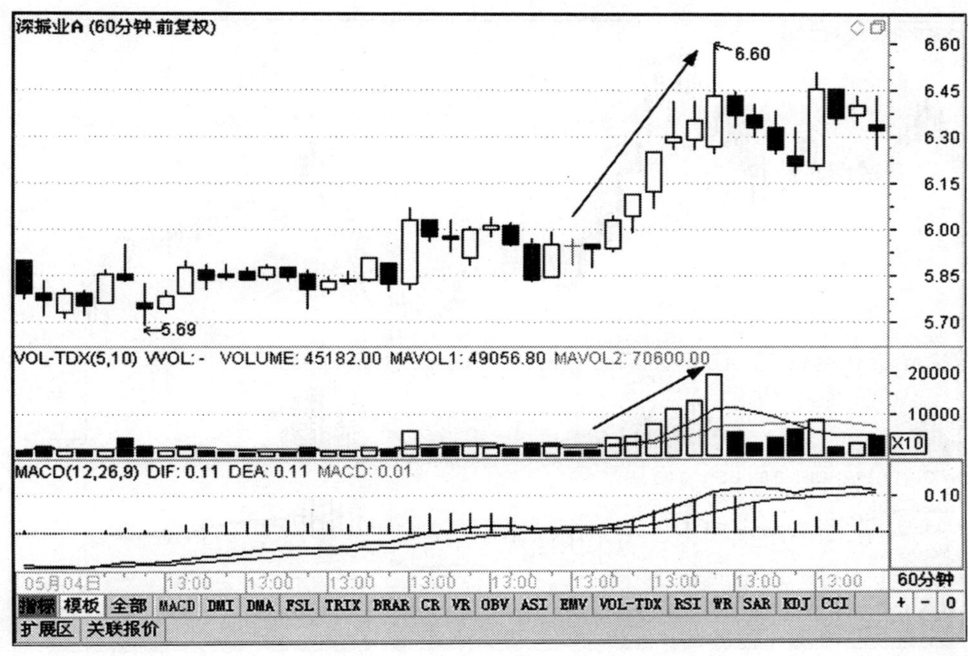

图 4－2　深振业 A　000006

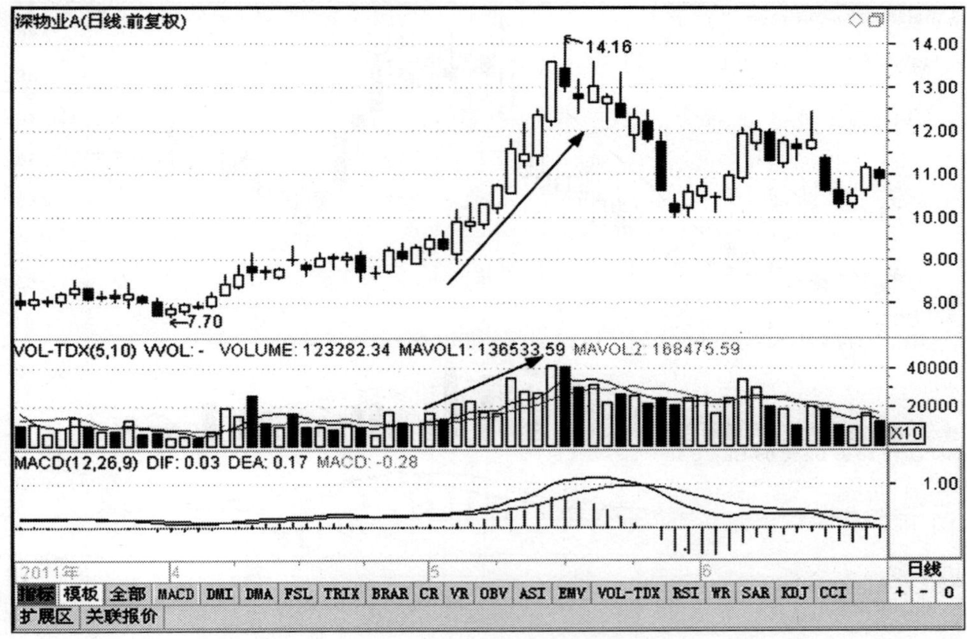

图4-3　深物业A　000011

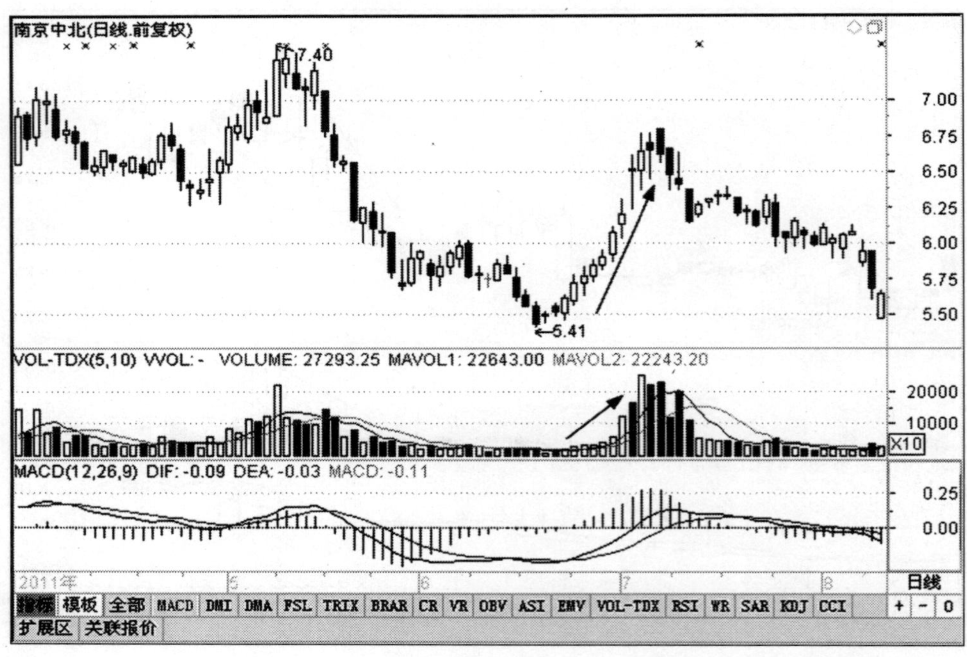

图4-4　南京中北　000421

情中。伴随着股价的反弹走高，该股的成交量也随之放大。不过，当股价运行到高位时，该股的成交量不是温和放大，而是急速放大，通常意味着一波涨势接近尾声了。随后，这波反弹行情结束，该股重新回到了下跌通道中。

3. 实战解析

如图 4－5 所示，经过一段时间的振荡整理之后，ST 中冠 A 进入了一波量增价涨的上升行情。在此期间，投资者应该以持股为主。2009 年 2 月 24 日，在这波涨势之中，该股第一次出现长上影线的大阴线，显示见顶迹象。那么，除非次日该股继续放量上涨，否则量增价涨行情结束，股价将见顶回落。

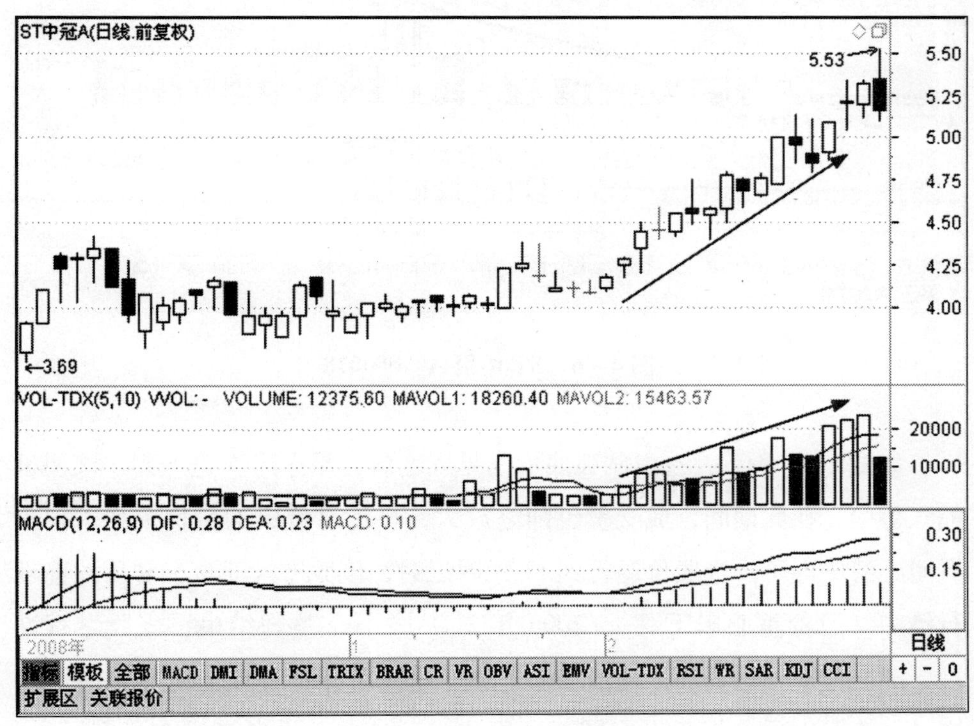

图 4－5 ST 中冠 A 000018

如图 4－6 所示，长上影阴线出现的次日，ST 中冠 A 出现一根倒锤头线（即以最低价报收的长上影阴线），收盘价开始走低，宣告量增价涨行情正式告一段落。随后，该股转入到一波整理行情中。这波整理行情结束后，该股何去何从，还是要等市场自己给出答案。

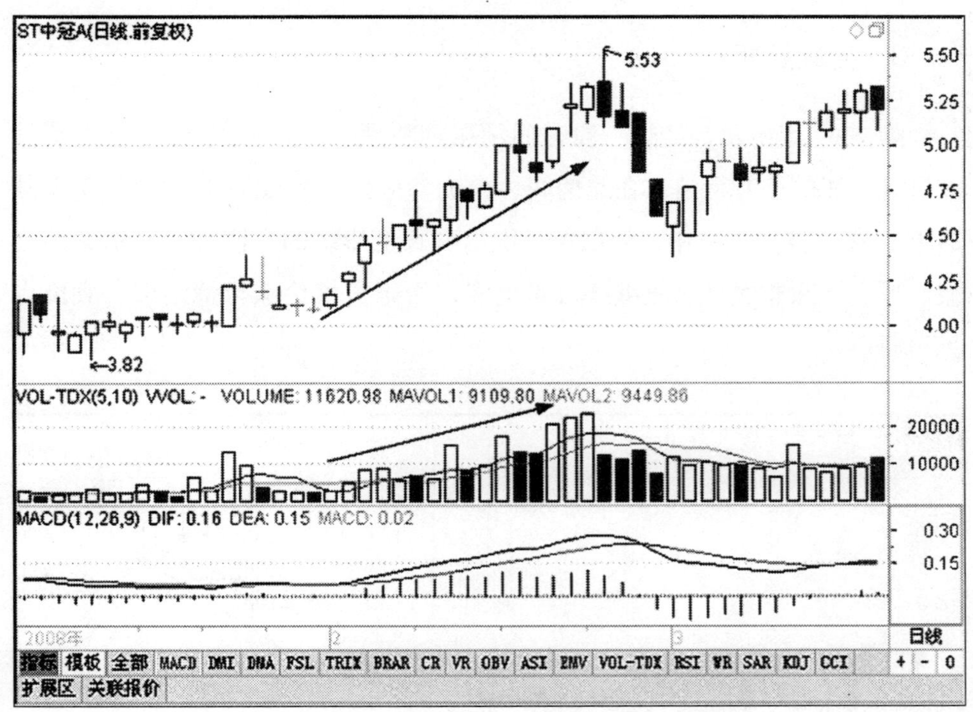

图4-6　ST中冠A　000018

如图4-7所示，在以圆弧底形态见底之后，深赤湾A进入到一波明显的涨势中。在此期间，成交量也随之放大，显示出健康的量价关系，投资者耐心持股即可。当股价运行到11元附近时，该股进入三个交易日的整理行情中（股价重心未下移）。2009年2月16日，整理结束，该股继续冲高，成交量却开始萎缩，显示滞涨迹象（量缩价涨请参见下文相关内容）。次日，该股出现一根长上影阴线，显示见顶迹象，投资者应该注意风险。接下来的一个交易日，该股跳空低开，走出一根大阴线，确认股价见顶。

如图4-8所示，长上影阴线出现之后，深赤湾A就转入到一波下跌行情中了。既然个股已经进入跌势，不管这波跌势属于短期回调还是长期转

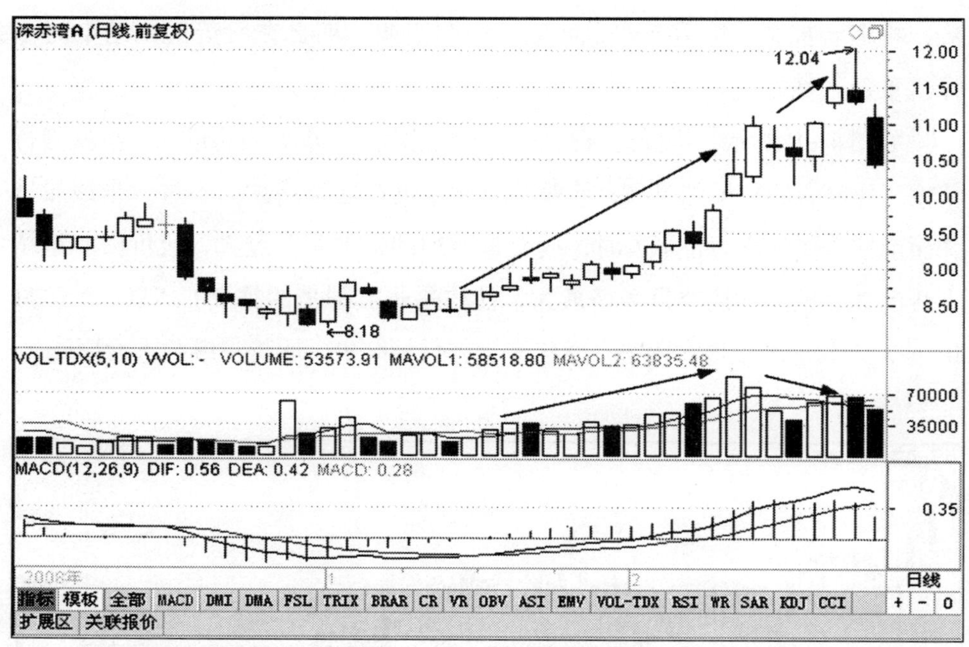

图4－7　深赤湾A　000022

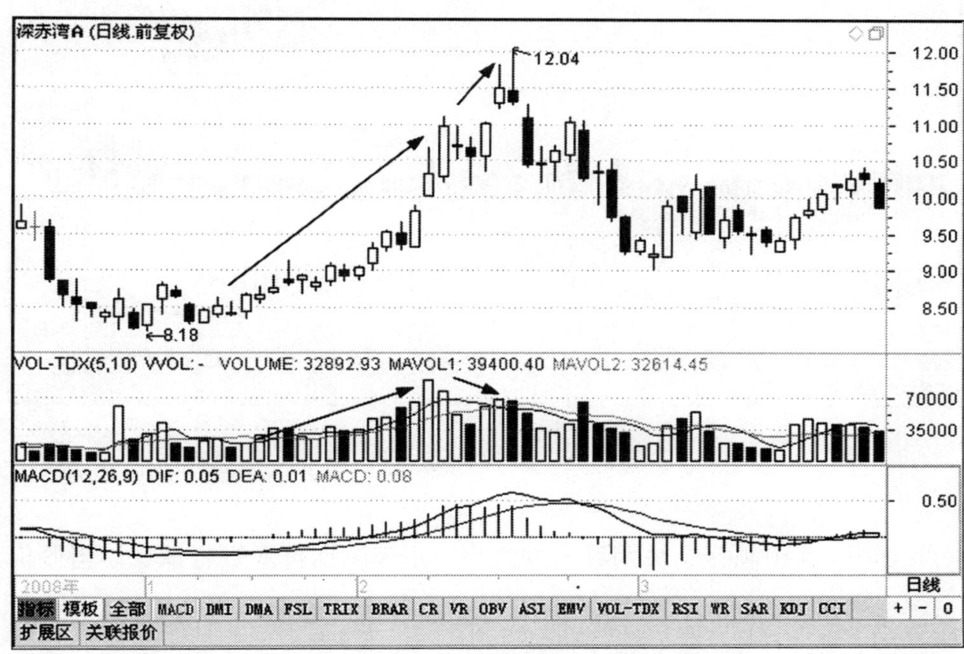

图4－8　深赤湾A　000022

势，投资者都应该持币观望。如果是短期回调，那么在股价回调结束时再择机重新入场即可。

如图4－9所示，同样以圆弧底形态见底之后，华天酒店进入一波反弹行情中。伴随着股价反弹走高，该股的成交量也在逐渐增加。不过，当该股反弹至前期重要的压力位下方时，成交量增加的幅度有些过大，股价由此继续上涨的难度较大（**成交量急速放大，往往是一波涨势的终点**）。2008年7月10日，该股出现一根大阴线，意味着反弹行情结束，股价将继续下行探底。

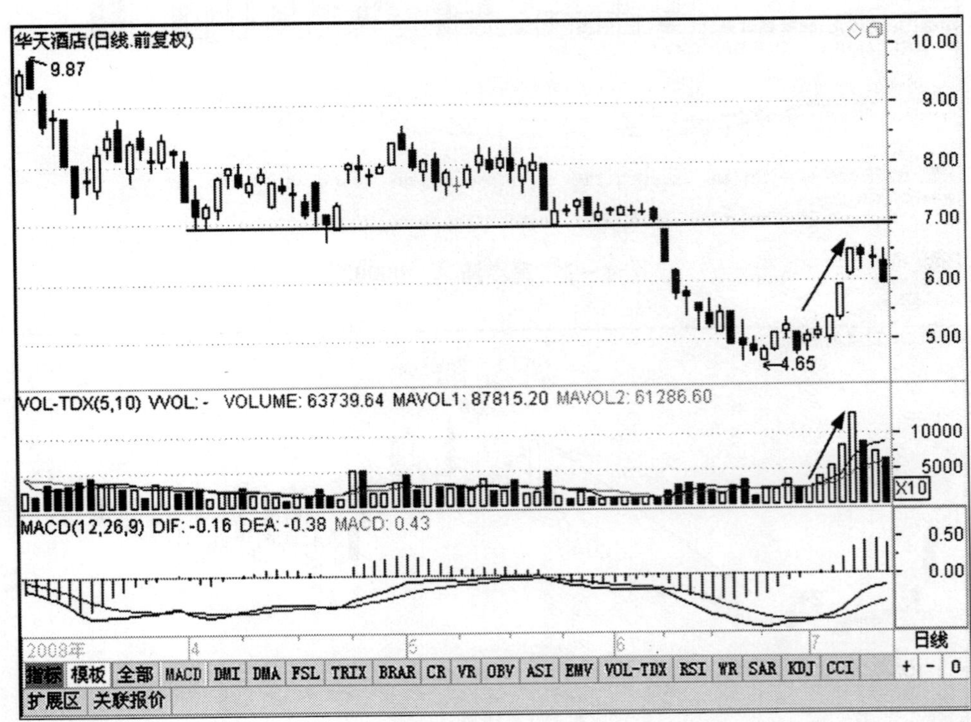

图4－9　华天酒店　000428

如图4－10所示，大阴线出现之后，华天酒店再次下行探底。当股价运行至圆弧底附近时，形成一波振荡整理行情，显示一定的支撑。然而，整理结束以后，该股选择了向下破位，并未能就此筑底成功。此后，该股进入了又一波明显的跌势中。

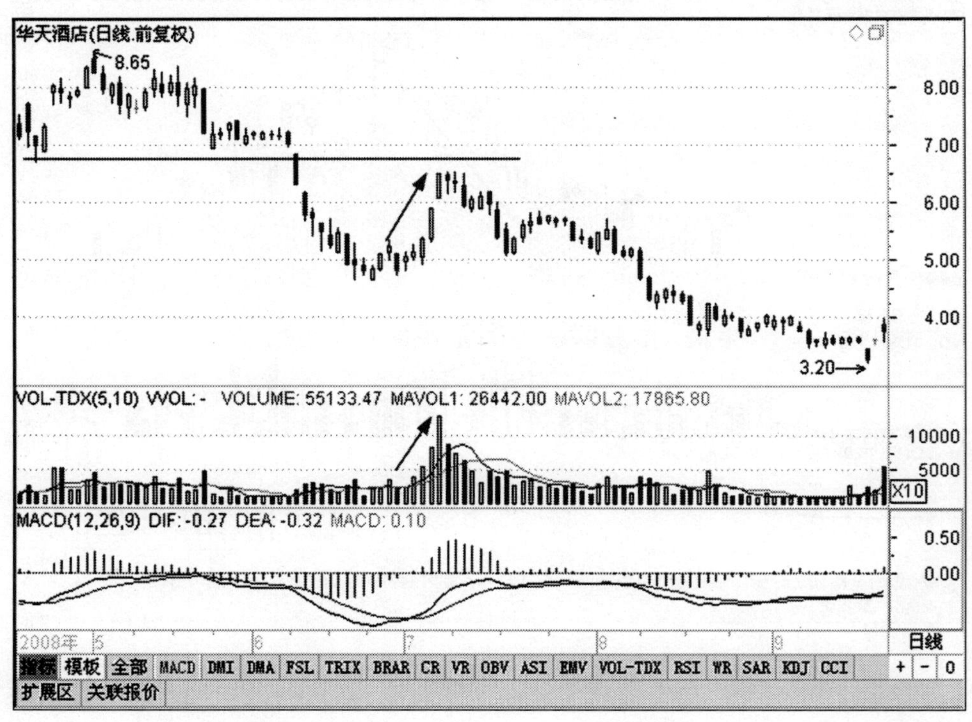

图4-10　华天酒店　000428

二、量缩价涨

1. 招式图解

量缩价涨，是指在成交量逐渐萎缩的同时，股价却在继续向上冲击，说明随着股价的上扬，入场追涨的资金在逐渐减少，呈现出量价背离的关系，意味着投资者看淡该股的前景，见图4-11。

除了在日线级别运用量缩价涨判市之外，投资者还可以在分钟图、小时图、周线图、月线图上运用量缩价涨现象观察市场，其特征和操作要点与日线图完全一致，见图4-12。

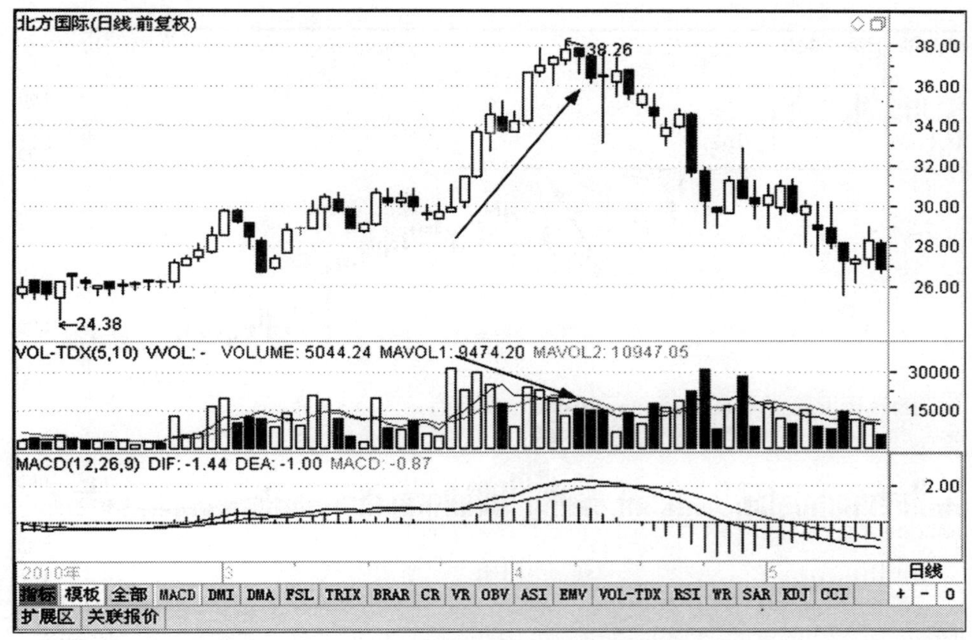

图 4－11　北方国际　000065

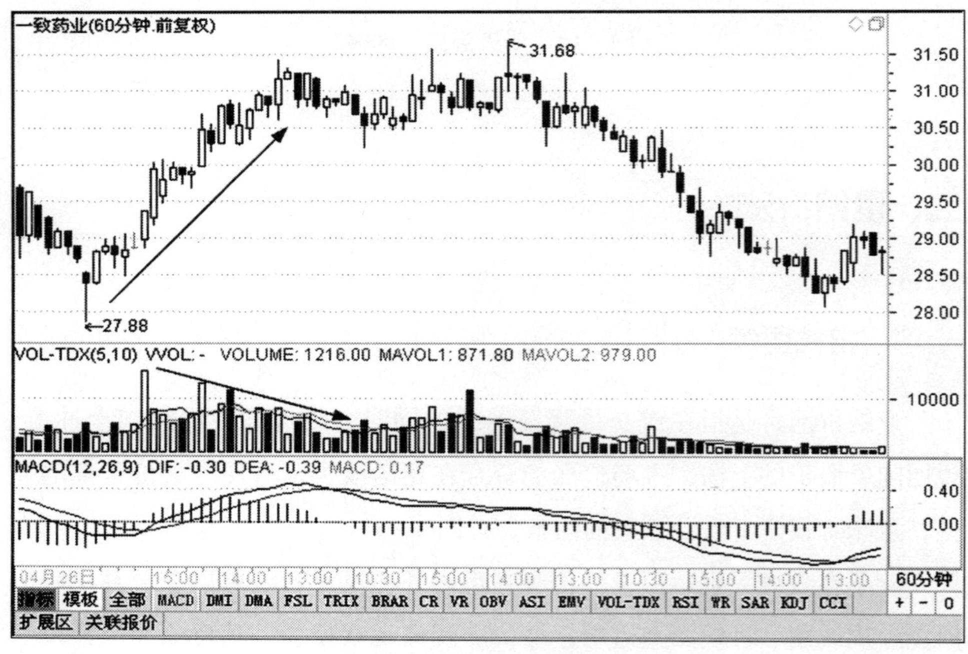

图 4－12　一致药业　000028

2. 操作要点

量缩价涨属于上涨乏力信号。投资者一旦发现该信号，应该提高警惕，以应对随时可能到来的顶部；如果身处场外，最好继续持币观望，火中取栗并不是谁都做得到的事情。当然，在实战交易过程中，投资者同样还是要结合股价所处的位置进行具体的分析。

如图 4－13 所示，在一波上涨行情中，中航地产的成交量在逐渐萎缩，显示入场追涨的资金在减少。换言之，就是场外投资者对该股的上涨预期开始减弱，不肯再拿手中的真金白银去换成股票。在没有前赴后继的资金入场的背景下，个股的涨势很难持久，场内的投资者要警惕随时可能到来的顶部。

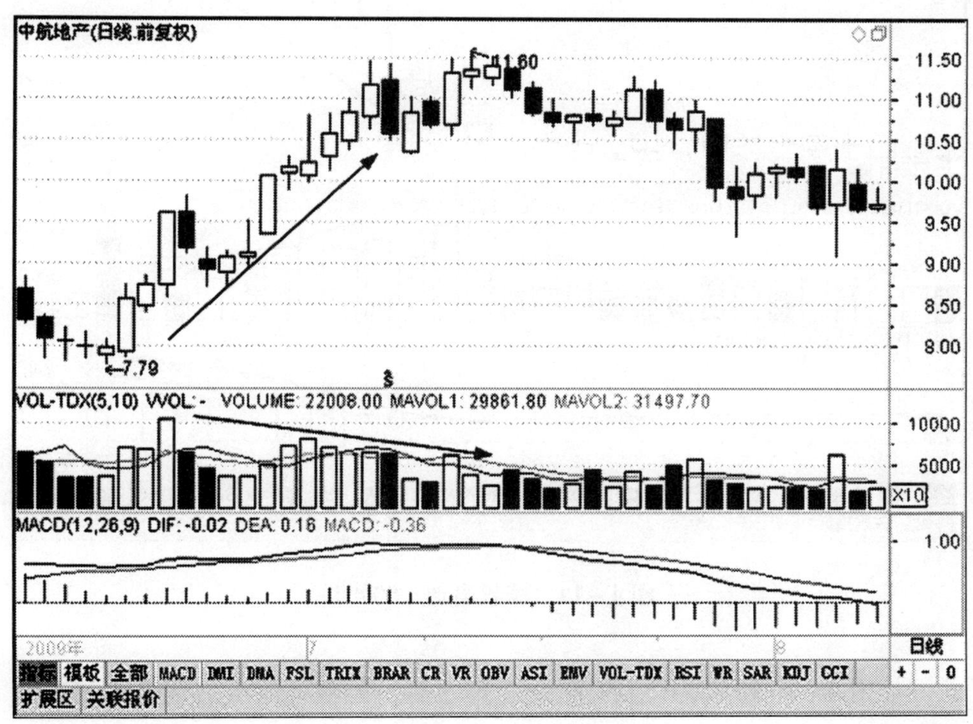

图 4－13　中航地产　000043

3. 实战解析

如图4－14所示，在一波上涨行情中，德赛电池的成交量呈现逐渐萎缩的走势，显示入场追涨的资金开始枯竭，在场内持股的投资者应该警惕，这波行情随时都有可能结束。2010年4月29日，该股出现一根长上影阴线，伴随着成交量的放大，显示筹码结构开始趋于不稳定，这是见顶迹象。

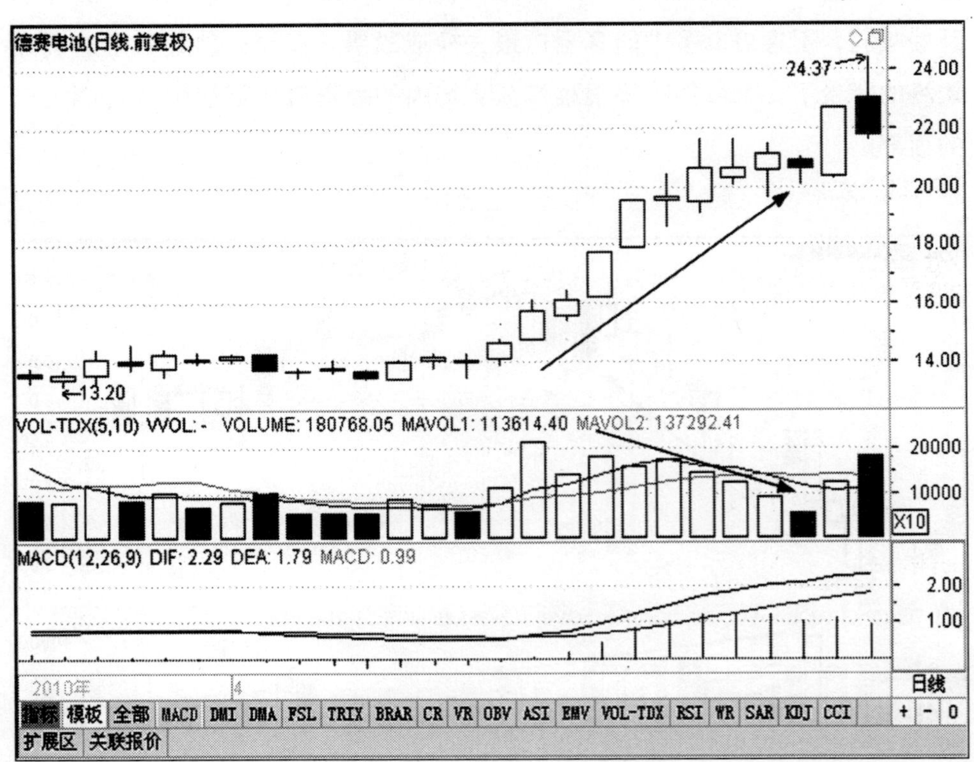

图4－14　德赛电池　000049

如图4－15所示，长上影阴线出现之后，德赛电池虽然仍有两波冲高行情，不过涨幅已经非常有限。换言之，长上影阴线出现之后，该股实际已经见顶了，后市的冲高只是高位振荡整理行情的一部分。

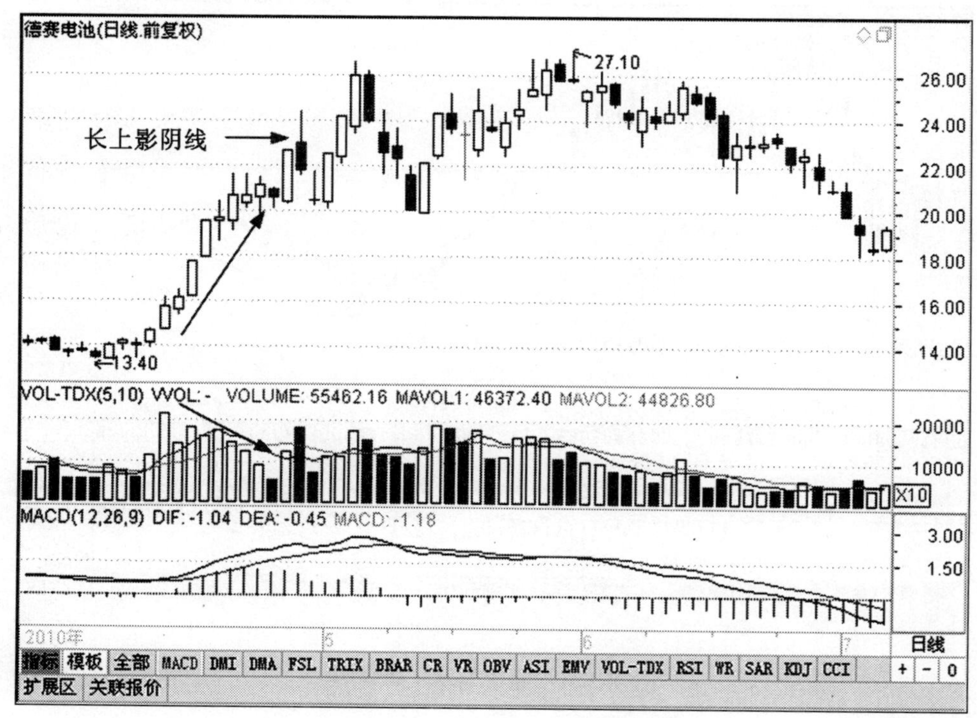

图4－15　德赛电池　000049

如图4－16所示，在一波反弹行情中，深天马A的成交量呈现递减态势（或者说放量见底之后，成交量保持低位振荡，即价增量平），显示出反弹乏力的迹象。

如图4－17所示，当这波涨势发展到前期M头颈线的压力位附近时，该股的成交量仍然保持低迷状态，股价很难向上突破。2011年3月3日，该股出现一根大阴线，意味着这波涨势就此结束，后市将继续下行探底。

这根大阴线出现之后，该股结束了此前的反弹行情，重新回到下跌趋势中。经过一段时间的下跌，该股在前低附近再次见底企稳，随后进入一波更加弱势的反弹行情中。从成交量的角度来看，这波反弹行情还是很难转化为筑底行情，后市仍有下行空间。

如图4－18所示，经过一波价涨量跌的上升行情之后，中金岭南进入了3个交易日的回调行情中，稳健的投资者此时至少已经减仓操作了。回

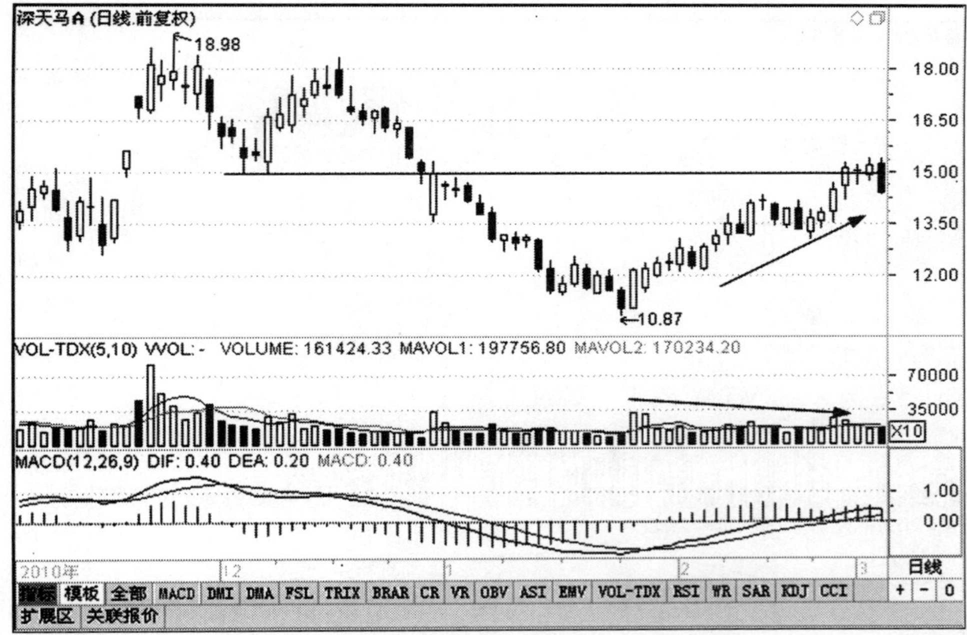

图4-16 深天马A 000050

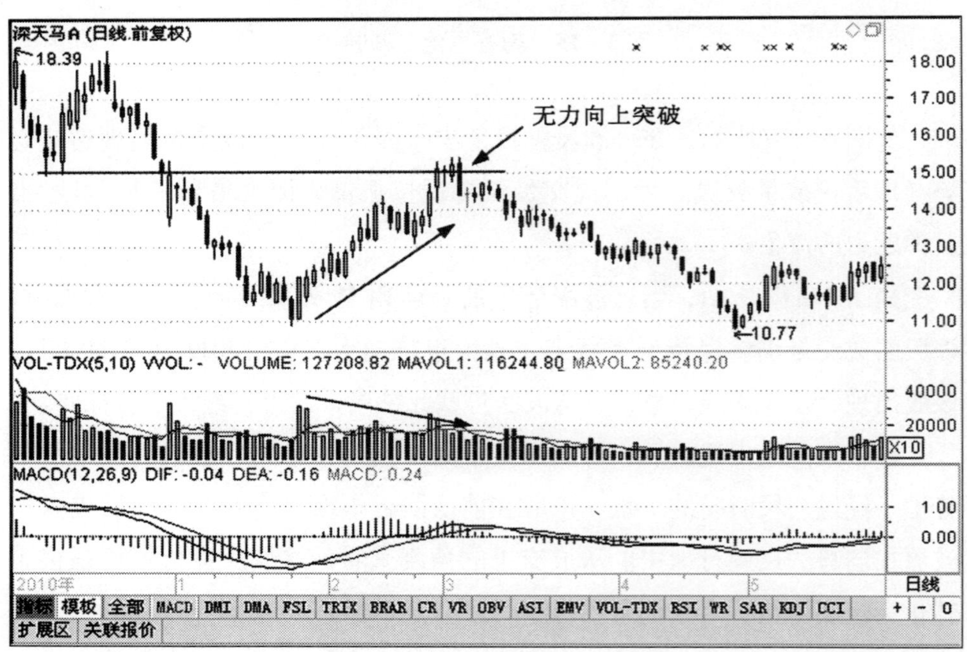

图4-17 深天马A 000050

调结束后，该股重新回归涨势。然而，这波涨势并没有得到资金的支持（成交量保持低位），那么投资者也不必重新进场做多。这波上涨仅持续了2个交易日，在创出16.08元的高点之后，该股出现一根大阴线，发出见顶信号。

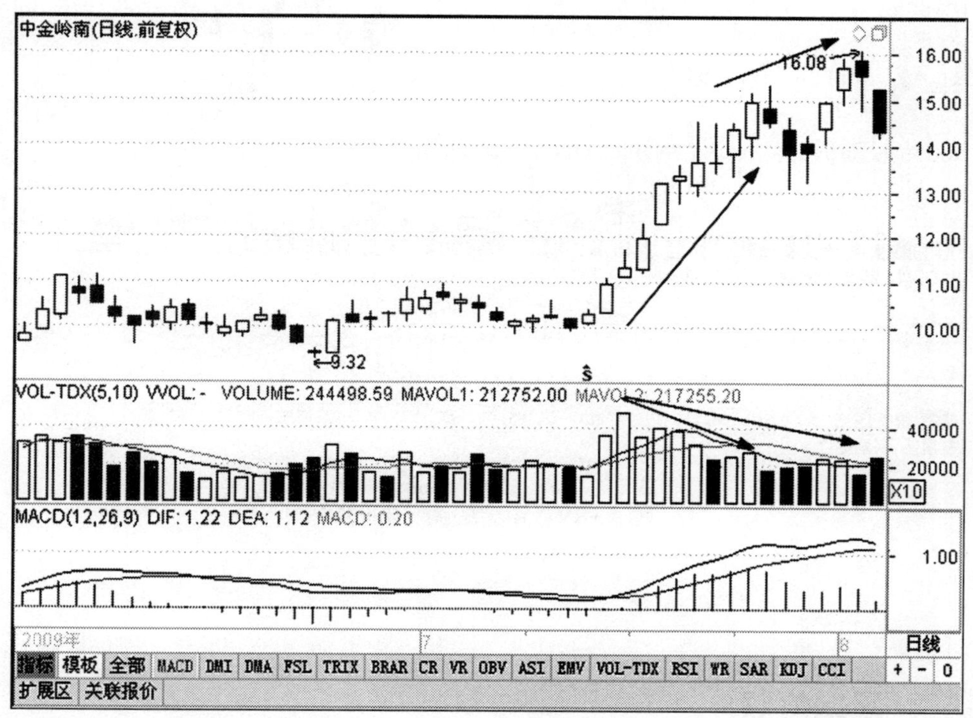

图4－18 中金岭南 000060

如图4－19所示，在创出16.08元的最高点之后，该股进入一波直线下跌行情中。如果投资者没有及时在高位出场，账面利润将大幅度缩水，甚至变成账面亏损。因此，**在实战交易中，投资者应该形成干净利落的交易风格，只要发现交易信号坚决按信号行动，切忌拖泥带水。**

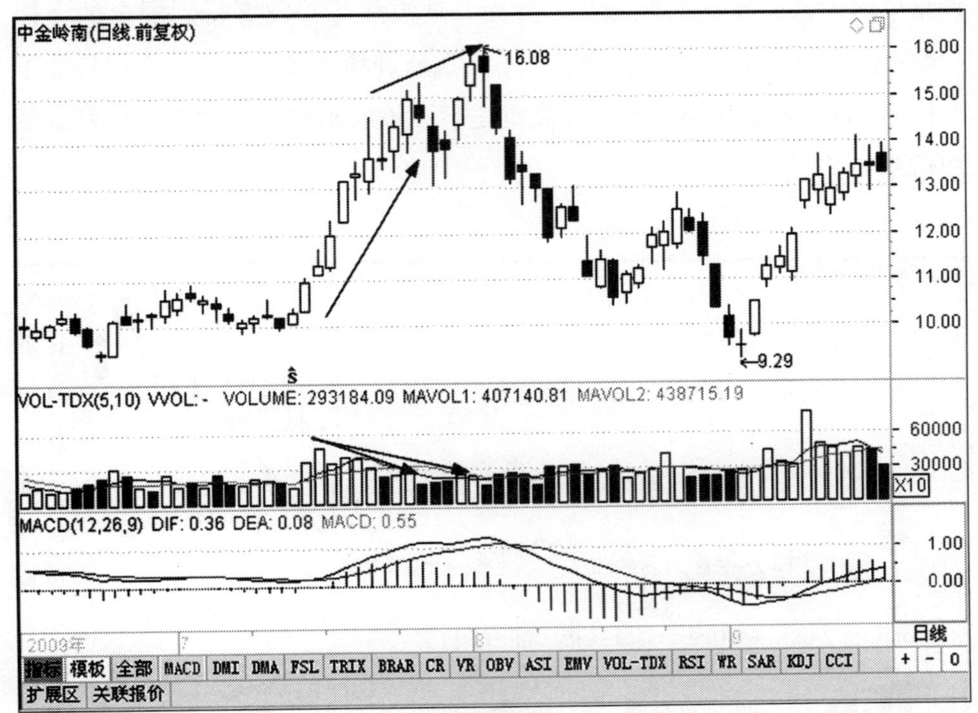

图 4－19　中金岭南　000060

三、量增价跌

1. 招式图解

量增价跌，是指在成交量放大的同时，股价却在逐渐走低，说明随着股价的下跌，场内投资者的看空预期逐渐加强，开始纷纷抛售股票，以求换取现金，显示的是量价背离的关系，见图 4－20。

除了在日线级别运用量增价跌判市之外，投资者还可以在分钟图、小时图、周线图、月线图上运用量增价跌现象观察市场，其特征和操作要点与日线图完全一致，见图 4－21。

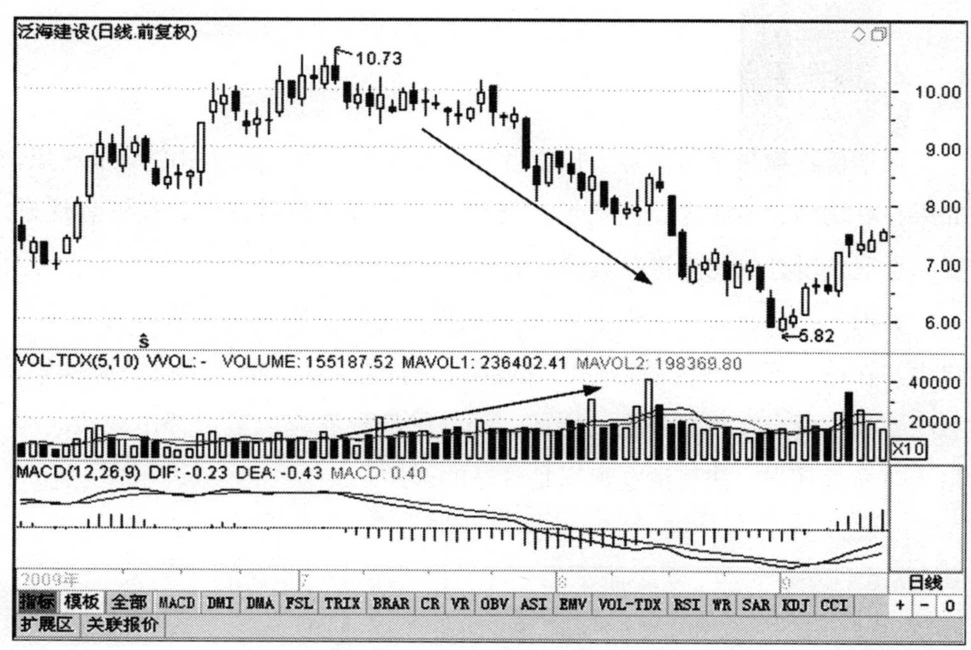

图4－20　泛海建设　000046

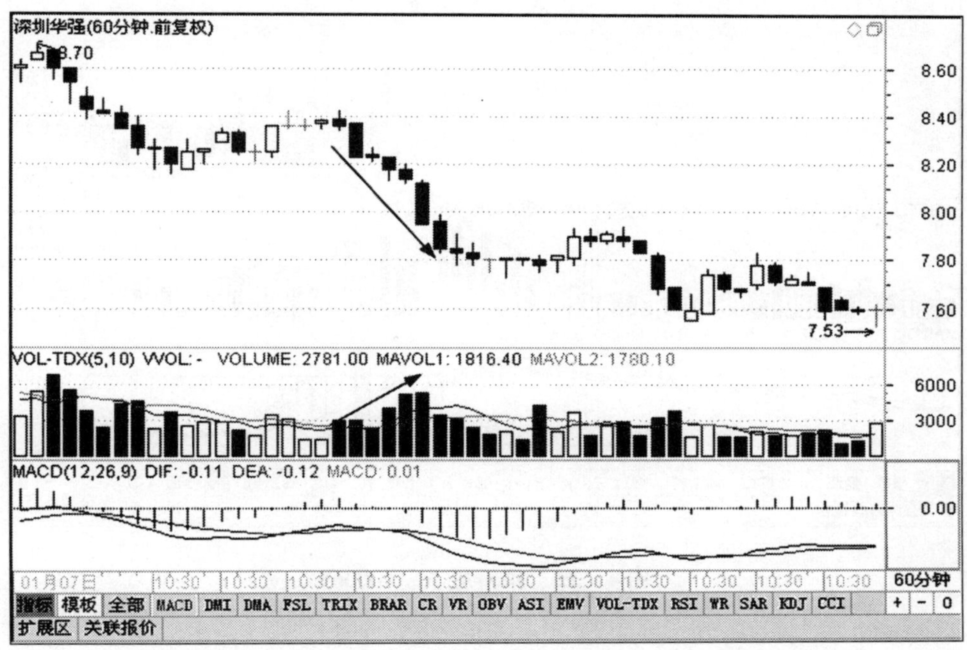

图4－21　深圳华强　000062

2. 操作要点

量增价跌属于持币信号。投资者一旦发现该信号，可以耐心持币观望；如果身处场内，最好先逢高离场。当然，在实战交易过程中，投资者还是要结合股价所处的位置进行具体的分析。

如图 4－22 所示，在创出 9. 30 元的高点之后，华侨城 A 转入到一波跌势中。在这波下跌行情的初期，伴随着股价的下滑，成交量在快速放大，意味着场内资金在积极外逃。因此，场外的投资者应该坚定持币观望。如果当时身处其中，快速清仓离场是最好的选择。

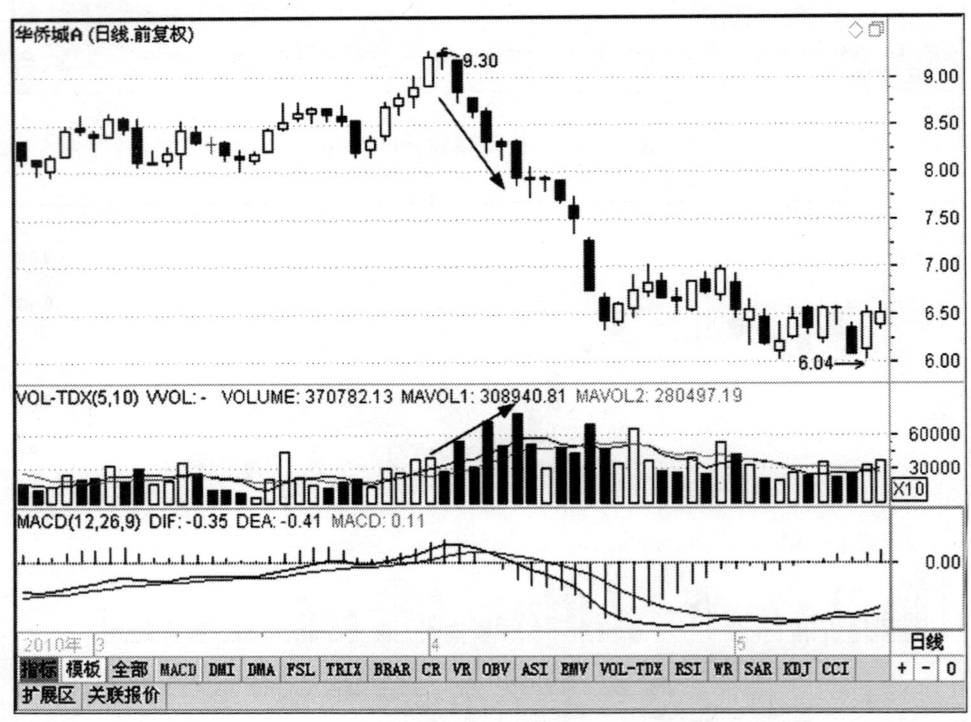

图 4－22 华侨城 A 000069

3. 实战解析

如图 4－23 所示，经过一波下跌，冀东水泥跌破了此前高位整理区的下边线支撑，后市看跌。不仅如此，这波跌势还伴随着成交量的逐渐放大，显示出场内资金在积极外逃。因此，经过前期低点的水平支撑线并不可靠，后市进一步走低的可能性很高。

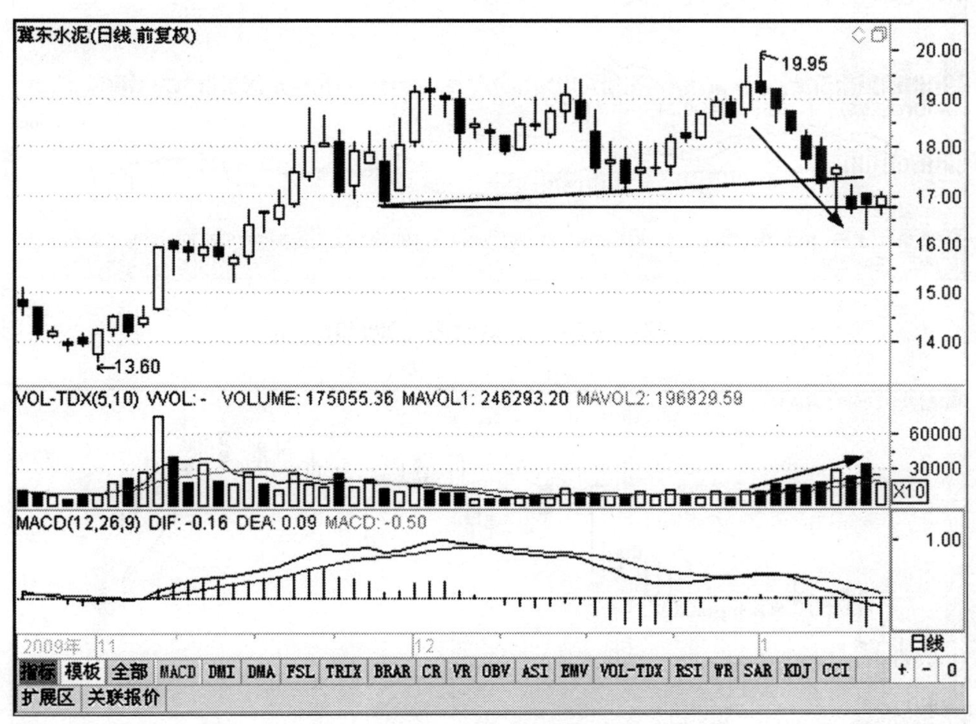

图 4－23　冀东水泥　000401

如图 4－24 所示，跌破整理区支撑之后，冀东水泥由上升趋势转入到下跌趋势中，这从该股后市连续两次受制于高位整理区的下边线压制即可知。至于那波量增价跌的下跌行情，正是这次转势的关键点。把握了这个点，就可以把握住持股行情与持币行情的分水岭了。

如图 4－25 所示，在 60 分钟的 K 线走势图中，通程控股以圆弧顶形态

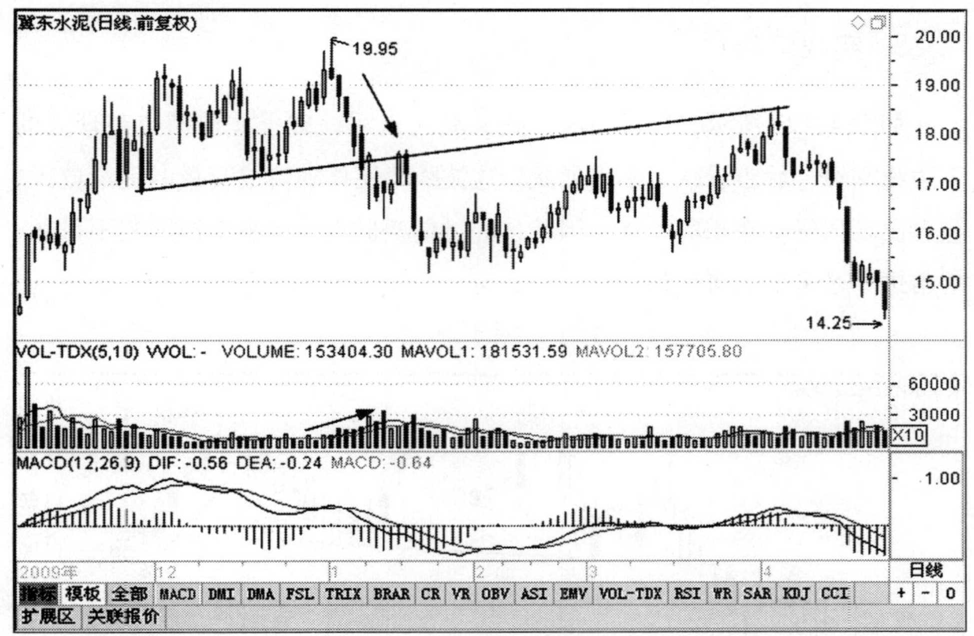

图 4-24 冀东水泥 000401

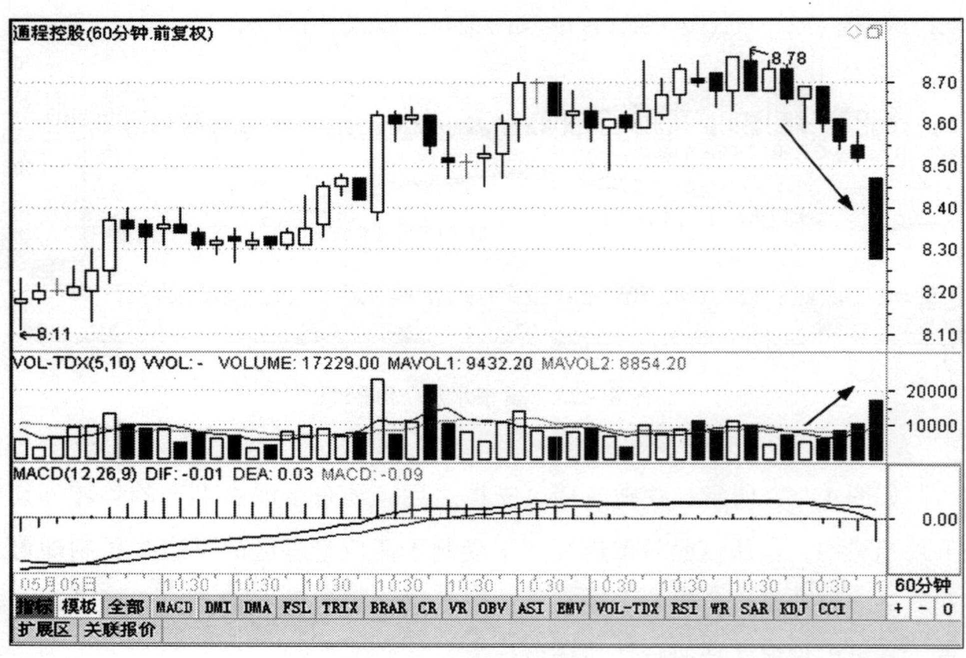

图 4-25 通程控股 000419

见顶。此后，该股进入一波明显的跌势中。随着股价的逐渐下滑，该股的成交量却在放大，即放量杀跌，后市不容乐观。因此，投资者应该管好自己的钱袋子，不要着急入场抄底。

如图4－26所示，这波量增价跌的行情出现之后，通程控股稍作反弹就进入一波更加猛烈的跌势中。这波跌势同样伴随着成交量的逐渐放大，意味着场内投资者在发现股价继续走低时，对后市的预期进一步悲观，再次形成外逃潮。既然杀跌力量依然存在，股价就仍有继续下行的空间。

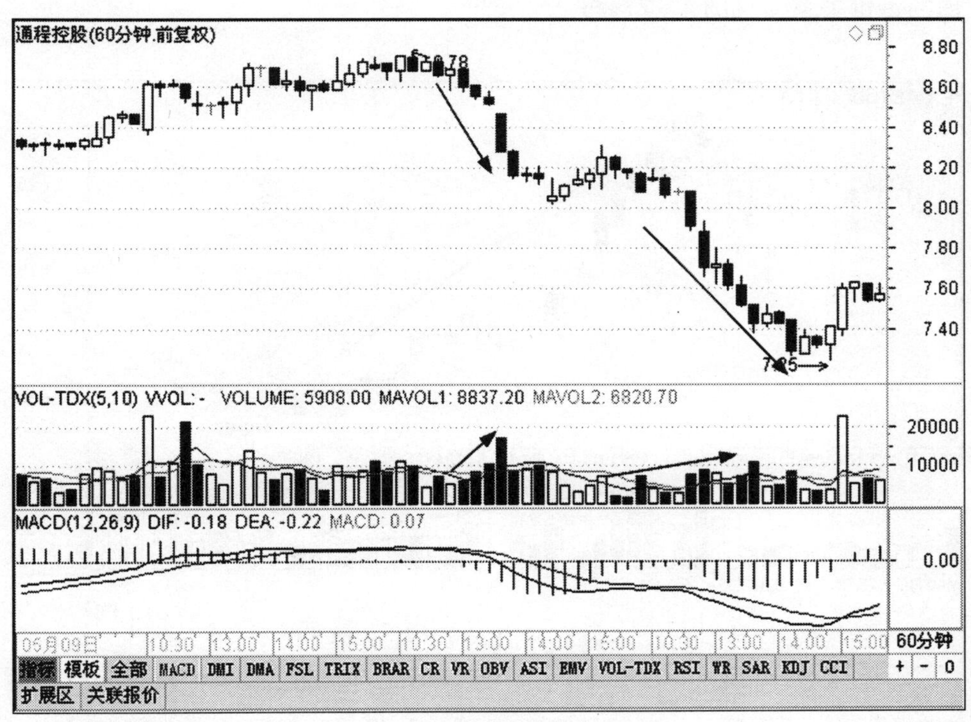

图4－26 通程控股 000419

四、量缩价跌

1. 招式图解

量缩价跌，是指在成交量逐渐萎缩的同时，股价也随之下跌，说明随着股价走弱，市场信心受到重大打击，投资者入市的意愿低迷，显示了合理的量价关系，见图4－27。

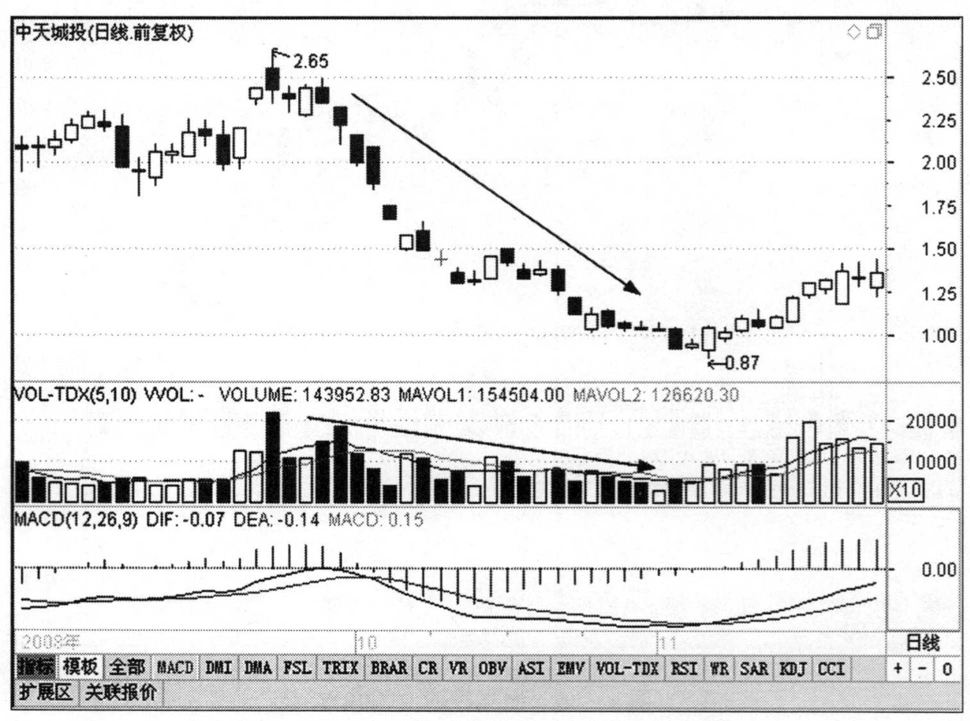

图4－27　中天城投　000540

除了在日线级别运用量缩价跌判市之外，投资者还可以在分钟图、小时图、周线图、月线图上运用量缩价跌现象观察市场，其特征和操作要点完全一致，见图4－28。

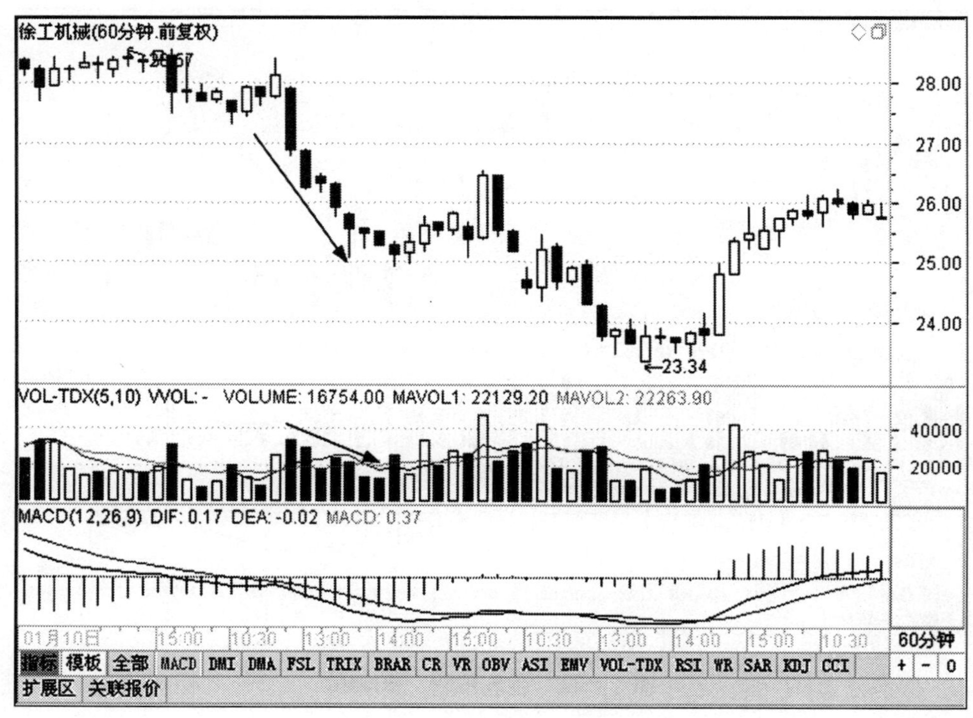

图 4－28　徐工机械　000425

2. 操作要点

量缩价跌同样属于持币信号。投资者一旦发现该信号，应该耐心持币观望；如果身处场内，最好先逢高离场。当然，在实战交易过程中，投资者还是要结合股价所处的位置进行具体的分析。

如图 4－29 所示，在一波快速下跌的行情中，胜利股份的成交量在逐渐萎缩，意味着场内交投清淡，后市将延续此前的跌势，直至杀跌力量被充分化解或者做多力量重新入场。对于普通投资者而言，既然此时个股依然处于下跌通道中，那就坚定地持币观望即可。

如图 4－30 所示，经过一波量价齐升的涨势之后，英特集团进入了数个交易日的回调行情中。伴随着股价的回调，该股的成交量也在逐渐萎缩，显示盘中卖压逐渐削弱。整理结束后，该股再次放量上攻（即做多力量重

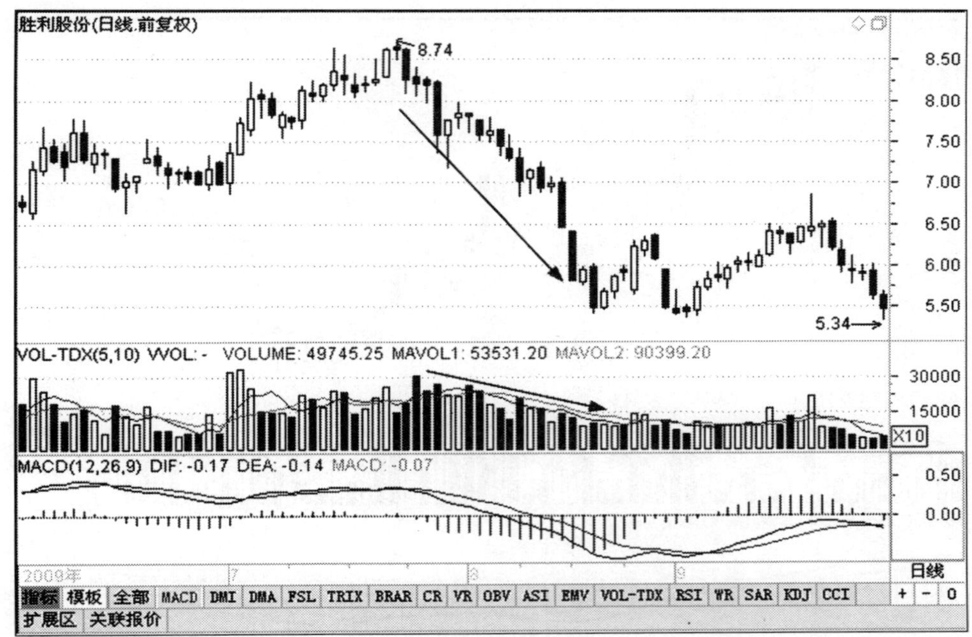

图 4－29　胜利股份　000407

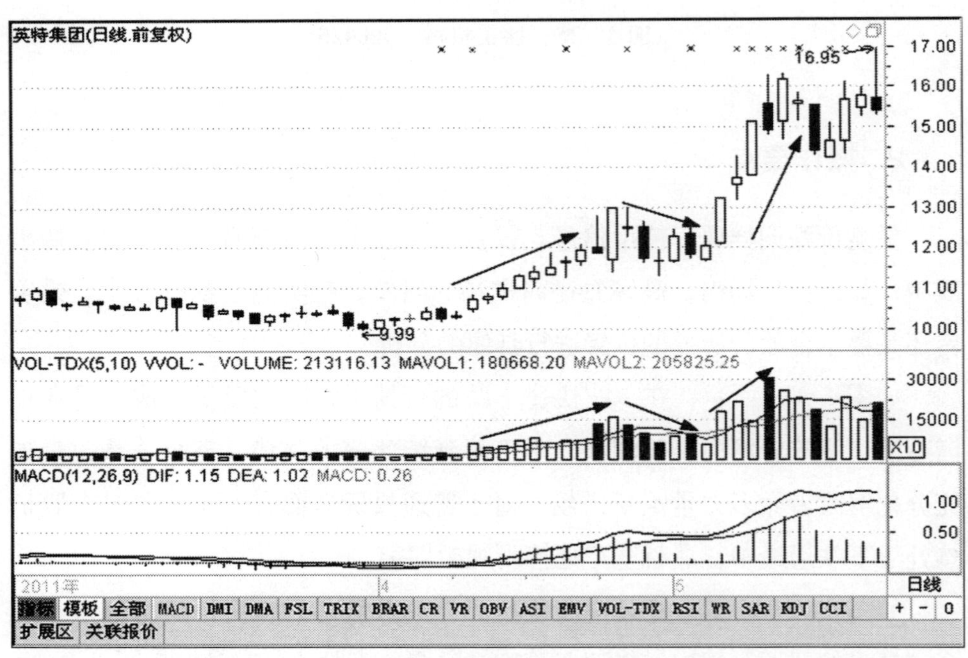

图 4－30　英特集团　000411

新入场)，又一波涨势开始了。

3. 实战解析

如图4－31所示，在向上假突破出现之后，ST张家界见顶回落，进入到一波明显的跌势中。伴随着股价的逐渐下滑，该股的成交量呈现萎缩态势，即量缩价跌。2011年4月28日，该股出现一根大阴线，向下有效突破颈线支撑，M头形态确认，后市仍有下行空间。

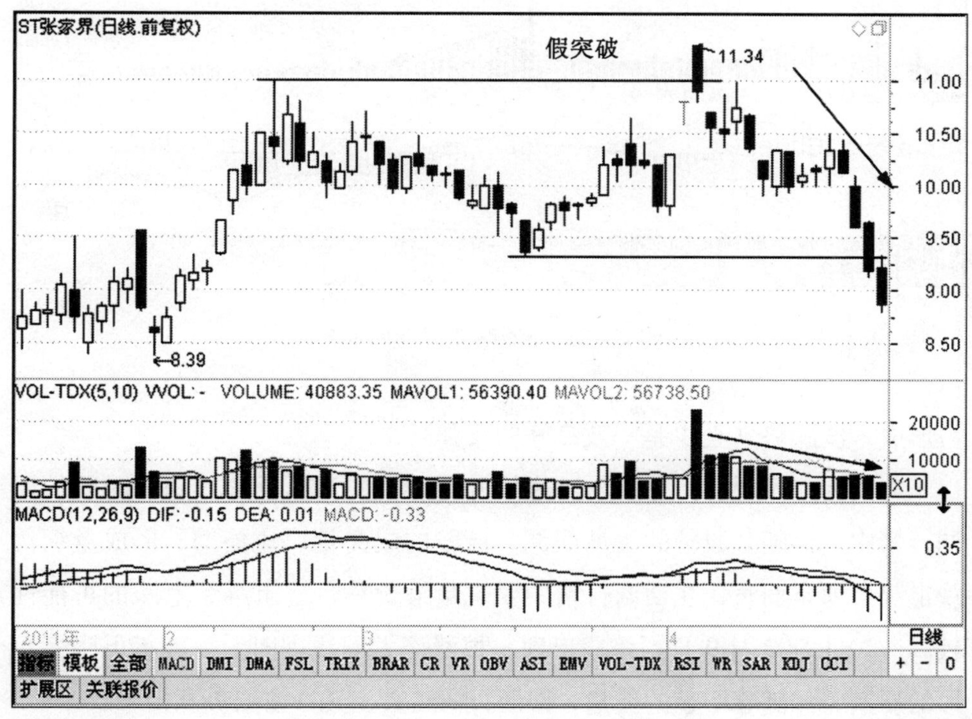

图4－31 ST张家界 000430

如图4－32所示，跌破颈线支撑之后，ST张家界在颈线附近展开了多个交易日的反弹行情。2011年5月17日，该股再次出现一根大阴线，跌破反弹行情的支撑线，又一波跌势开始了。这波跌势属于价跌量平，意味着股价进入惯性下滑阶段。在此阶段，如果有积极的做多力量介入，往往容

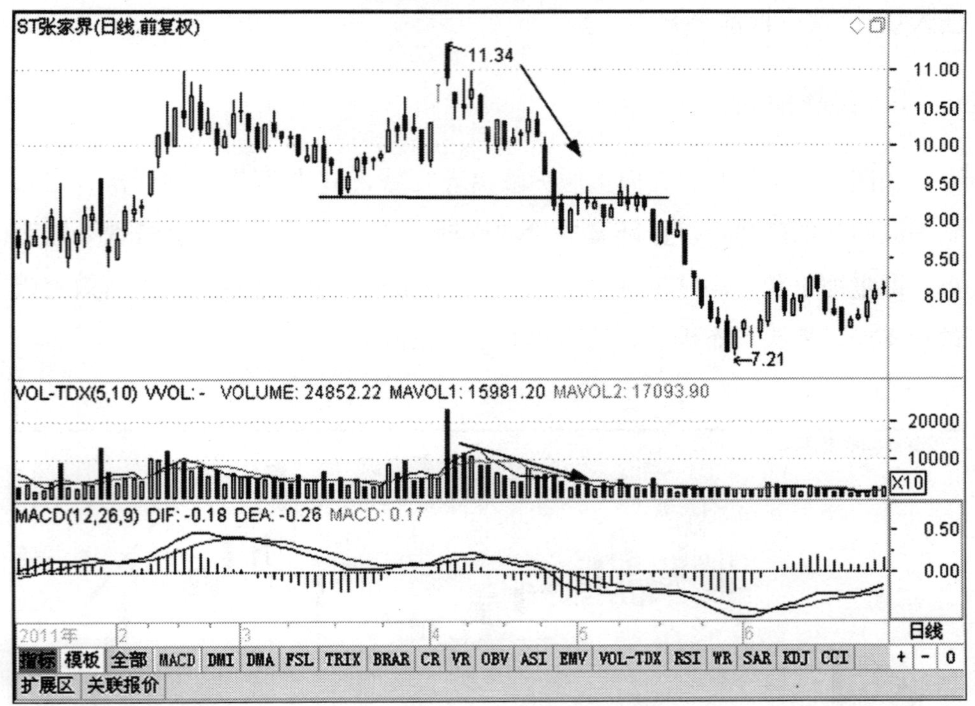

图 4-32 ST 张家界 000430

易形成一波涨势（至少是一波良好的反弹）。

如图 4-33 所示，在一波快速拉升之后，中润投资进入到长时间的回调行情中。伴随着股价的逐渐回调，该股的成交量快速萎缩，形成量缩价跌走势。通常而言，在回调行情中发现量缩价跌，后市继续上涨的可能性较高。2011 年 2 月 9 日，该股出现一根涨停大阳线，向上突破了下降三角形的压制，伴随着明显的放量，回调行情结束，又一波涨势开始了。

如图 4-34 所示，涨停大阳线出现之后，中润投资进入一波明显的上涨行情中。不过，伴随着股价的上升，该股的成交量却没有有效放大（与回调行情之前的成交量相比明显萎缩），显示量价背离走势，意味着该股不再是抢手货，后市有可能进入筑顶行情中。

如图 4-35 所示，经过一波量增价涨的上升行情之后，湖南投资进入了数个交易日的旗形回调。伴随着股价的回调，该股的成交量快速萎缩，

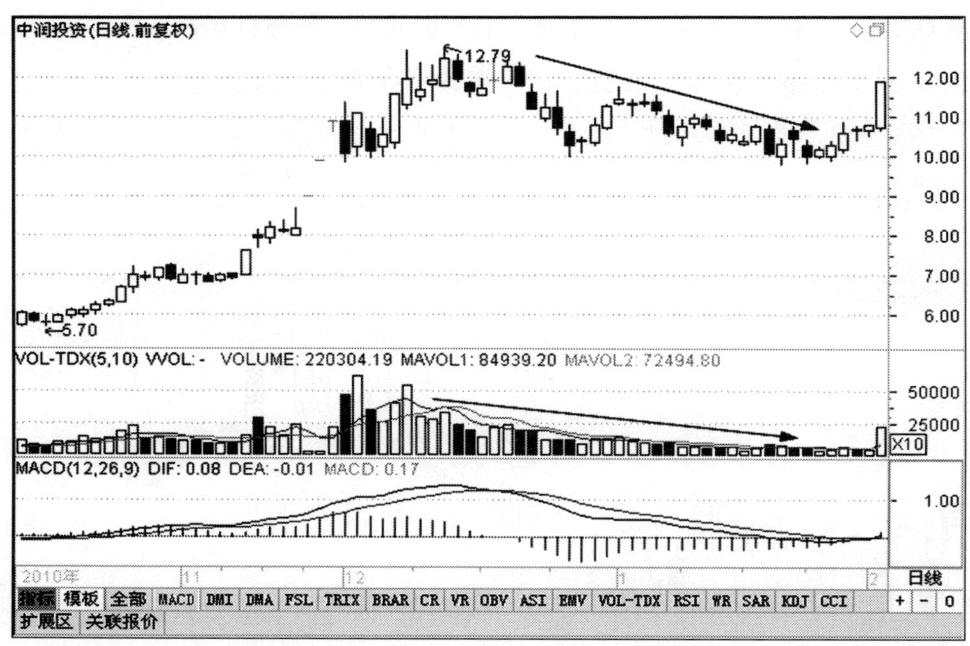

图4－33　中润投资　000506

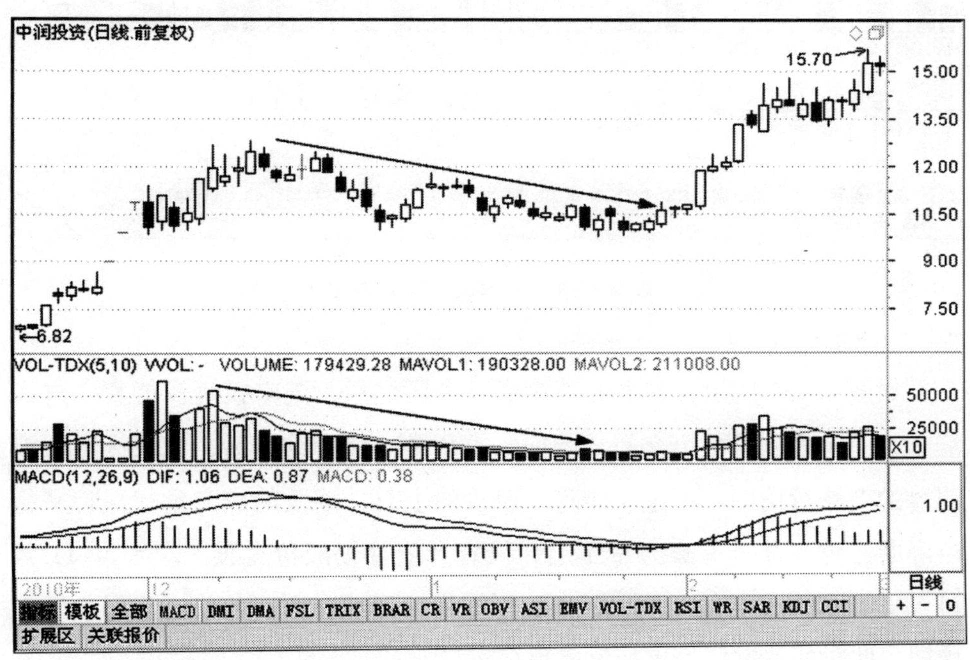

图4－34　中润投资　000506

意味着投资者惜售手中筹码，后市重新回归涨势的可能性很高。2009 年 10 月 9 日，该股出现一根大阳线，向上突破了旗形整理的上边线压力，一波涨势应该要启动了。不过，此次突破并没有明显放量，这为后市的上涨蒙上了一层阴影。

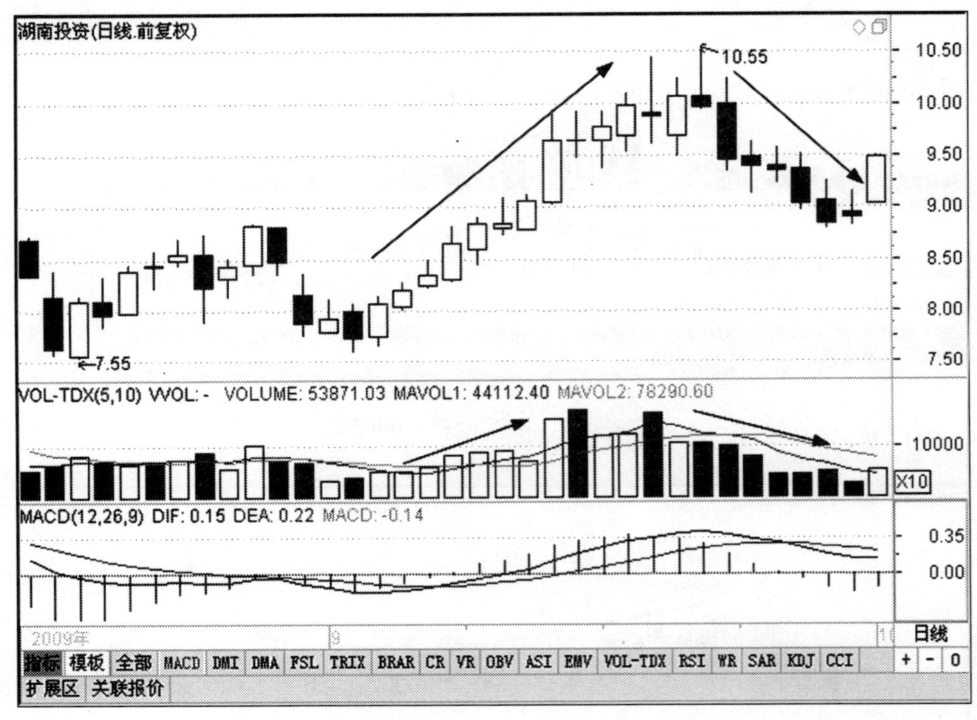

图 4－35　湖南投资　000548

如图 4－36 所示，向上突破旗形整理区之后，湖南投资没能直接进入涨势，而是进入了数个交易日的横盘整理中。整理结束后，该股进入一波明显的上涨行情中。不过，伴随着股价的上升，该股的成交量却保持平稳略降的态势，显示追涨力量不足，投资者应警惕股价见顶。2009 年 11 月 24 日，该股出现一根大阴线，M 头形态初步形成。由于此前已经形成看空预期，此时的看空信号更加值得重视。

如图 4－37 所示，M 头形态确认之后，湖南投资由上升趋势转入下降

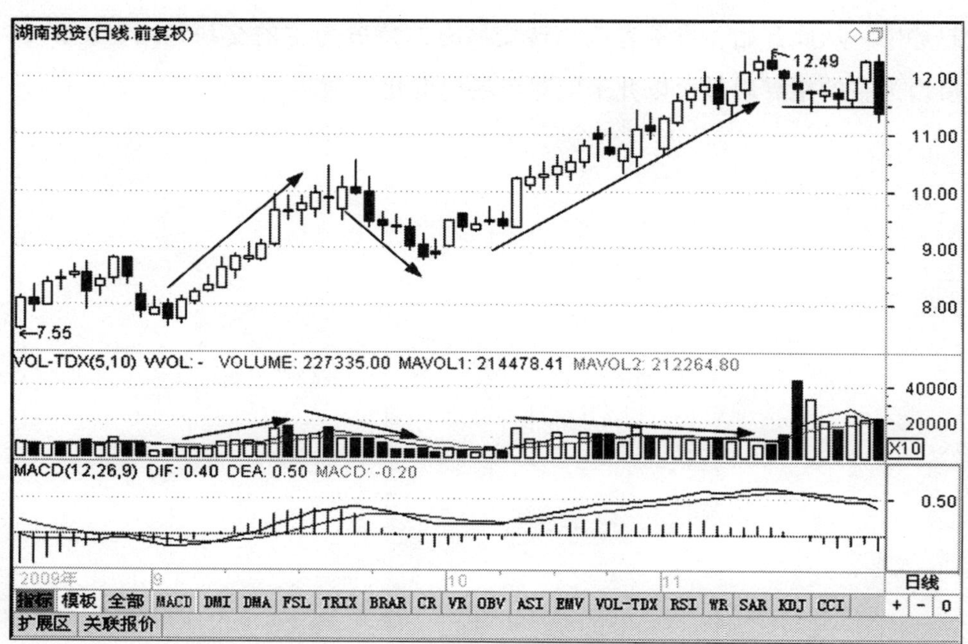

图 4－36　湖南投资　000548

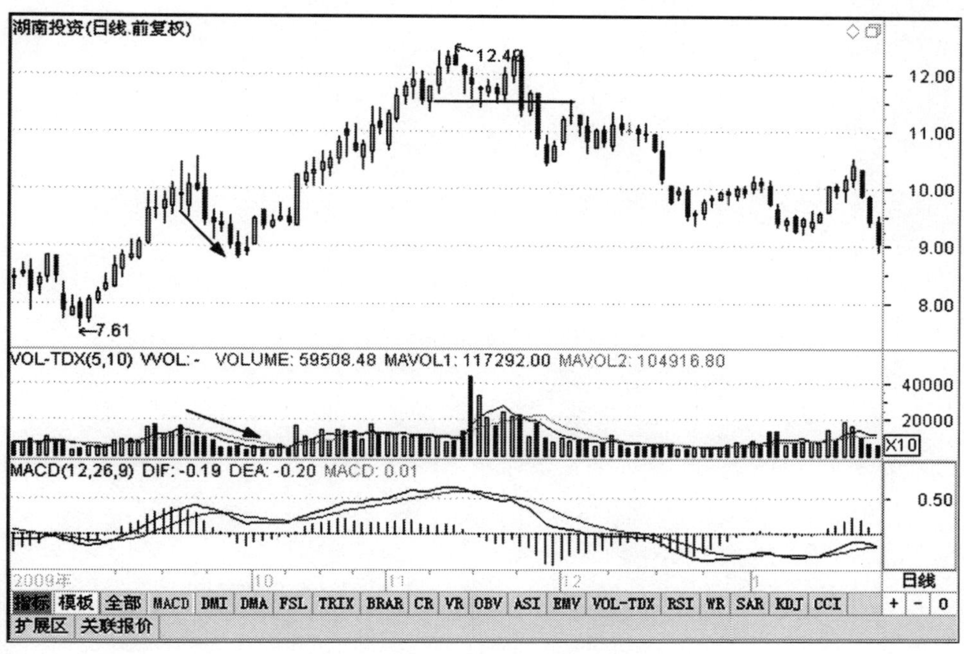

图 4－37　湖南投资　000548

趋势中。从此开始，投资者应该转变原有的持股为主的交易策略，更换成持币为主的指导思想，以此来应对市场的变化。

第5章

粗中有细——K线与分时走势

一、K 线买点与分时买点

1. 招式图解

此前介绍的主要是日线级别的 K 线图中的买卖点，实战中还要将这些买卖点细化到分时图中，以寻找到更加精确的交易点。首先，来看看在发现 K 线买点时，如何在分时图中寻找具体买点。分时买点主要包括双线向上、双线分离、均价线支撑、突破压力等。

所谓双线向上，是指分时线与量比指标线在同一时期都形成了上升趋势，见图 5－1。

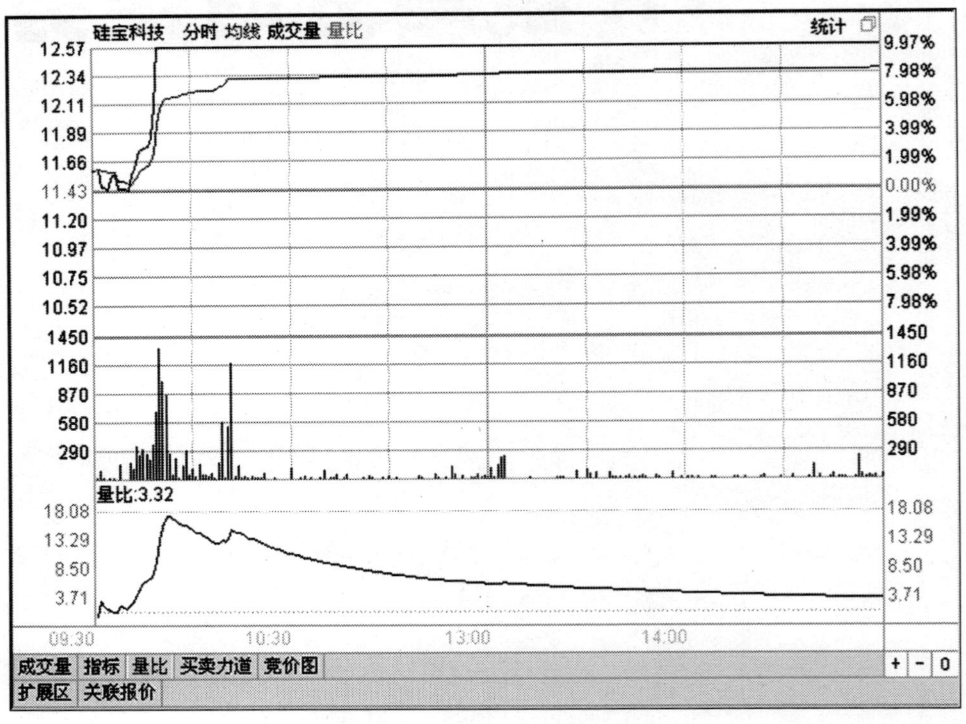

图 5－1 硅宝科技 300019

所谓双线分离，是指分时线在不断上升，但量比指标线在不断下降或者走平，见图5－2。

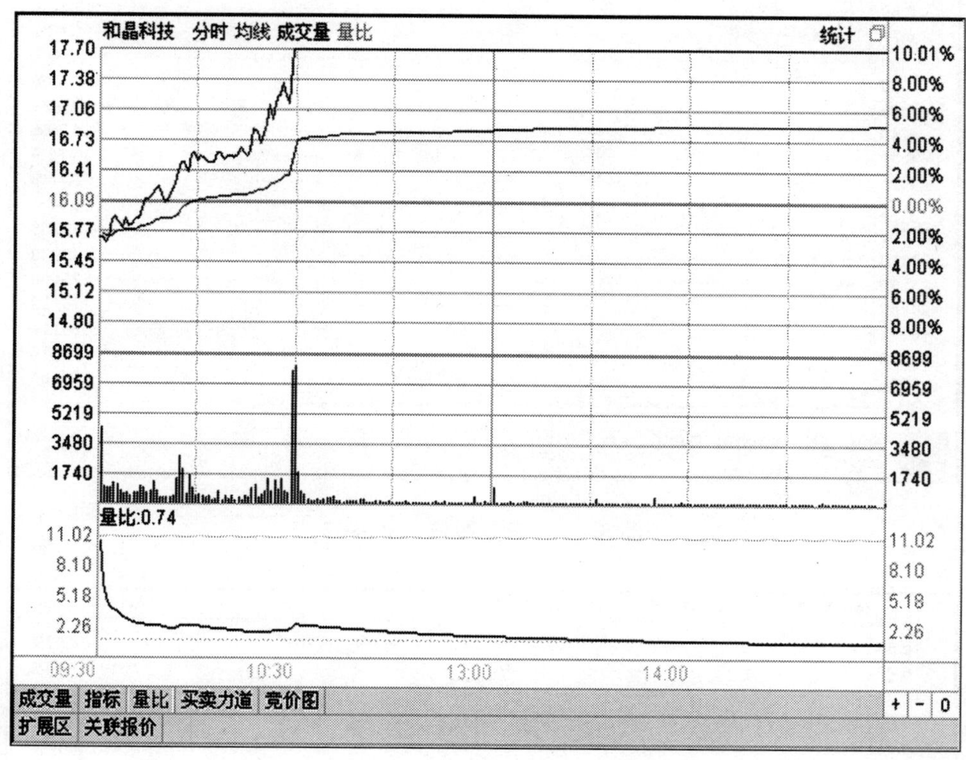

图5－2　和晶科技　300279

所谓均价线支撑，是指当股价回调至均价线附近时获得支撑。具体可以分为三种情况：一是股价回调至均价线上方止跌，然后重新上涨；二是股价回调到均价线上才止跌；三是股价回调时短暂跌破均价线，然后重新开始上涨。在图5－3的一波直线拉升行情中，股价在均价线上方获得支撑。

所谓突破压力，是指股价向上放量突破压力位，这与K线图上的突破压力位基本相同，见图5－4。

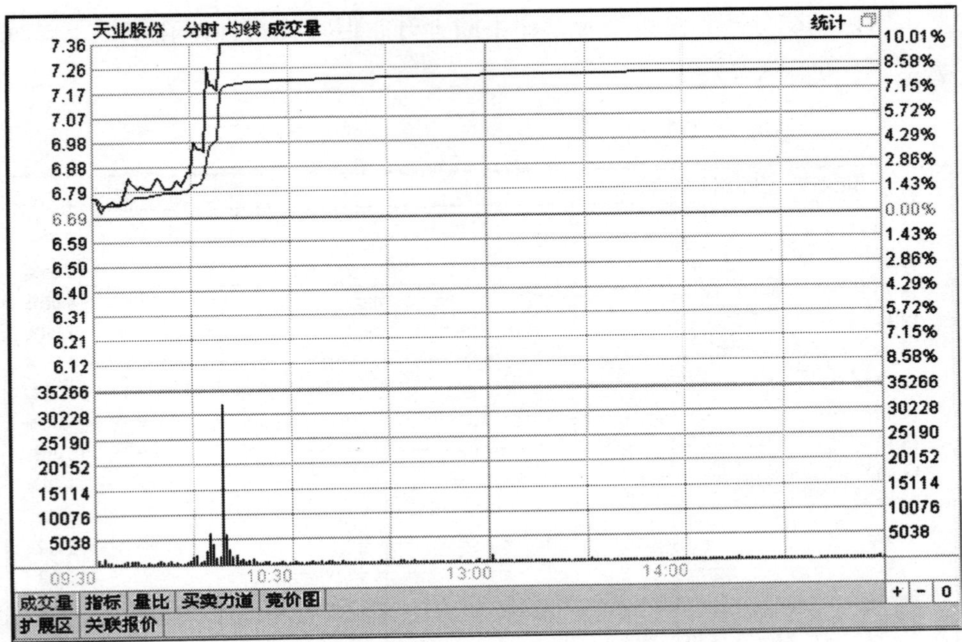

图 5－3　天业股份　600807

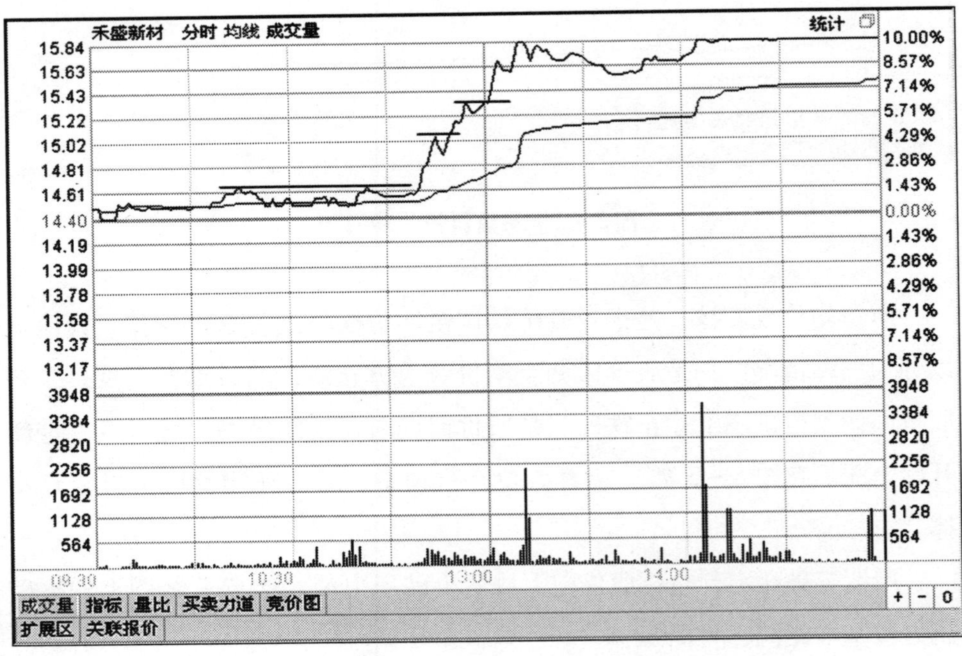

图 5－4　禾盛新材　002290

2. 操作要点

当日 K 线图中出现买点时，投资者应该切换成分时图，寻找其中的买点进行建仓。如果日 K 线图中没有出现买点，即使分时图中出现买点也不应该建仓。

由于中国股市采用“T＋1”的交易规则，当日买入的股票无法当日卖出。因此，为了避免“早盘大涨，日 K 线图中的买点出现；尾盘暴跌，日 K 线图中的买点消失”的不利局面，通常要采用尾盘建仓的方式。这就大大降低了分时走势图中买点的实战价值。

如图 5－5 所示，2008 年 12 月 2 日，江苏索普出现一根大阳线，向上突破上升旗形，开始了一波涨势。如果只看 K 线图，投资者只能耐心等待至收盘前，确认突破有效后，才能在最后几分钟内挂单买入。

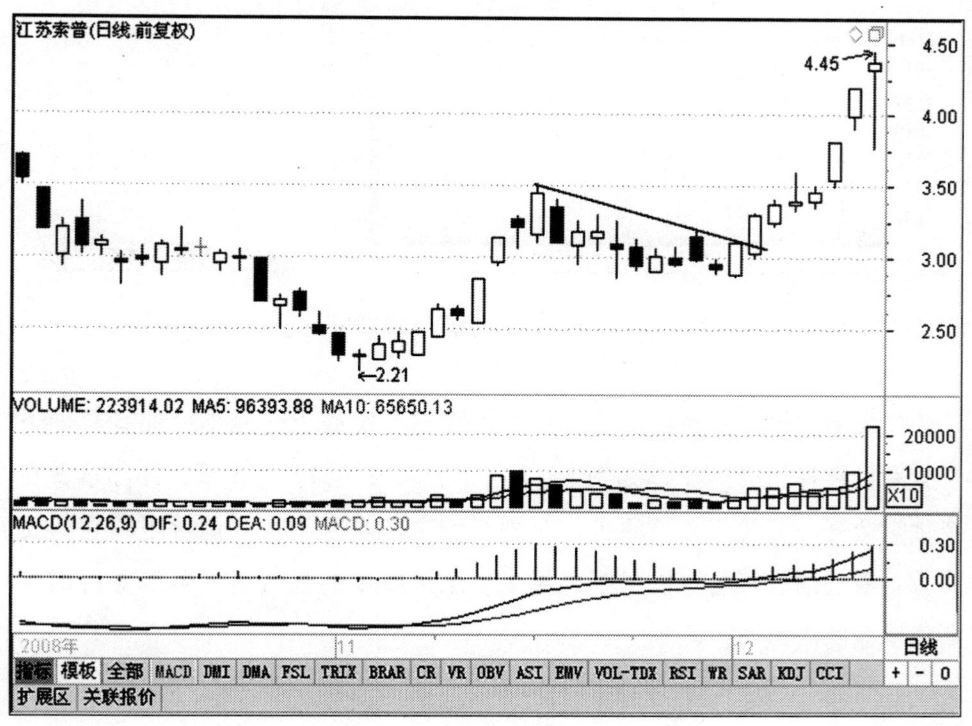

图 5－5　江苏索普　600746

如图5－6所示，12月2日，江苏索普的分时图也是尾盘突然拉升，此前还不能真正确定日线突破上升旗形。如果要买入，即使采用分时走势图，也只能等到收盘前的最后几分钟。这样的走势，除非事先已经准备妥当，否则很容易错过。

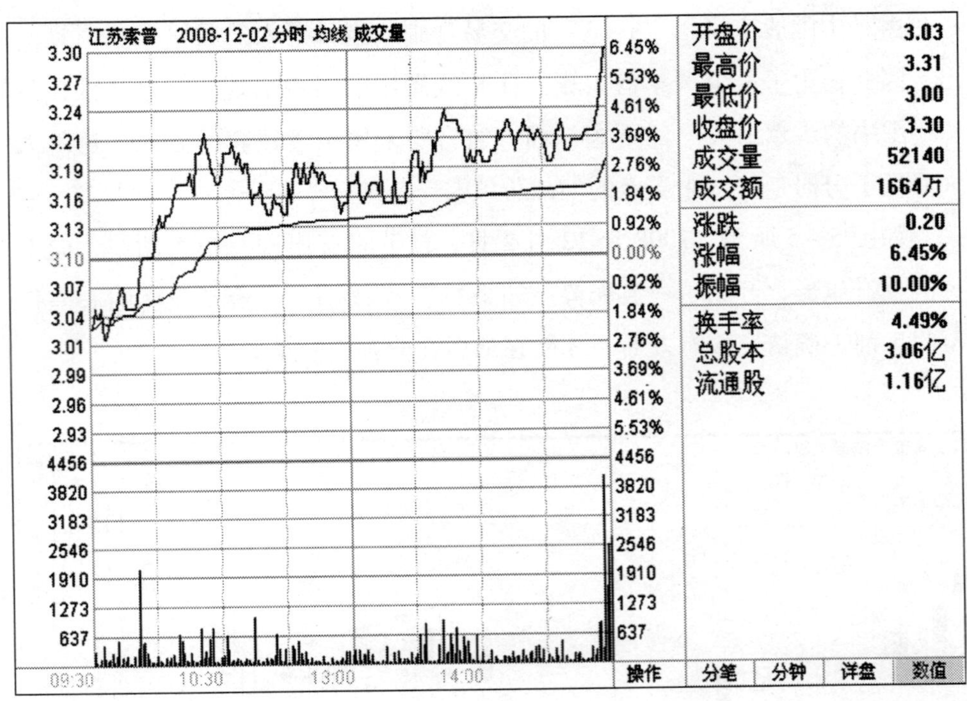

图5－6　江苏索普　600746

如果错过这个买点或者收盘后才发现该股突破上升旗形，那就只能下个交易日再择机介入了。如图5－7所示，2008年12月3日，江苏索普直接跳空低开。开盘后，该股进入整理行情中。当股价在开盘价附近获得支撑后，激进的投资者可以择机入场了。至于稳妥的投资者，可以等待向上突破早盘的高点时再入场。

图5－7　江苏索普　600746

3. 实战解析

如图5－8所示，2011年1月20日，中茵股份出现一根大阴线。此后，该股连续出现多根小K线。如果在这些小K线之后出现一根大阳线，就会构成塔形底组合。因此，投资者应该加大关注力度，盯好每日的分时走势。

如图5－9所示，2011年2月10日，中茵股份在上午收盘前冲高到7.86元，涨幅达到8.73%，日线图中大阳线已经成形。只要午后该股不大幅度下跌，形成日K线图中长上影线K线，塔形底就可以确认了。午后，该股开始回调。在回调过程中，该股形成上升三角形，而且明显在均价线的支撑之上。由于此时距离收盘时间很短了，可以考虑择机介入了。此后，股价向上突破上升三角形，明确的分时买点。在日线买点已经基本确认的前提下，这样的买点可以介入了。

如果对比当日上证指数的分时走势（见图5－10），在午后大盘回调

图 5-8 中茵股份 600745

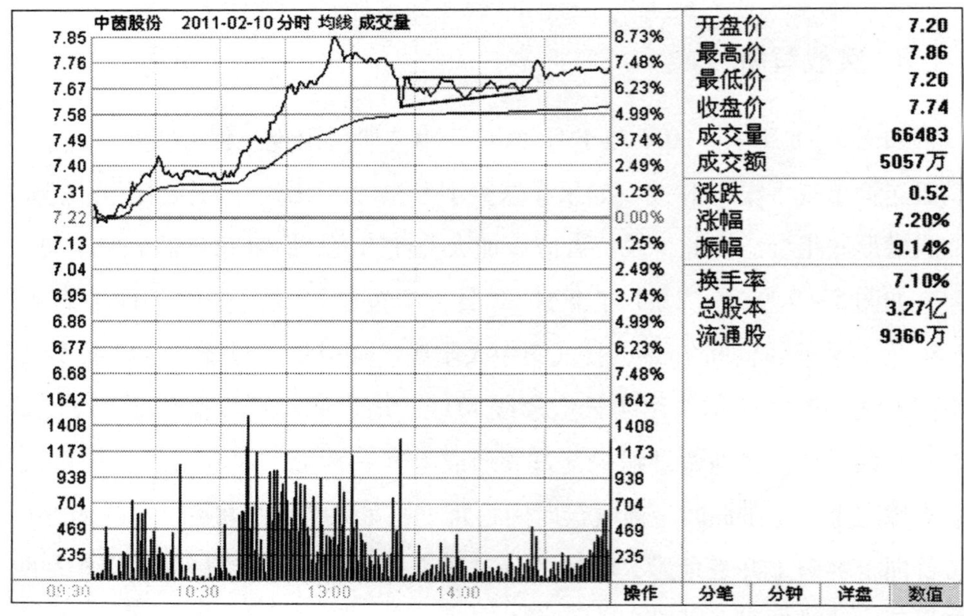

图 5-9 中茵股份 600745

时，中茵股份形成上升三角形，个股明显强势。因此，在大盘止跌企稳之后，就可以选择均价线支撑提供的买点入场，可以不用等待突破三角形的买点了。

图5－10　上证指数　999999

如图5－11所示，塔形底出现之后，中茵股份形成一波涨势，涨幅还算不错，投资者完全可以从中获利出场。这波涨势在前高附近结束，然后开始回调。2011年3月10日，经过一段时间的调整，该股再次来到前高附近。次日只要该股保持涨势，突破前高轻而易举。

如图5－12所示，次日，中茵股份高开高走，直接突破了日线图中的前高压力，买入信号被触发，看来当日可以考虑择机入场了。午后开盘，该股向上突破压力，买点出现，可以入场了。不过，随后的走势令人失望，该股并没有冲击涨停，反而开始走低。最终，该股以长上影线报收，不过还好保持了日线突破的姿态。当然，此时再入场，要比此前入场的价格便

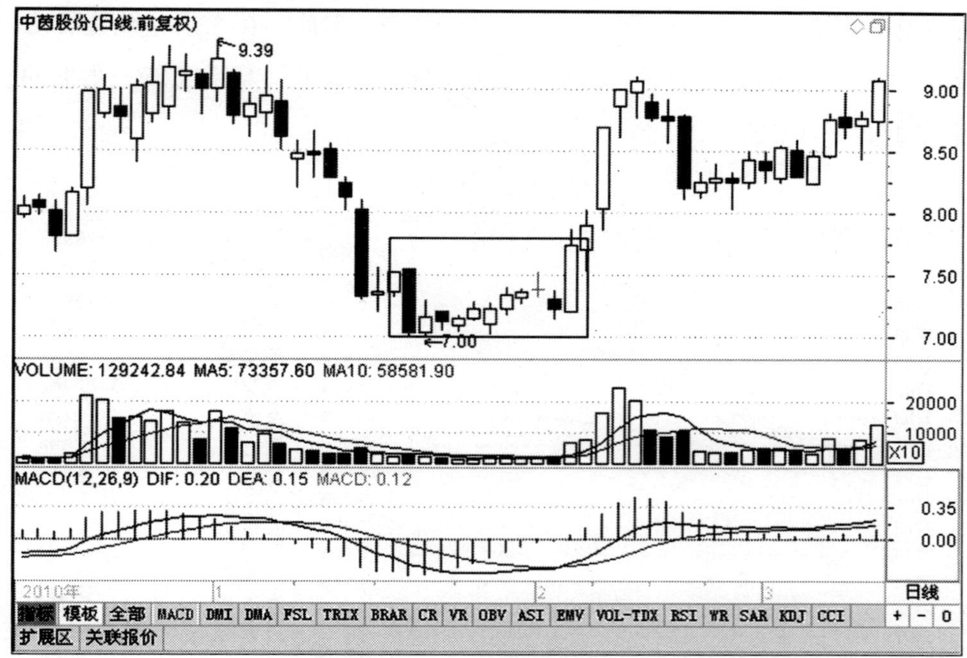

图 5－11　中茵股份　600745

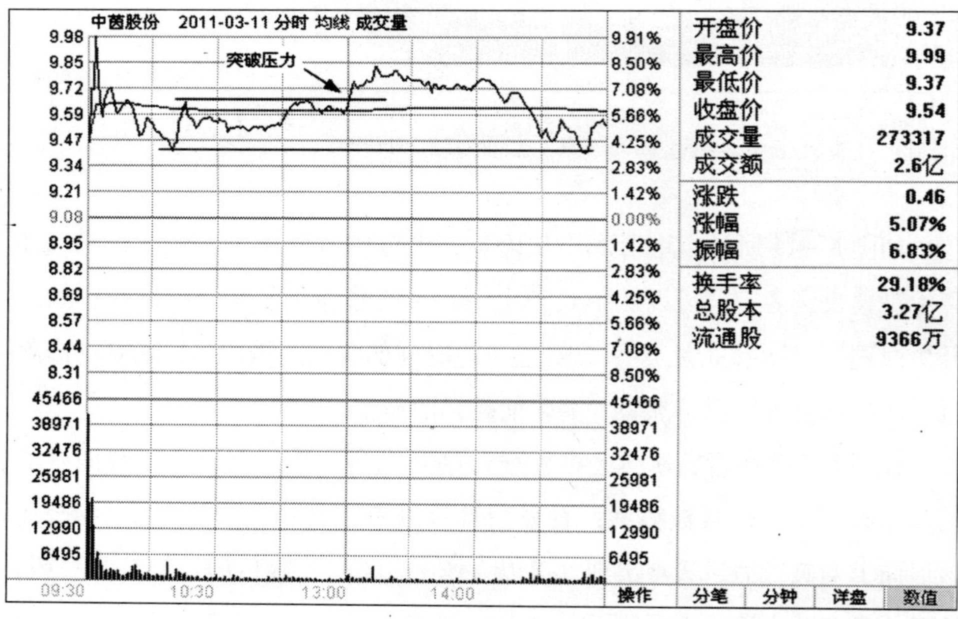

图 5－12　中茵股份　600745

宜不少。

如果已经入场，不管浮盈还是浮亏，都不要在意了。如果随后股价开始下跌，证明此前的突破前高为假突破，那就止损离场。

如图5－13所示，长上影线突破前高之后，中茵股份接着继续上涨。不过，由于卖压较重，上涨的速度较慢。无论快慢，只要上涨就是好的，接下来要考虑的就是何时离场了。离场的方式有很多，即使离场的时机把握不好，这笔交易以赢利收场的问题不大。

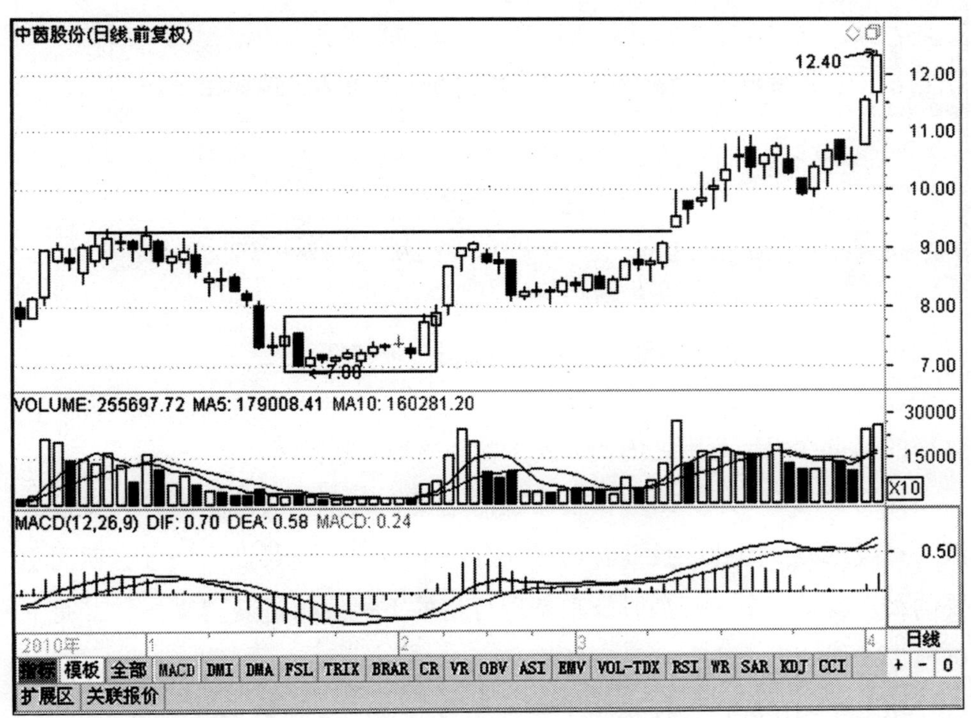

图5－13　中茵股份　600745

如图5－14所示，2008年7月25日，大连控股也出现一根长上影线突破前高，日线买点。由于长上影线属于见顶信号，面对这种既看涨又看跌的K线，有些投资者会很犹豫。其实，这种犹豫源于投资者缺乏成形的交易规则。如果投资者有自己的交易规则，按照交易规则行事就行了。假设

图5－14　大连控股　600747

这样的买点在规则范围之内，那就干脆利落地入场做多。

如图5－15所示，出现长上影线的当日，大连控股跳空高开，直接突破了日线压力。因此，投资者可以在分时走势中寻找买点入场了。期间主要的买点就是三个：一是股价在整理行情的下边线附近获得支撑，二是突破整理行情的上边线，三是收盘前。

如图5－16所示，这根长上影线出现之后，大连控股基本没有上涨，而是很快就形成跌势。当股价跌回到此前突破价位之下时，曾经据以入场的条件没有了，那么自然该止损离场。如果不及时离场，将会陷入到更大的亏损之中。

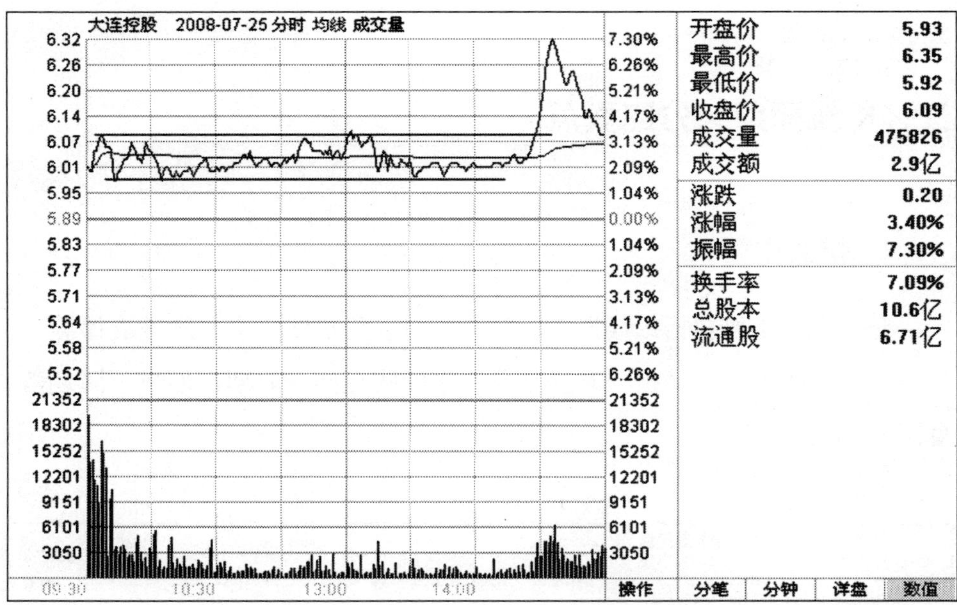

图5－15 大连控股 600747

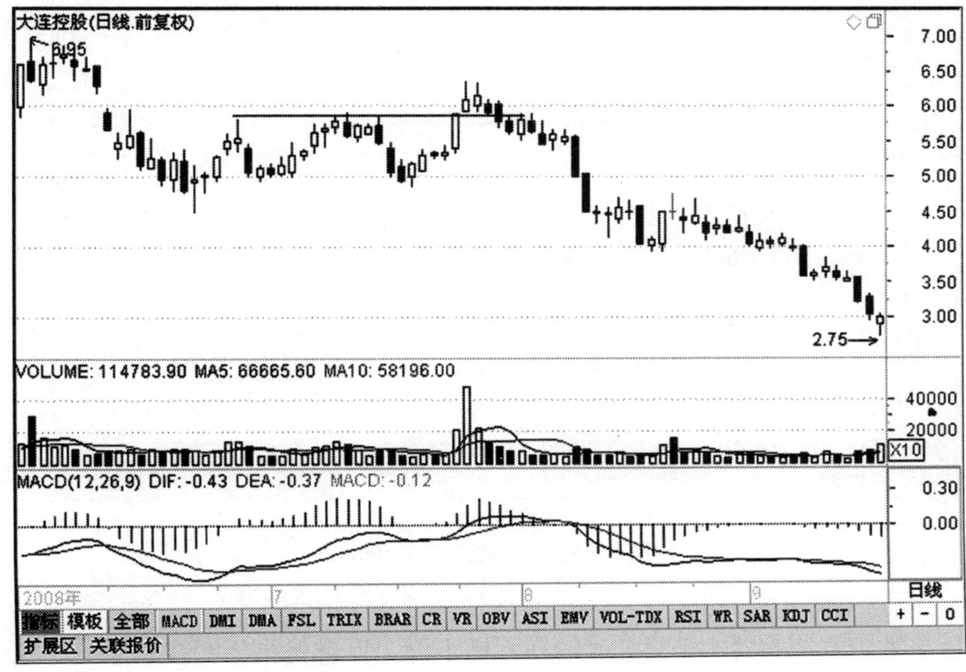

图5－16 大连控股 600747

二、K 线卖点与分时卖点

1. 招式图解

分时卖点主要包括双线向下、双线分对、均价线压力、跌破支撑等。

所谓双线向下，是指分时线与量比指标线在同一时期都形成下降趋势，见图 5－17。

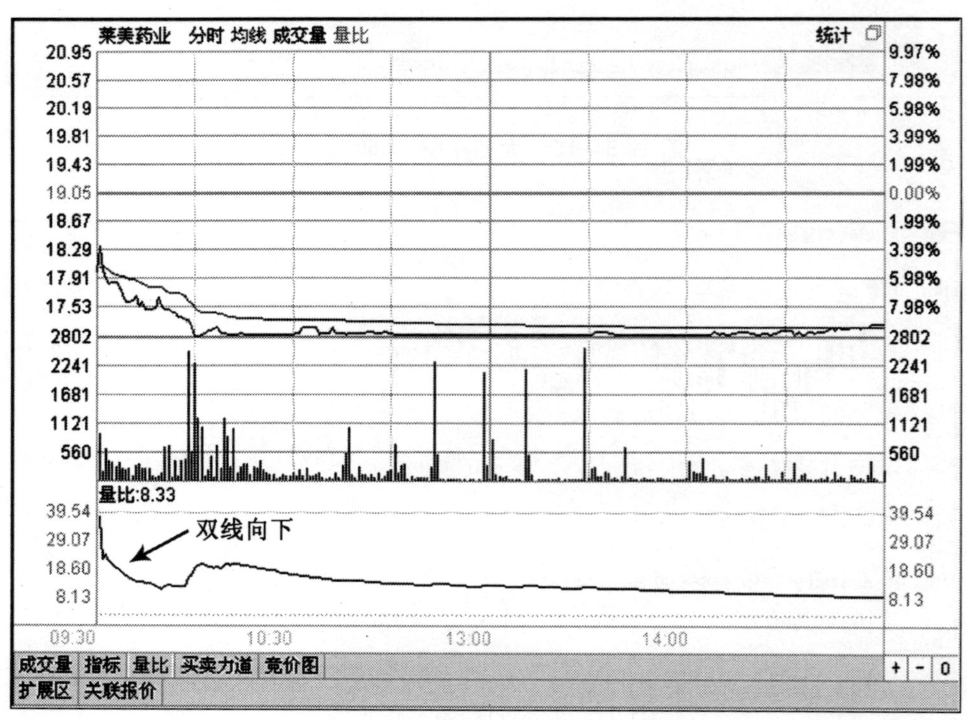

图 5－17 莱美药业 300006

所谓双线相对，是指分时线在不断下降，但量比指标线在不断上升或者走平，见图 5－18。

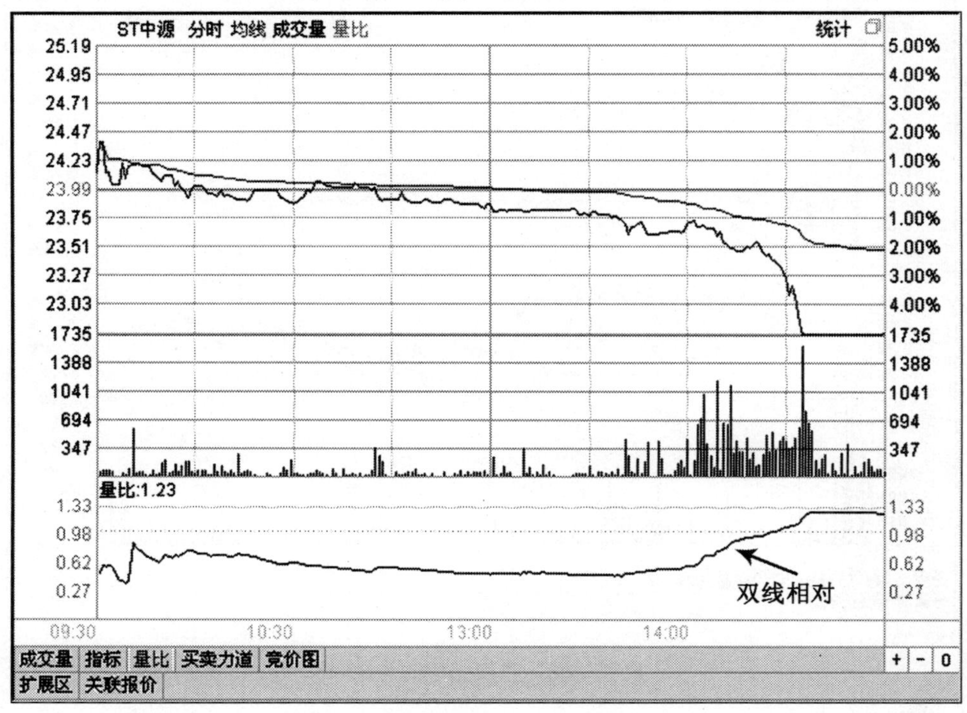

图5－18　ST中源　600645

所谓均价线压力，是指当股价反弹至均价线附近时遭到压制。具体可以分为三种情况：一是股价反弹至均价线下方止升，然后重新下跌；二是反弹到均价线上才止升；三是反弹时短暂向上突破均价线，然后重新开始下跌。在图5－19的一波反弹行情中，股价短暂向上突破均价线，随后继续下跌。

所谓跌破支撑，是指股价向下跌破支撑位，见图5－20。

2. 操作要点

当日K线图中出现卖点时，投资者应该切换成分时图，寻找其中的卖点离场。如果K线图中没有出现卖点，即使分时图中出现卖点也可以继续持有。“T＋1”的交易规则，对买入股票有一定的影响，对卖出股票就没什么影响了，投资者不必非要等待收盘时再离场。

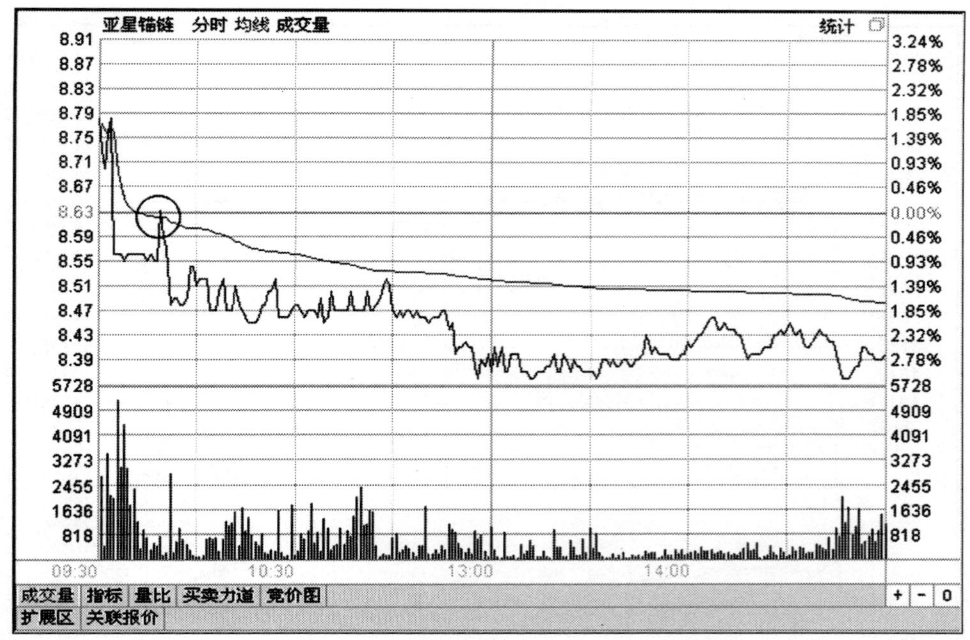

图5-19 亚星锚链 601890

图5-20 通宝能源 600780

如图 5－21 所示，2011 年 2 月 18 日，紫光股份出现一根阴线，与此前的多根 K 线构成孤岛反转组合，见顶信号，投资者应该择机离场。由于这个见顶信号不是非要收盘才能确认，因此应该在分时图中提前择机离场。

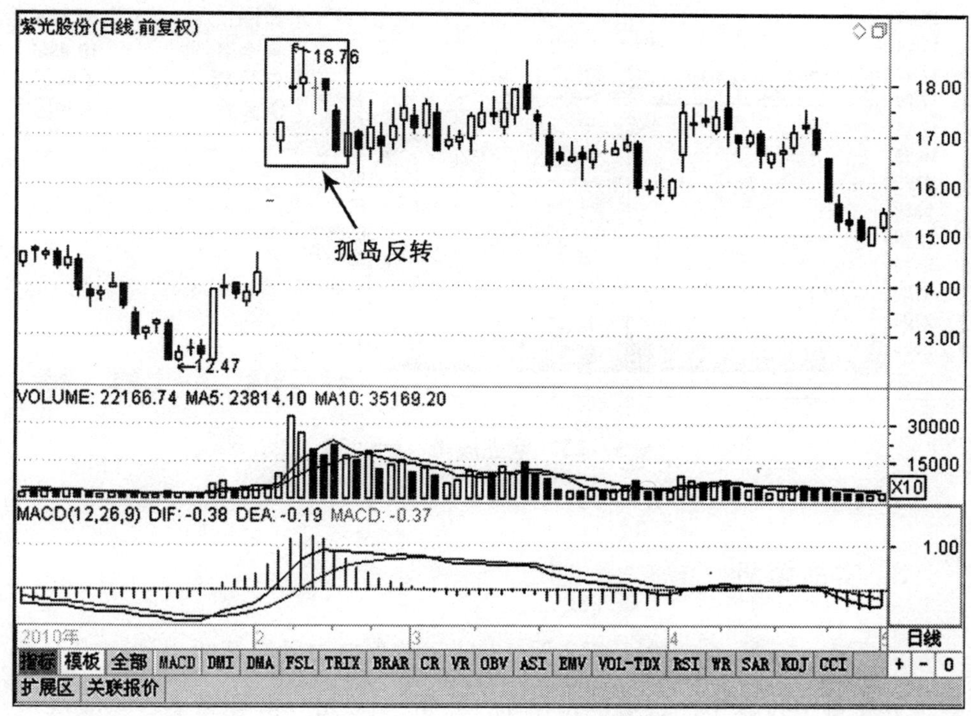

图 5－21 紫光股份 000938

如图 5－22 所示，这是紫光股份 2011 年 2 月 18 日的分时走势图，从中可以看出，该股当日直接跳空低开，导致日线图中出现缺口，孤岛反转的形状初步确认了。此后，经过一段时间的振荡整理，该股跌破前低形成的支撑线，说明当日的跌势仍将继续。这进一步确认日线图中的见顶信号，可以离场了。

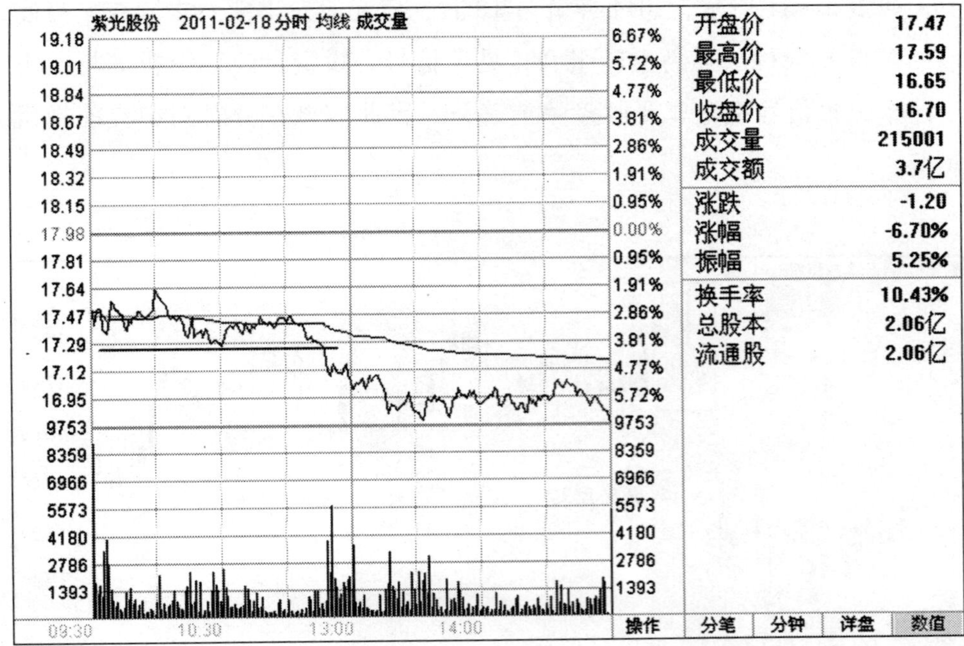

图5－22　紫光股份　000938

3. 实战解析

如图5－23所示，2011年3月18日，闽东电力已经连续出现三根十字线，处于蓄势过程中，蓄势的范围为13.40～14元。蓄势完毕，该股既可能向上发展，也可能会向下发展。因此，投资者应该提高警惕，避免股价突然下行时措手不及。

如图5－24所示，经过周末休市之后，2011年3月21日，闽东电力开盘后直接进入跌势中，日线下行的可能性大增，投资者可以考虑离场了。尤其是当股价跌破此前蓄势的支撑价13.40元时，风险进一步加大，投资者应该赶快择机离场。最终，该股以6.77%的跌幅报收，日线塔形顶组合成立，见顶信号。

如图5－25所示，塔形顶出现之后，闽东电力进入到一波明显的跌势中。即使是以塔形顶大阴线的收盘价离场，都可以避免大幅度的亏损。因

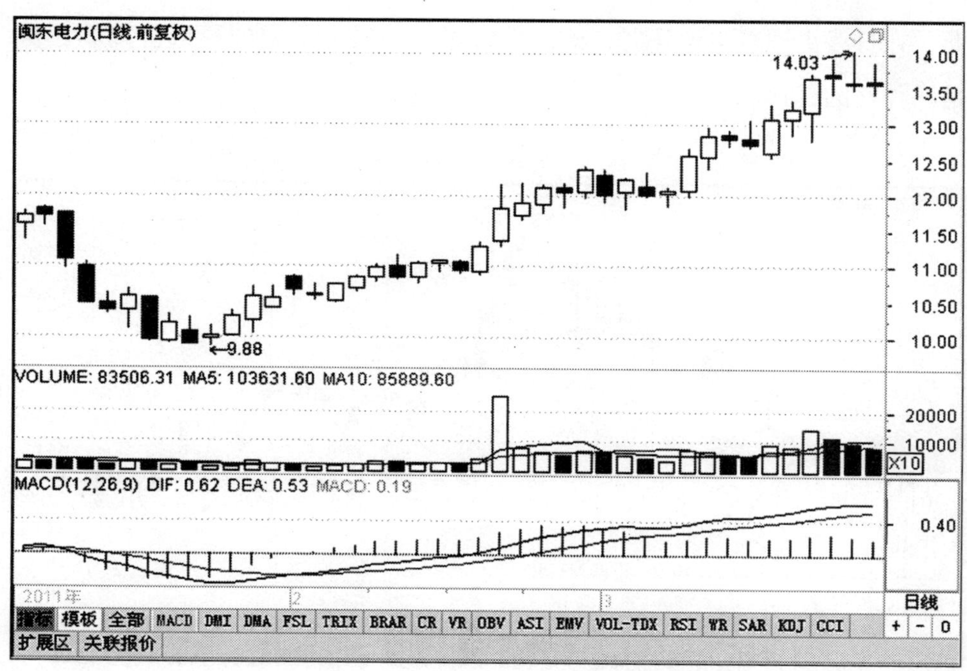

图5-23 闽东电力 000993

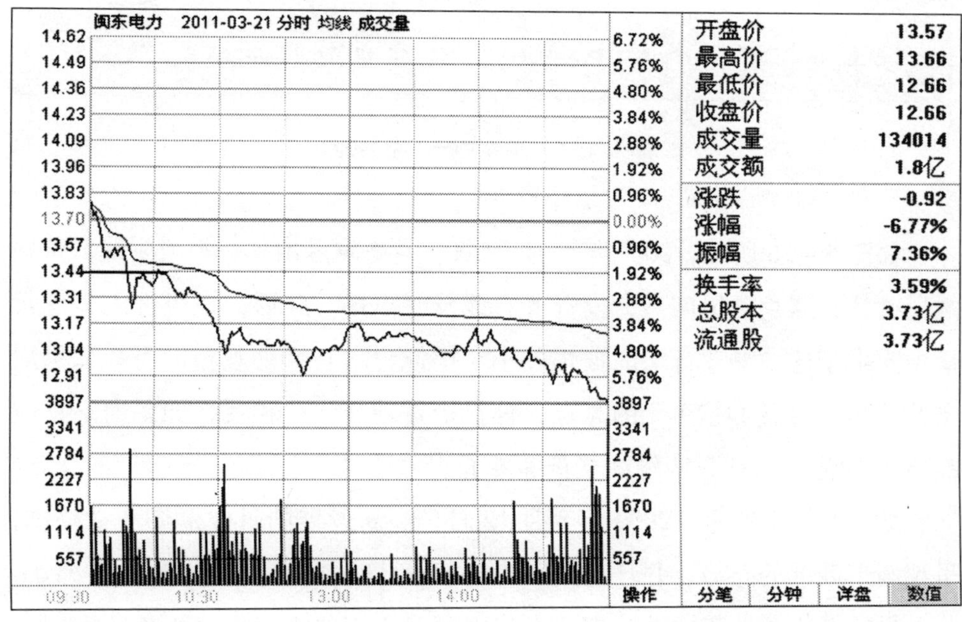

图5-24 闽东电力 000993

此，在日线出现看空信号时，即使投资者以分时走势中的最低价离场，都是一种好的选择。

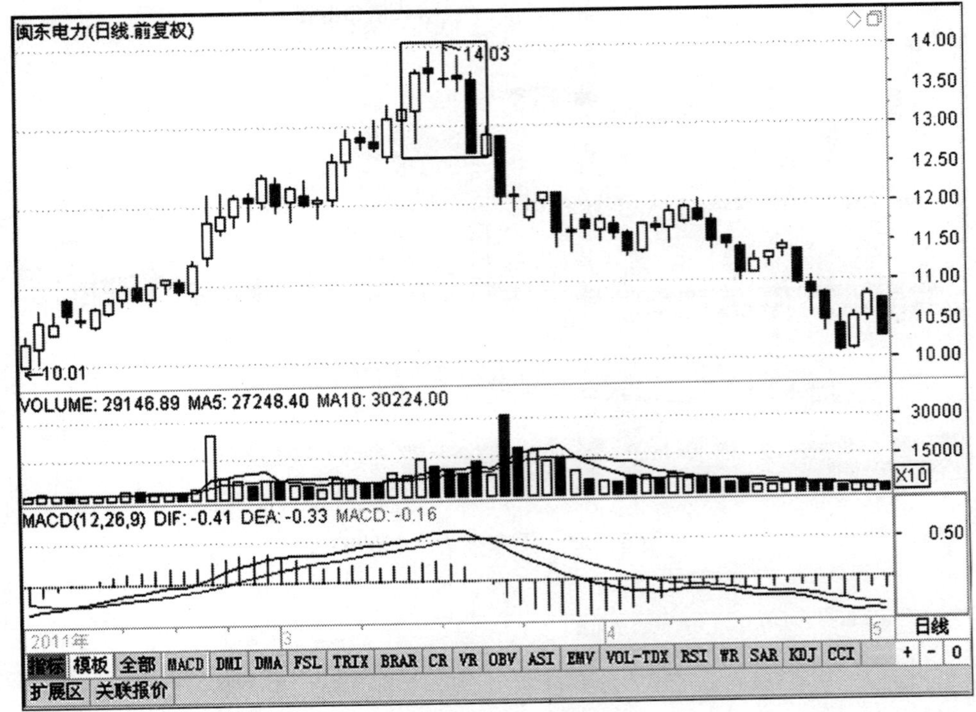

图 5-25　闽东电力　000993

如图 5-26 所示，2009 年 7 月 29 日，高新发展出现一根大阴线，黄昏之星确认，这是见顶信号，投资者应该及时离场。此后，该股进入整理行情中。由于这波整理行情的振幅较小，投资者耐心场外观望即可。如果后市股价向上突破 11.79 元的高点，再择机重新介入；相反，如果向下跌破 9.75 元的低点，就只能继续空仓等待了。

如图 5-27 所示，2009 年 8 月 12 日，高新发展的日内走势非常糟糕，呈现渐走渐低的态势，并且突破了 9.75 元的日线支撑价，日线 M 头确认。此时投资者应该处于空仓状态，由于中国股市不能进行做空操作，期间的卖点不需要考虑交易问题。不过，这些卖点指明了该股后市发展方向，还

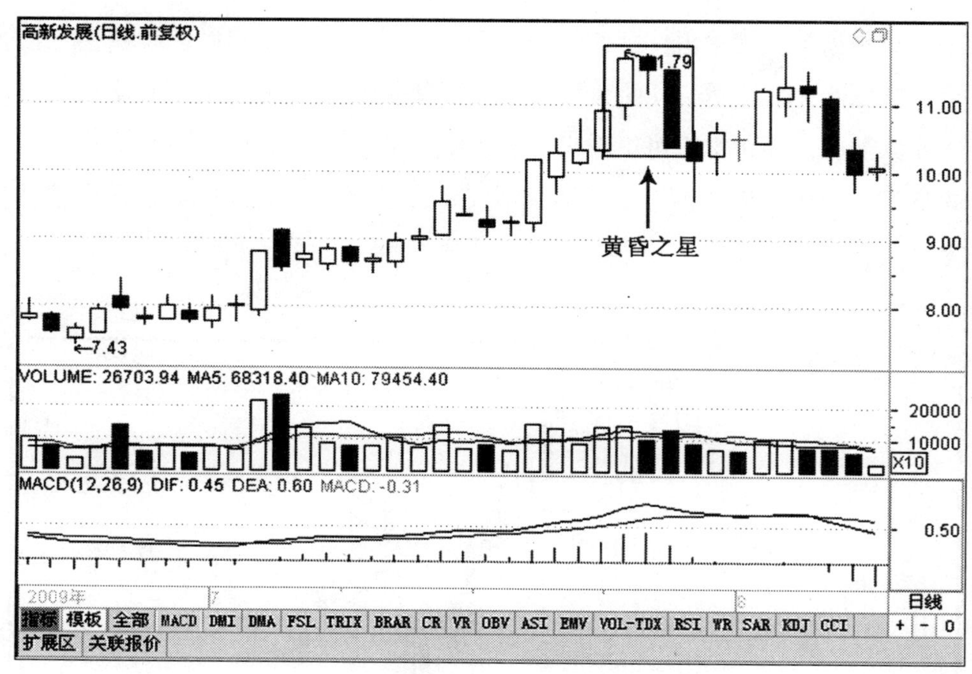

图5-26 高新发展 000628

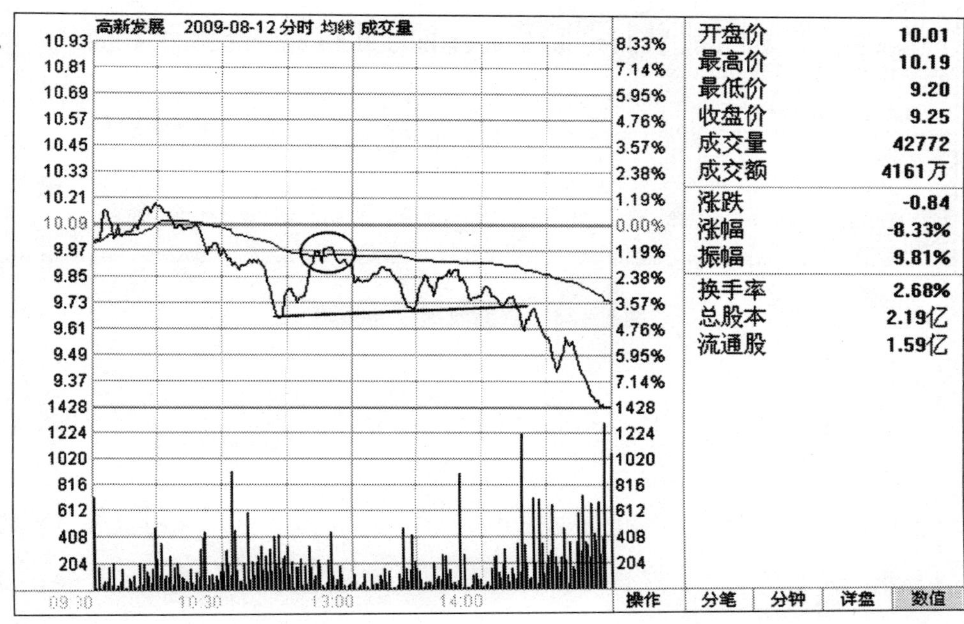

图5-27 高新发展 000628

是具有很高的关注价值。

如图 5－28 所示，M 头确认之后，高新发展又快速下滑了几个交易日才止跌反弹。通过本例可以看出，逃顶要尽早。如果非要等待 M 头确认时再离场，相比利用黄昏之星离场，不仅要遭受更多的利润回吐，还要浪费多个交易日的时间。

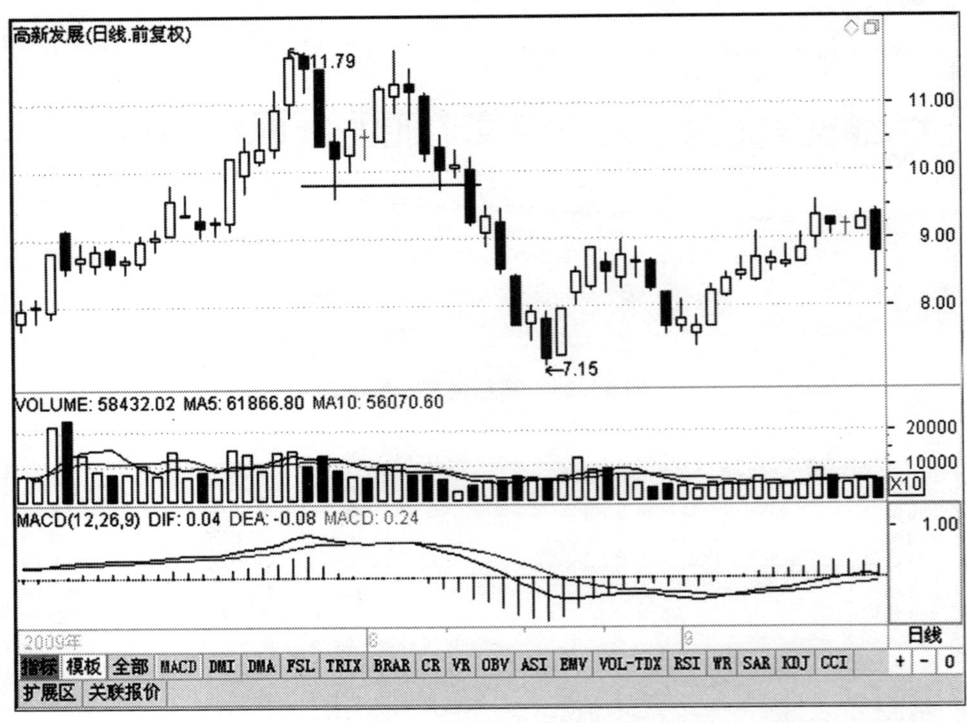

图 5－28　高新发展　000628

第6章

K 线综合运用案例

K线实战分析套书，分别介绍了很多关于K线的技术，但这些技术通常都不是单一的运用，这些技术相互结合能产生更加全面和系统的实战价值，在整体运用中，它们能相互补充、相互支持，如果运用得当，可使我们形成完善的交易系统，对整个交易起到规范和指导的多方作用。现在我们将其整合起来，运用到实战中去。

K线综合运用案例一：中科英华（600110）

如图6－1所示，2008年3月3日，中科英华出现一根大阳线，向上突破了前高压力，后市看涨。不过，当日成交量过度放大，显示一丝隐忧。另外，与此同时的上证指数（见图6－2），已经进入到明显的下降趋势中，

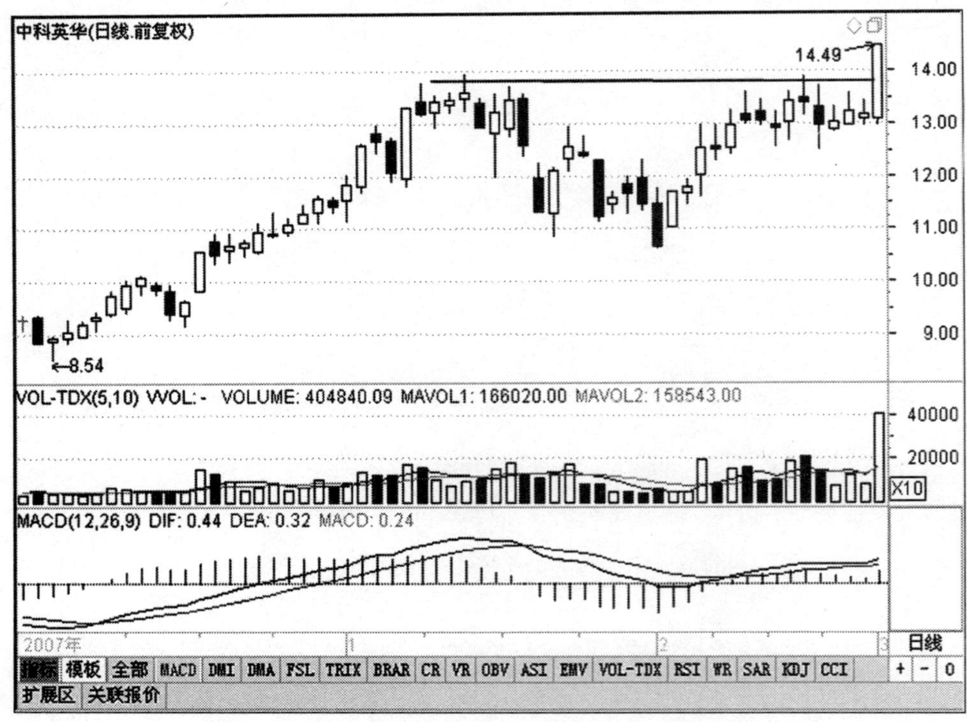

图6－1 中科英华 600110

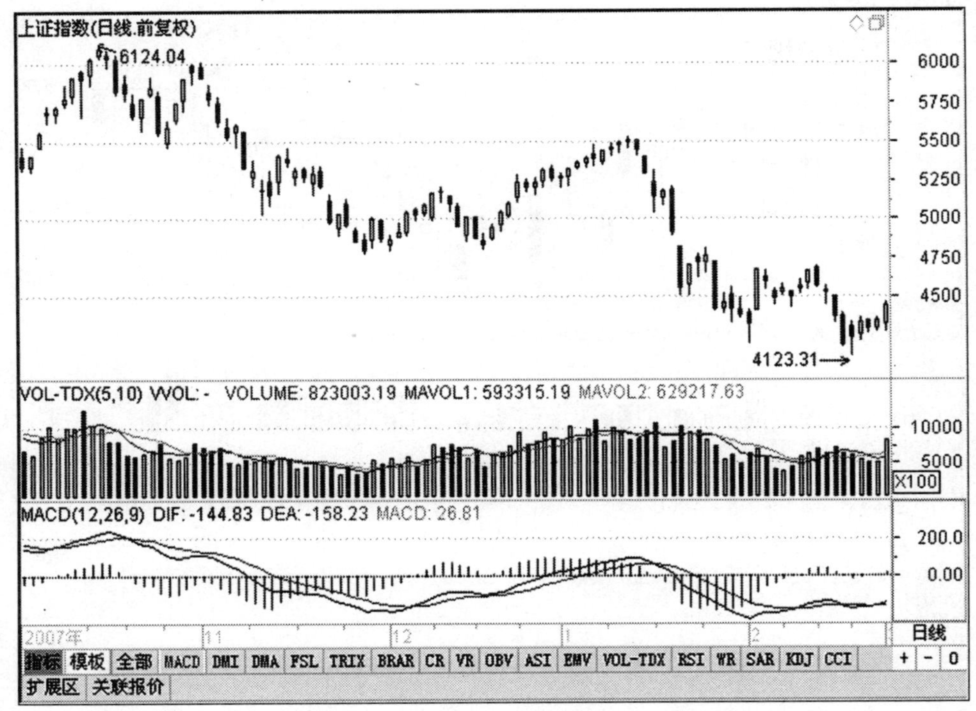

图6－2　上证指数　999999

而且此时没有显示转势的迹象，后市继续走低的可能性很高。在此背景下，中科英华做多的风险很高。因此，对于这个本身就具有疑问的看涨信号，投资者应该谨慎对待，不妨多观察几个交易日再说。千万莫被强势涨停突破蒙蔽双眼，匆忙高位入场接盘。

如图6－3所示，突破大阳线出现之后，中科英华没能顺势继续上攻。2008年3月10日，经过几个交易日的高位振荡，该股出现一根大阴线，重新回到了前高压力线之下。由此可以认定，此前的大阳线向上突破属于假突破，那么后市向下发展的可能性很高。因此，投资者应该耐心持币观望，持币周期开始。

如图6－4所示，假突破确认之后，中科英华进入一波明显的下跌行情中。当股价下跌至前低支撑位附近时，该股见底企稳，随后开始了数个交易日的反弹，逐渐形成下降旗形。2008年3月27日，该股出现一根大阴

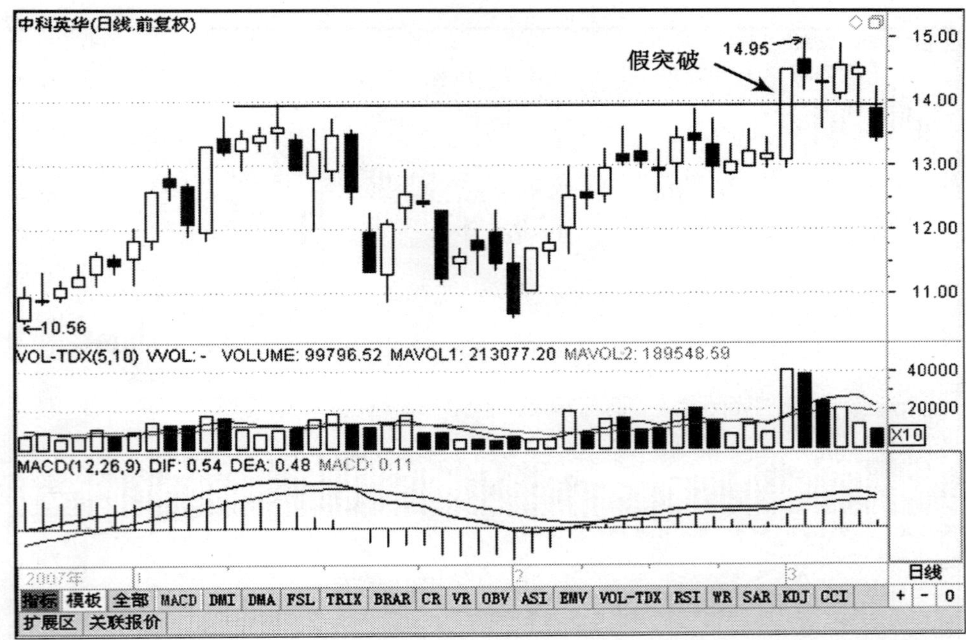

图6－3 中科英华 600110

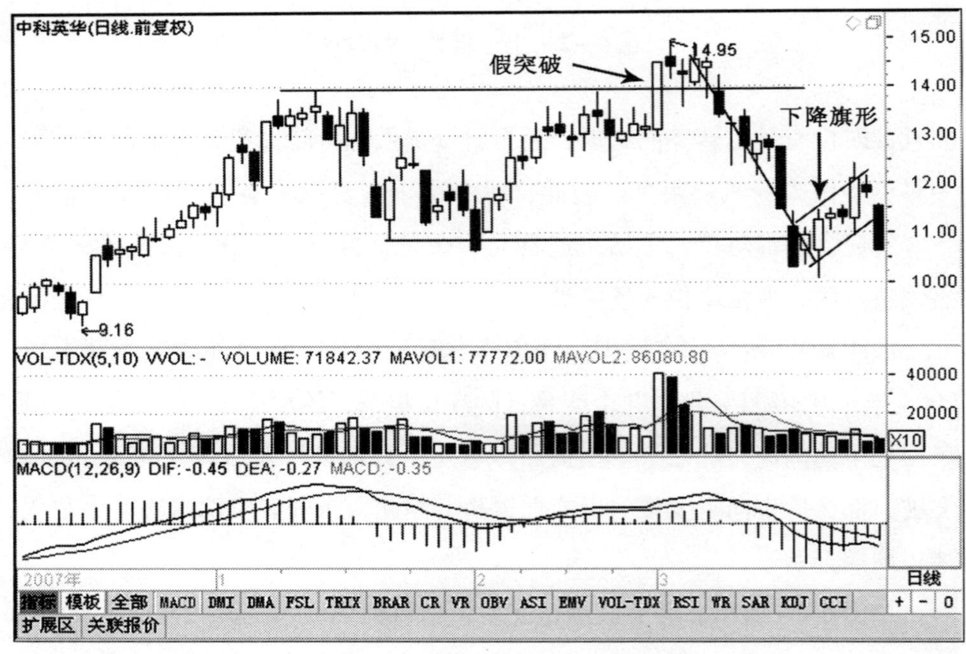

图6－4 中科英华 600110

线，跌破旗面支撑，又一波跌势开始。

另外，利用这个下降旗形，投资者应该计算出股价下跌的目标价：旗杆高 H＝14.95－10.30＝4.65 元，那么下跌第一目标价为 11.15－4.65＝6.5 元。由于该目标价距离还很遥远，投资者应该利用黄金分割率计算更小跌幅的目标价，即第二目标价为 11.15－4.65×0.618＝8.28 元。

当然，还有一种方法，投资者可以更换为同等跌幅计算目标价（第三目标价）。首先，计算出旗杆的跌幅为 4.65÷14.95＝31%；然后，利用该跌幅推算下跌目标价为 11.15－11.15×31%＝7.69 元。

当股价下跌至第二目标价附近时，该股形成一个下降三角形整理区。2008 年 4 月 22 日，该股出现一根大阴线，有效跌破该三角形的下边线支撑，后市看跌。然而，次日该股就以长下影阳线报收，显示见底迹象（见图 6－5）。另外，此处还是第三目标价附近。

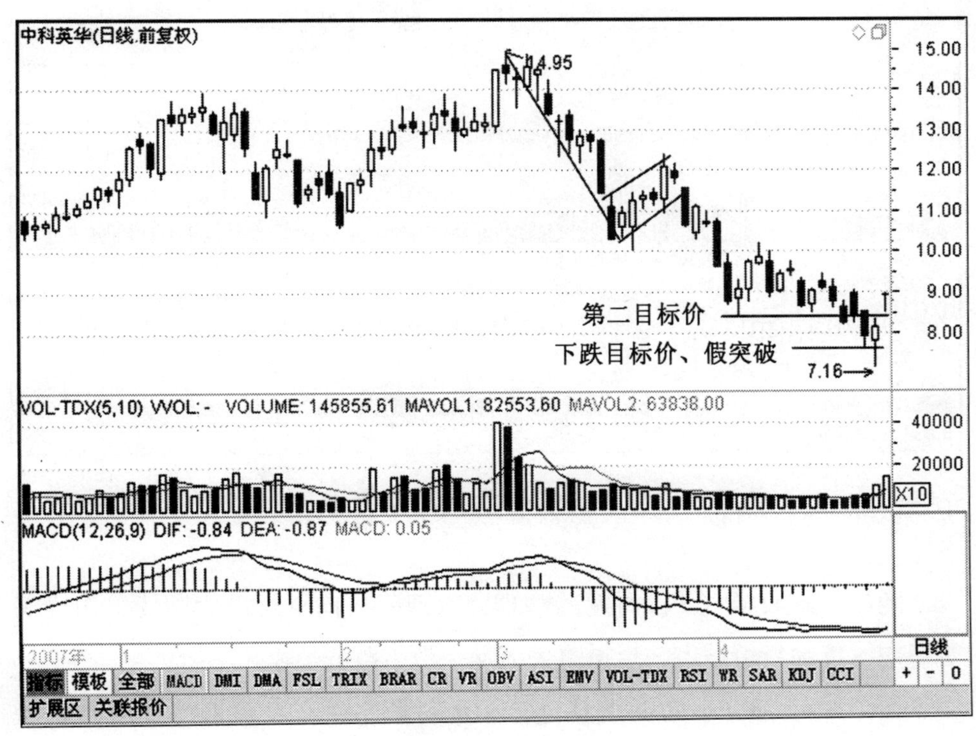

图 6－5　中科英华　600110

2008年4月24日，该股出现一根大幅跳空高开的十字线，重新回到了下降三角形的下边线支撑之上。由此可以认定，此前的向下突破为假突破，后市应该有波涨势。

如图6－6所示，向下假突破确认之后，中科英华进入一波反弹行情中。2008年5月7日，该股出现一根长上影阴线，显示见顶迹象。不仅如此，这根长上影线还恰好出现在前期重要压力位附近，进一步加大了股价就此见顶的可能性。

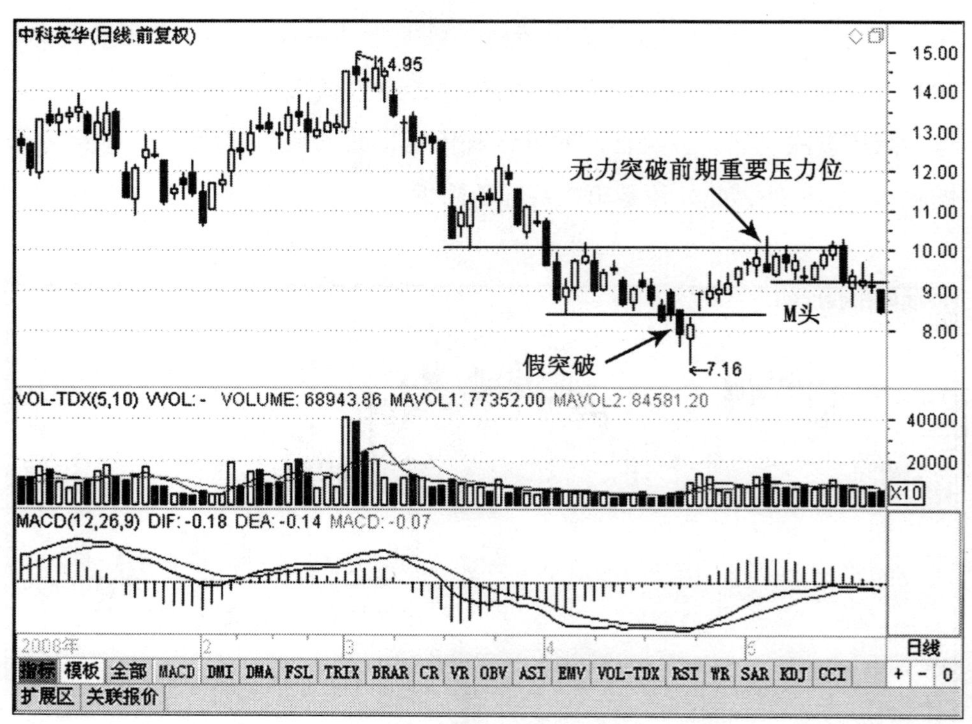

图6－6　中科英华　600110

随后，该股经过一段时间的整理，出现一根向下突破大阴线，构成M头形态，反弹行情结束，后市将进入又一波下跌行情中。

如图6－7所示，M头确认之后，中科英华进入一波明显的下跌行情中，直至创出5.22元的低点为止。随后，经过多个交易日的振荡整理，该股出现W底形态。2008年7月8日，该股出现一根大幅跳空涨停阳线，突破W底颈线压制，后市仍有上行空间。不过，这根阳线伴随着成交量的急速放大，不利于股价的持续上涨。因此，此时入场要保持高度警惕。

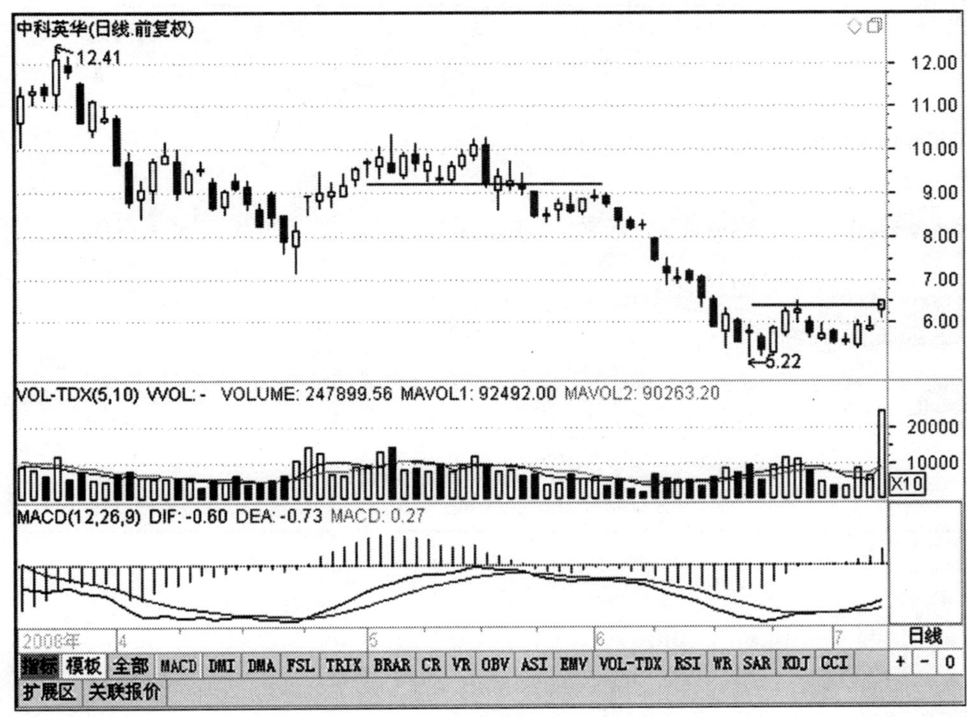

图6-7　中科英华　600110

如图6-8所示，W底确认之后，中科英华只上涨了一个交易日，就在前期重要低点附近遇压而回，看来上行压力重重，投资者不宜久留。随后，该股转入到振荡整理行情中。2008年8月5日，该股出现一根大阴线，跌破了这波整理行情的下边线支撑，后市仍将继续下行探底。

如图6-9所示，跌破整理区的下边线支撑之后，中科英华进入一波明显的跌势中，直至创出2.29元的低点。在此之前，没有可靠的日线级别的买点出现。在此之后，随着股价的逐渐上涨，一个圆弧底形态逐渐构成，而且圆弧底的右侧伴随着持续的明显放量，该股就此见重要底部的可能性高。

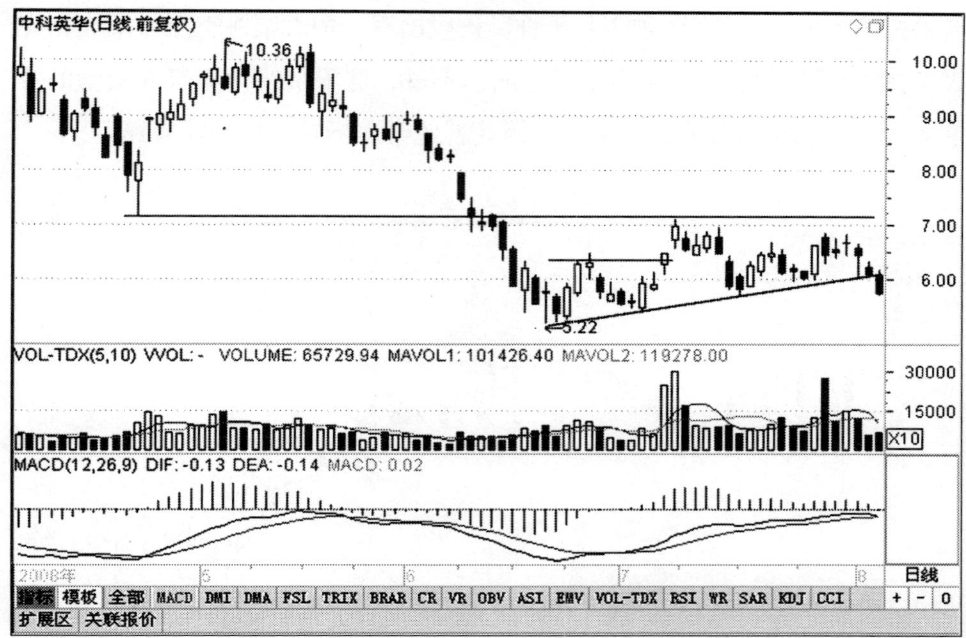

图6-8　中科英华　600110

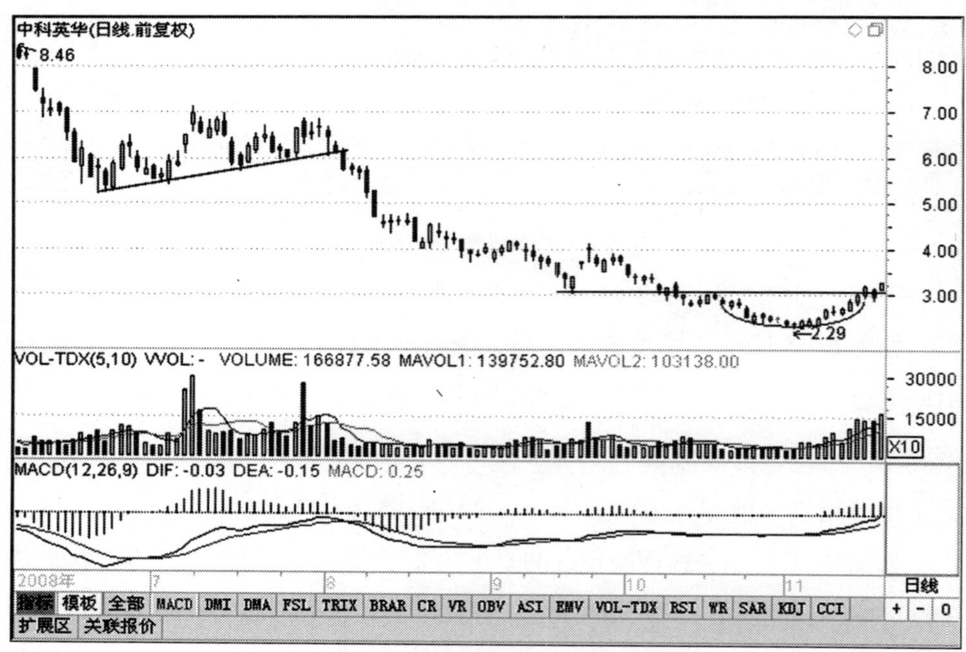

图6-9　中科英华　600110

如图6－10所示，圆弧底出现之后，中科英华由下降趋势转入上升趋势。至此，持币周期彻底结束，后市将转入持股周期中。在该股的这个持币周期内，基本没有值得参与的行情，投资者完全可以置身事外，坐观股价飞流之下三千尺。

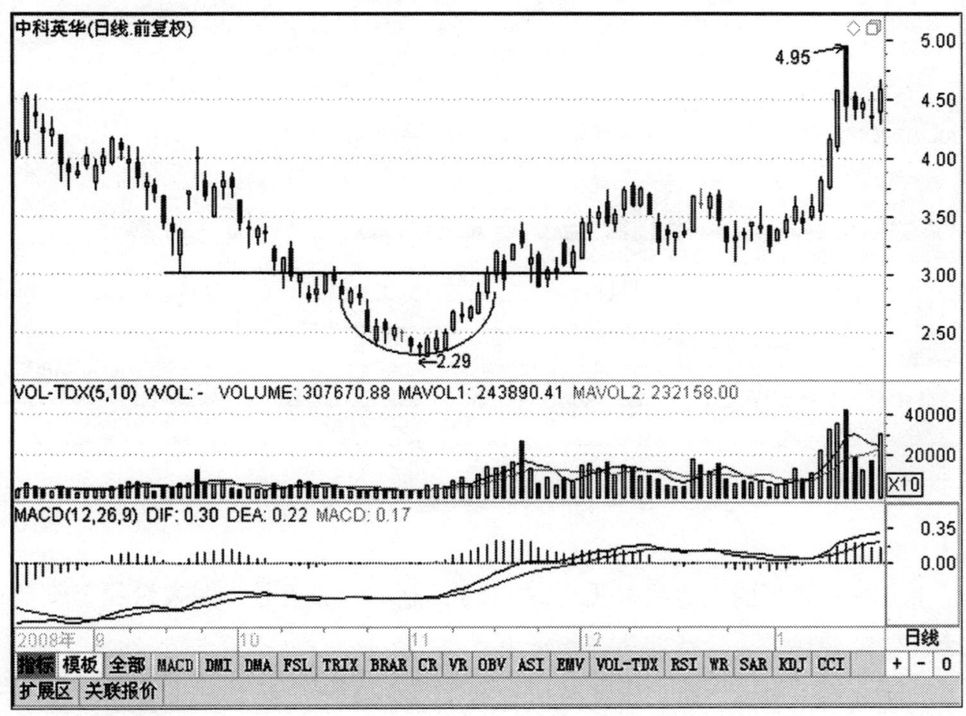

图6－10　中科英华　600110

K线综合运用案例二：靖远煤电（000552）

如图6－11所示，2008年12月3日，靖远煤电出现一根大阳线，向上突破了颈线压制，伴随着明显的放量，类似头肩底形态确认（或者说上升旗形），后市将转入一波涨势中。与此同时，深证成指也刚刚向上放量突破

图6－11　靖远煤电　000552

了上升三角旗形的上边线（见图6－12），显示看涨信号。在大盘和个股走势共振的背景下，一波涨势呼之欲出。

既然后市看涨，投资者就可以择机入场做多了。图6－13是靖远煤电出现大阳线当日的分时走势图，从中可以看出两个明显的介入点：一是早盘向上突破三角形整理区，二是午后向上突破横盘整理区。

如图6－14所示，突破大阳线出现之后，靖远煤电仅上冲了数个交易日，就在前高附近受压见顶。连接前高和此处的高点，形成一条压力线。2009年1月22日，该股出现一根大阳线，向上突破了这条压力线，这是看涨信号。与此同时，一个更大架构的头肩底形态确认，个股转势迹象非常明显了，后市进入持股周期。

如图6－15所示，第二根向上突破大阳线出现之后，靖远煤电进入一波更加明显的涨势中，伴随着成交量的逐渐放大，上升趋势特征完全显现，

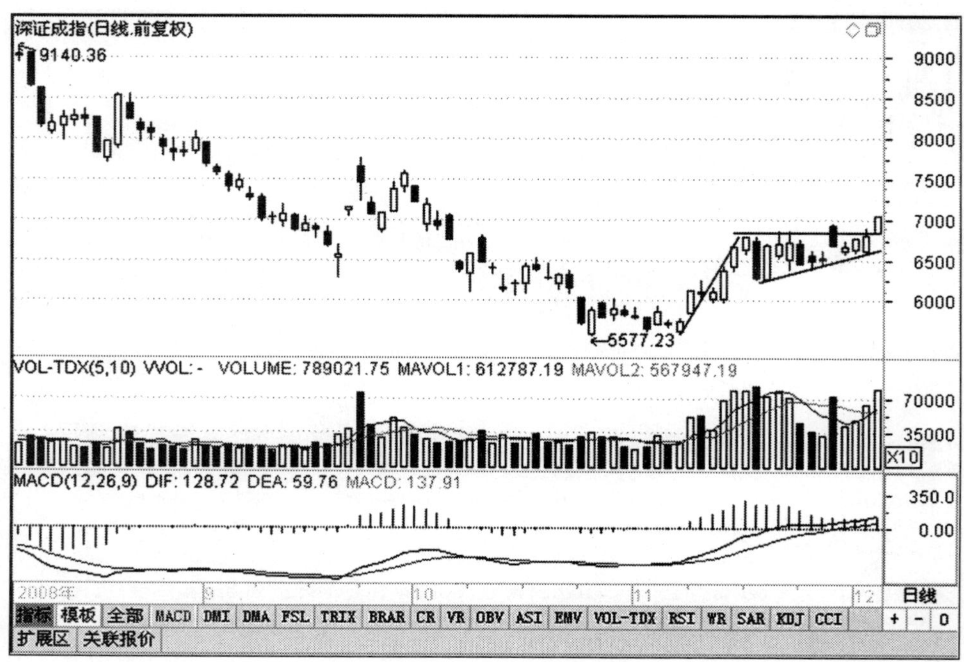

图6-12 深证成指 399001

图6-13 靖远煤电 000552

图 6－14　靖远煤电　000552

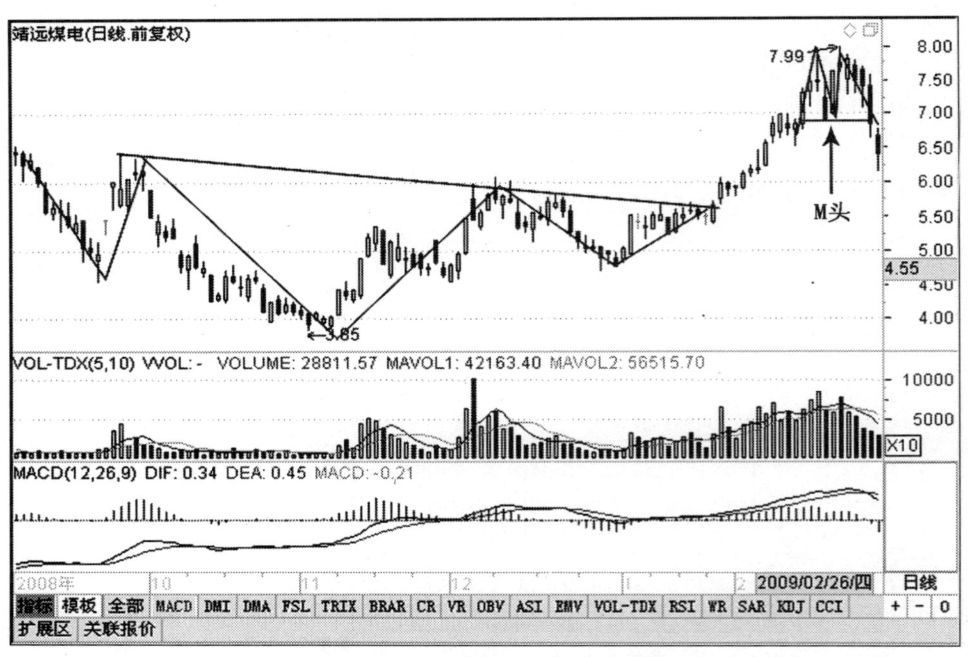

图 6－15　靖远煤电　000552

这进一步加大了投资者持股为主的信心。

如图6－16所示，经过一段时间的上涨之后，靖远煤电在高位振荡整理，形成M头走势。2009年2月27日，该股出现一根大阴线，跌破颈线支撑，M头确认，后市看跌。

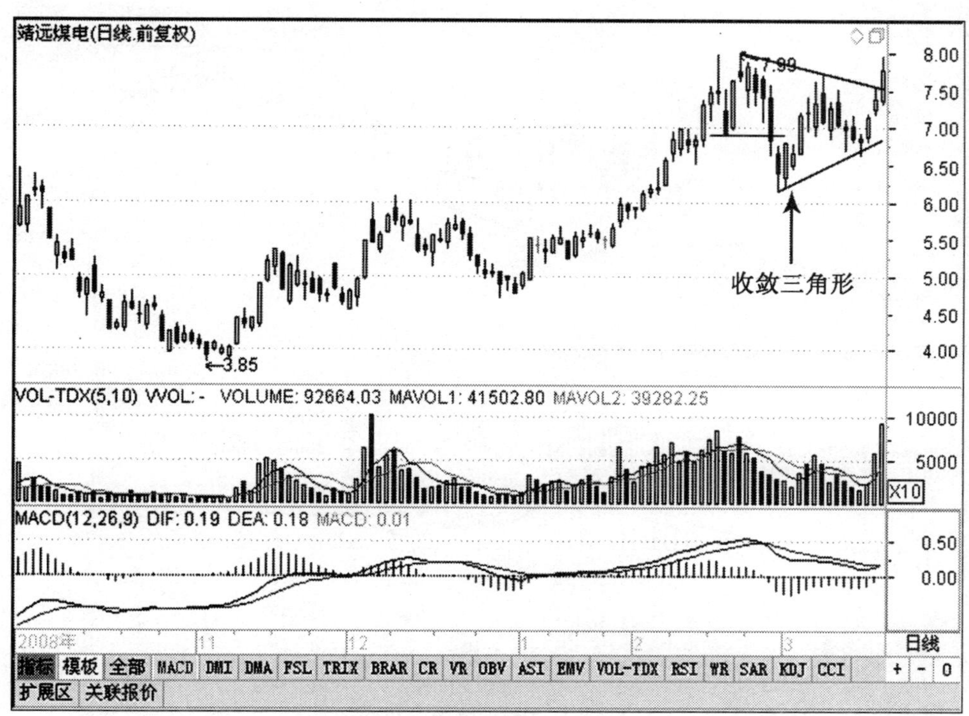

图6－16　靖远煤电　000552

确认M头形态之后，靖远煤电并没有继续下跌，反而就此止跌企稳，由此认定M头失效。随后，该股经过一段时间的振荡，逐渐形成收敛三角形。2009年3月19日，该股出现一根大阳线，向上突破了收敛三角形的上边线压力，伴随着成交量的明显放大，意味着整理行情结束，后市将进入又一波涨势中。

如图6－17所示，第三根向上突破大阳线出现之后，靖远煤电并没有开始一波明显的上涨行情，而是进入到振荡爬升的走势中。经过一段时间的弧形爬升之后，该股出现一根涨停大阳线，意味着此前的振荡行情结束，后市将进入一波涨势中。次日，该股再次出现大阳线，向上突破了前高压力，更加明显的入场信号出现。

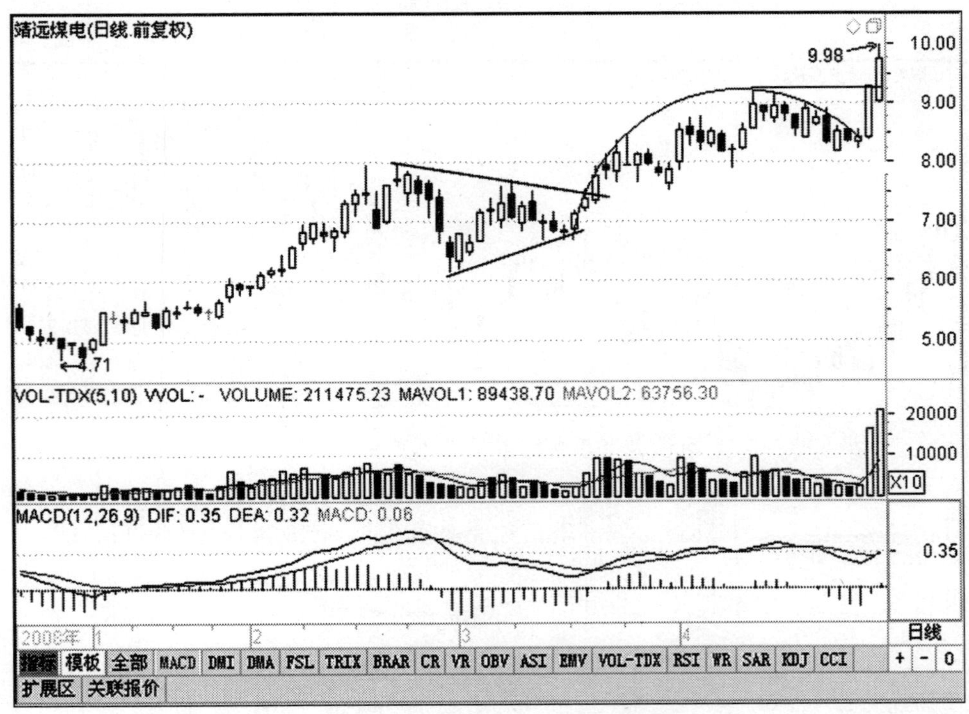

图 6－17　靖远煤电　000552

如图 6－18 所示，第四根向上突破的涨停大阳线出现之后，靖远煤电进入一波直线拉升行情中。2009 年 5 月 8 日，该股出现一根长上影阳线，显示见顶迹象。以涨停大阳线为起点，在短短 7 个交易日的时间内，该股的最大涨幅超过 55％。

随后，该股开始了多个交易日的三角形整理行情。2009 年 5 月 18 日，该股再次出现涨停大阳线，向上突破了三角形整理的上边线，又一波涨势开始了。

如图 6－19 所示，第五根向上突破的大阳线出现之后，靖远煤电仅惯

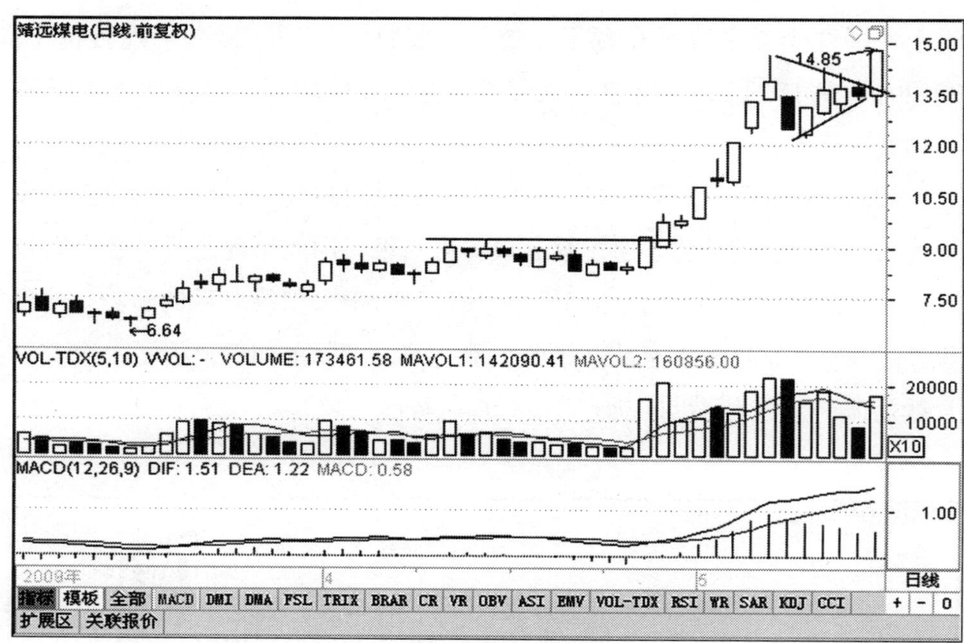

图6－18 靖远煤电 000552

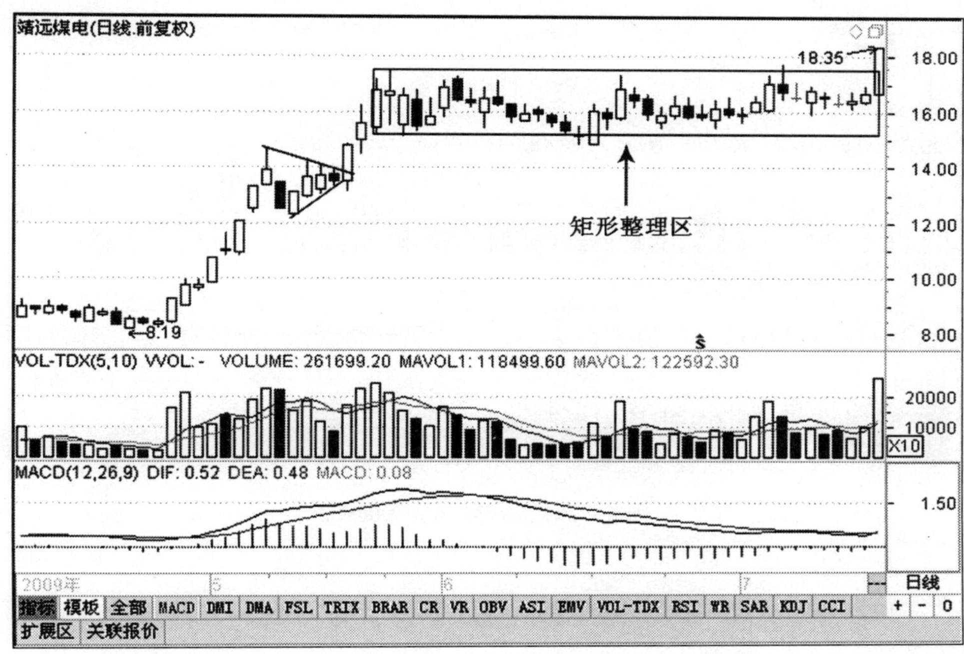

图6－19 靖远煤电 000552

性上冲了两个交易日就见顶了。随后，该股进入一段横盘整理行情中。2009年7月15日，又一根涨停大阳线出现，向上突破了此前矩形整理区的上边线，后市看涨。

如图6－20所示，第六根向上突破大阳线出现之后，靖远煤电还是没能进入一波真正的涨势。通过第五根和第六根大阳线出现之后的涨势可以发现，该股的上涨势头明显减弱。尤其是第六根大阳线之后的涨势，按理说经过长时间整理应该有波不错的上涨行情，实际上却仅上涨了3个交易日就见顶了。由此可以推断，该股距离转势越来越近了。

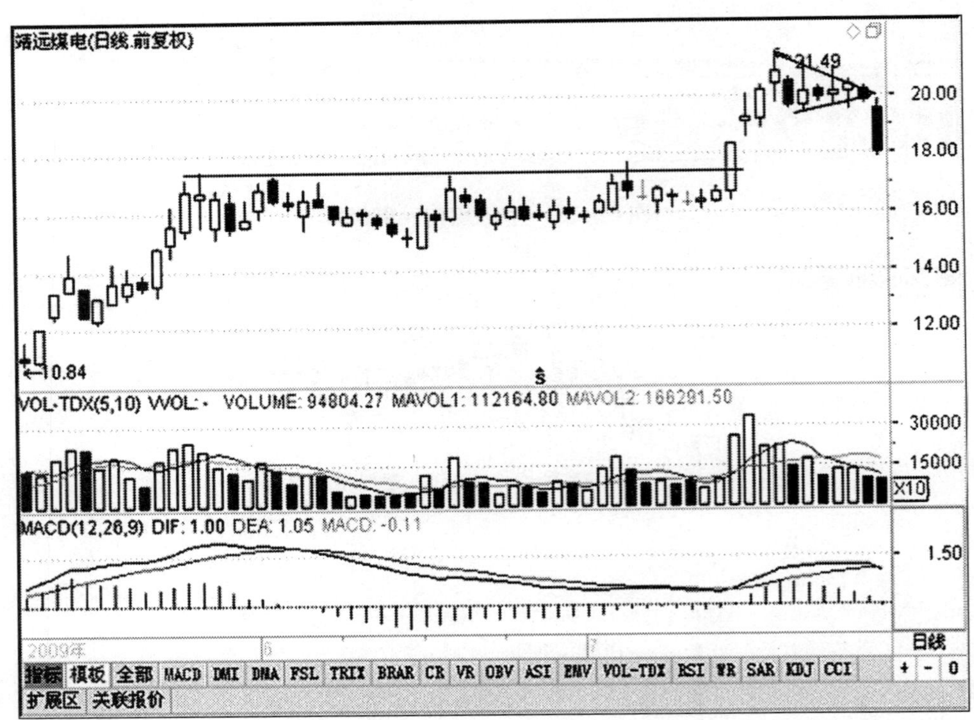

图6－20　靖远煤电　000552

2009年7月29日，该股出现一根大阴线，向下跌破三角形整理区的下边线支撑，这是真正的见顶信号。

如图6－21所示，跌破收敛三角形的下边线支撑之后，靖远煤电进入一波明显的跌势中。经过这波下跌之后，该股此前的上升趋势彻底终结。从此开始，该股进入高位振荡整理过程中。至于整理完毕后该股的发展方向，还是要等待市场自己给出答案。

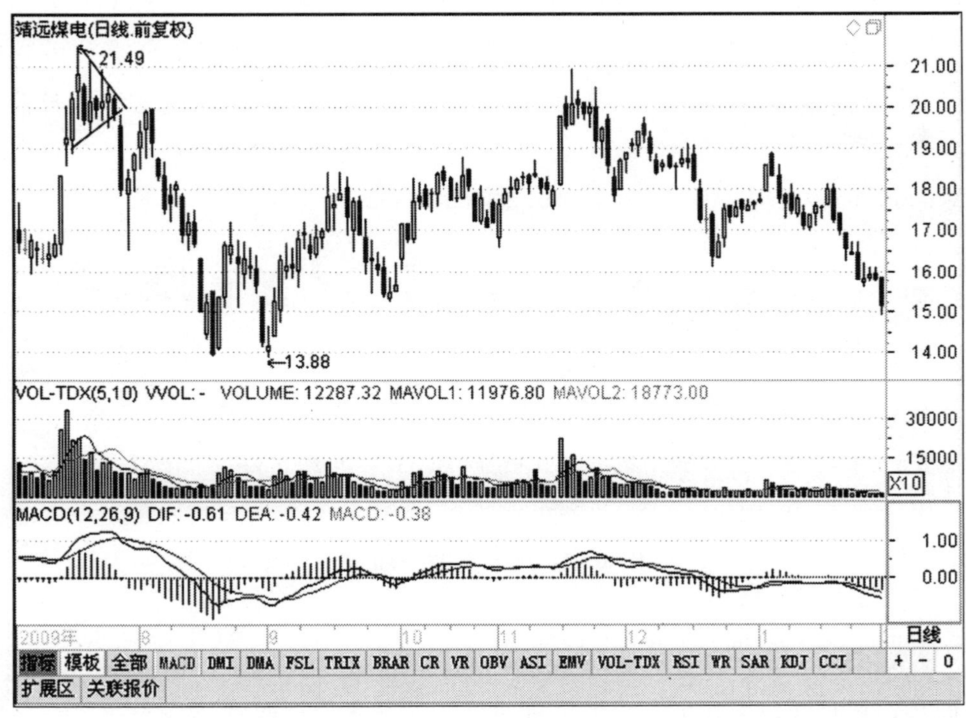

图6－21　靖远煤电　000552

K线综合运用案例三：ST太光（000555）

如图6－22所示，经过一波明显的上涨行情之后，ST太光在高位形成M头振荡走势。2009年4月27日，该股出现一根跌停大阴线，跌破颈线支撑，M头确认，后市看跌。尽管这个M头构筑的时间较短、振幅较小，成交量也没有显示出资金在大量外逃，不过对于在此前涨势中持股至此的投资者而言，此时还是应该择机离场了。

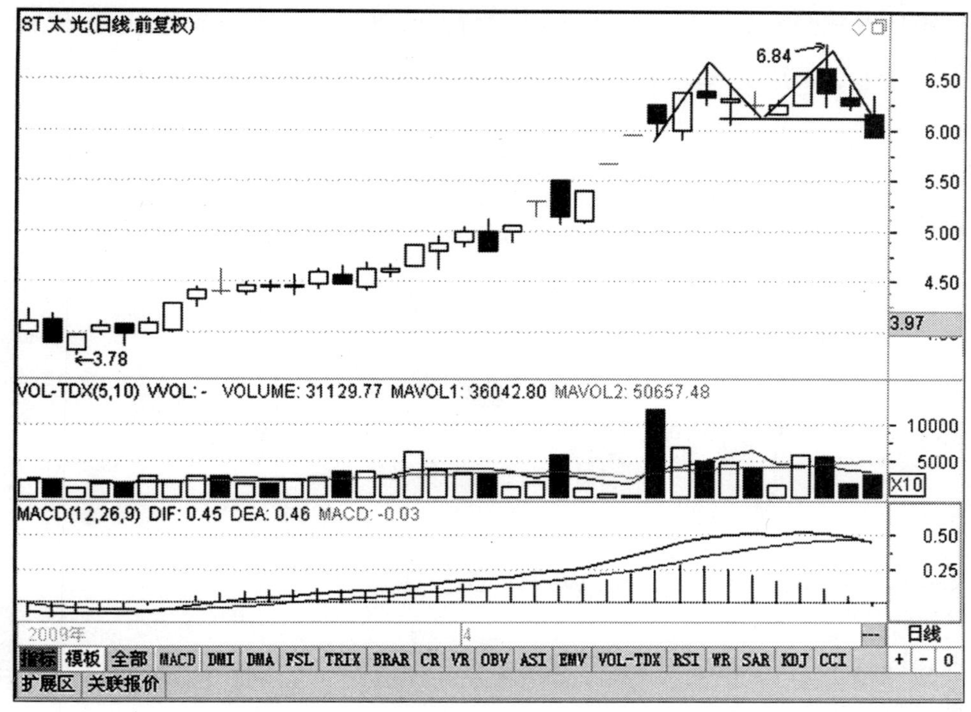

图6－22　ST太光　000555

如图6－23所示，跌破M头颈线支撑之后，ST太光并没有大幅下跌，而是在相对低位展开了又一波振荡整理。随着股价振幅的逐渐收窄，一个收敛三角形显现在投资者面前。2009年5月27日，ST太光连续3个交易日运行在收敛三角形的下边线之下，根据惯例认定这次向下突破收敛三角形支撑线有效，后市看跌。

如图6－24所示，然而，就在确认收敛三角形向下突破有效之后，ST太光却止跌企稳了。随后，经过多个交易日的圆弧振荡筑底，该股重新回归涨势。当股价向上突破收敛三角形上下边线延长线的压制后，可以确认此前的向下突破为假突破。当跌不跌反看涨，那么此时投资者就可以择机入场了。

更加明显的入场信号还在后面。2009年6月10日，经过连续两个交易日涨停之后，该股向上突破了前期高点形成的压力线，明确的入场信号

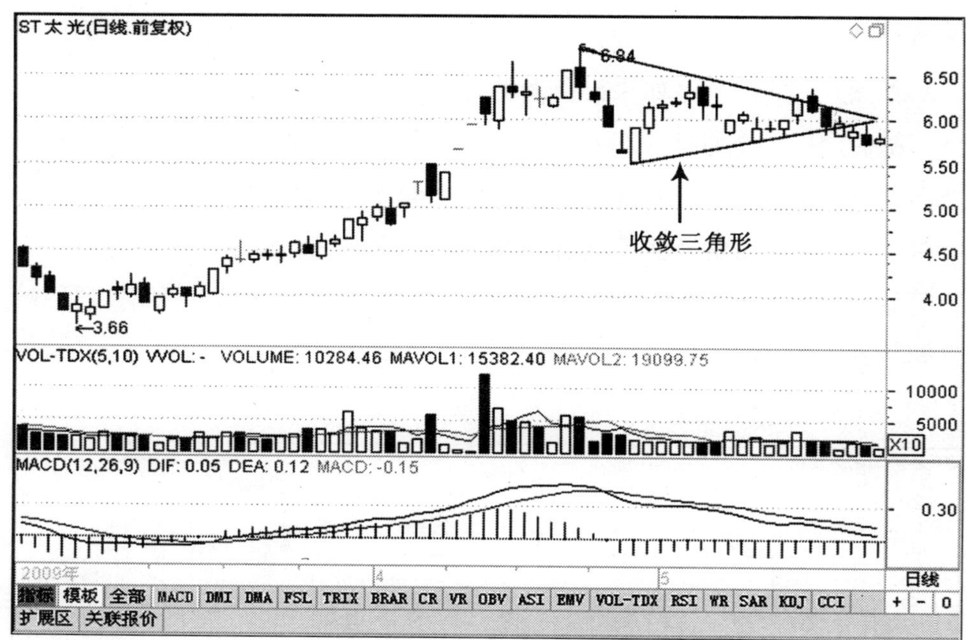

图 6－23　ST 太光　000555

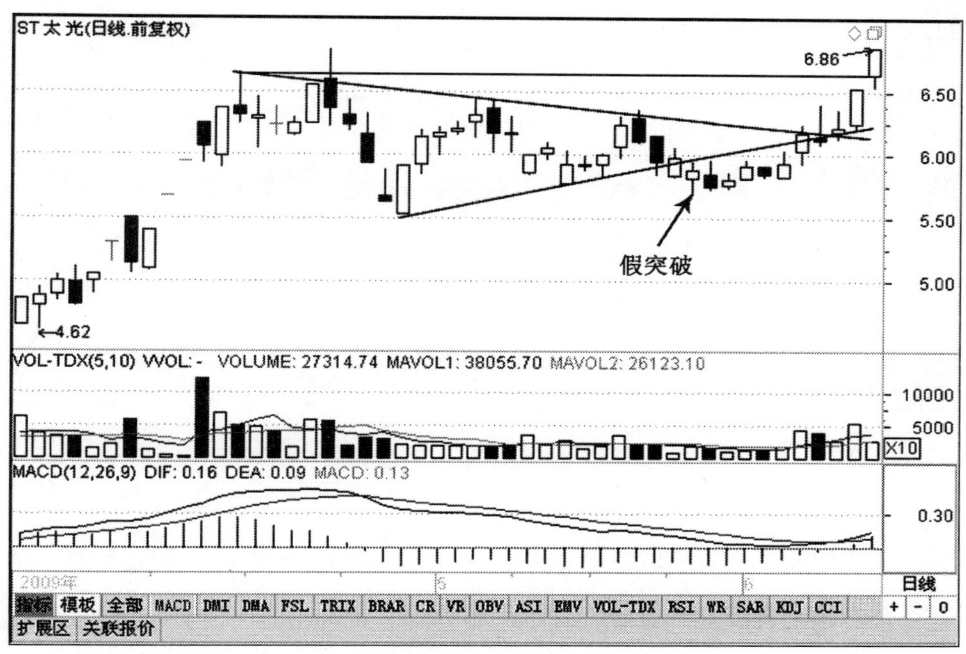

图 6－24　ST 太光　000555

出现。

如图6－25所示，如果投资者等待明确的入场信号出现才建仓ST太光，随后的一个交易日（2009年6月11日）就必须离场了。图6－26是当日的分时走势图，从中可以看出，该股早盘一度试图冲击涨停。然而，好景不长，在短暂触及涨停板后股价开始直线下滑。随后，各种各样的卖点开始纷纷出现，显示该股当日的疲软走势。最终，该股以大阴线报收，跌幅达到3.21%。

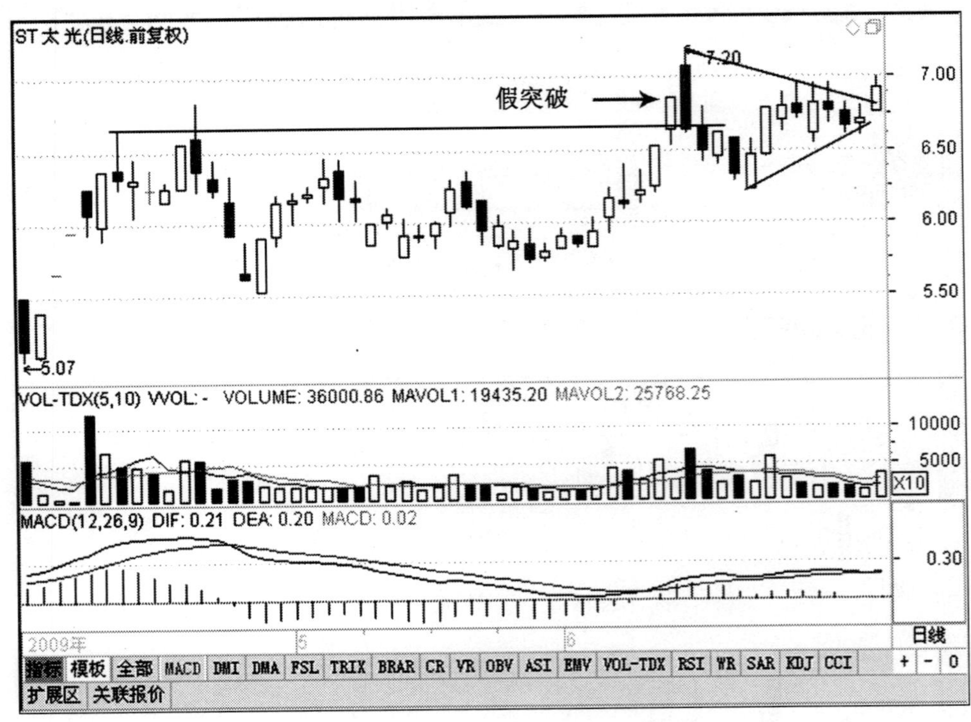

图6－25　ST太光　000555

不仅如此，当日的收盘价重新回到了前高压力位之下，证明此前一个交易日的向上突破为假突破，后市仍难进入涨势。

随后，该股在前高压力线附近再次展开振荡，又一个收敛三角形成形。2009年6月29日，该股出现一根阳线，向上突破了该三角形的上边线压

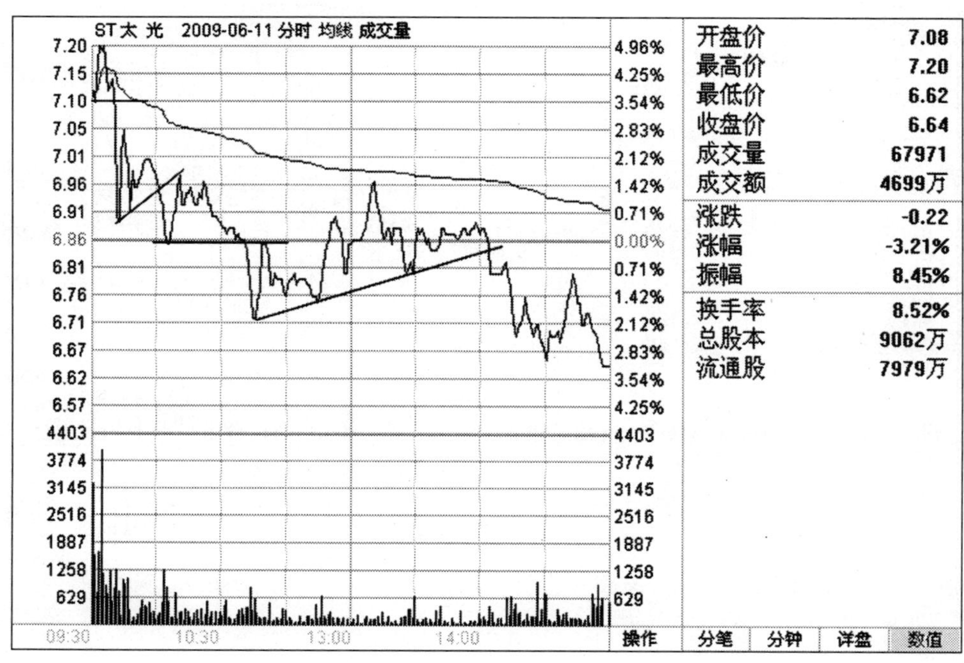

图6－26　ST太光　000555

力，后市看涨。

如图6－27所示，向上突破第二个三角形之后，ST太光进入一波直线拉升行情。这就是“横有多长，竖有多高”的典型体现。2009年7月10日，该股创出9.82元的高点，不过最终以大阴线报收，显示涨势受阻。次日，该股出现一根倒锤头小阳线，股价重心开始下滑，意味着此前的直线飙升行情结束。

如图6－28所示，倒锤头线出现之后，ST太光进入一波振荡下滑的走势中。期间出现了3个两阴夹两阳组合，均为看跌信号，投资者耐心持币等待。当股价下滑至前期收敛三角形的最高点附近时，该股形成了一个横盘整理区，显示一定的支撑。然而，股价并未就此见底。2009年8月13日，该股出现一根大阴线，向下突破了矩形下边线支撑。次日，该股又出现一根跌停大阴线，跌破了前期三角形高点形成的支撑，显示股价仍要下行探底。

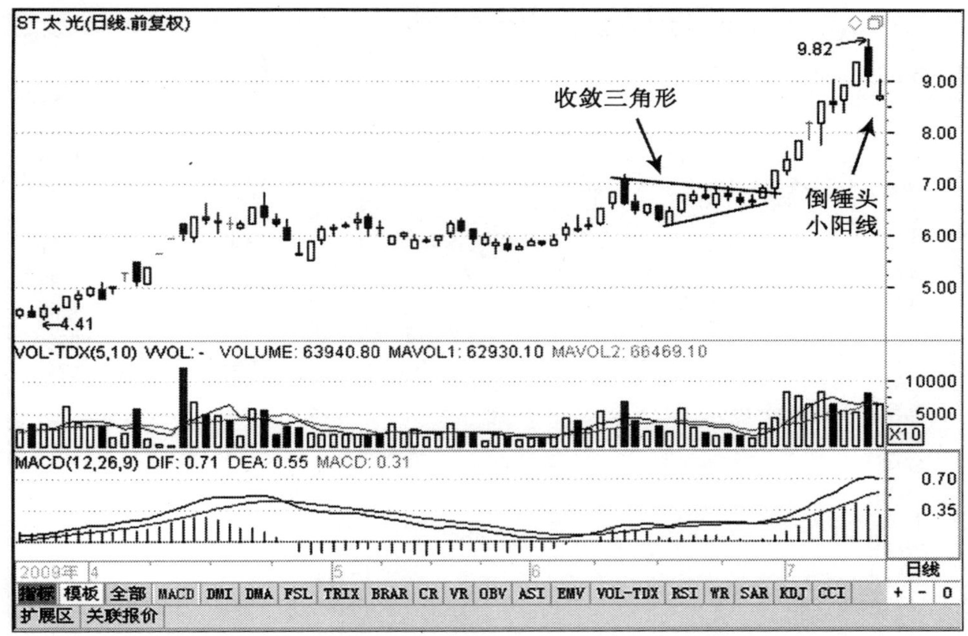

图6－27　ST太光　000555

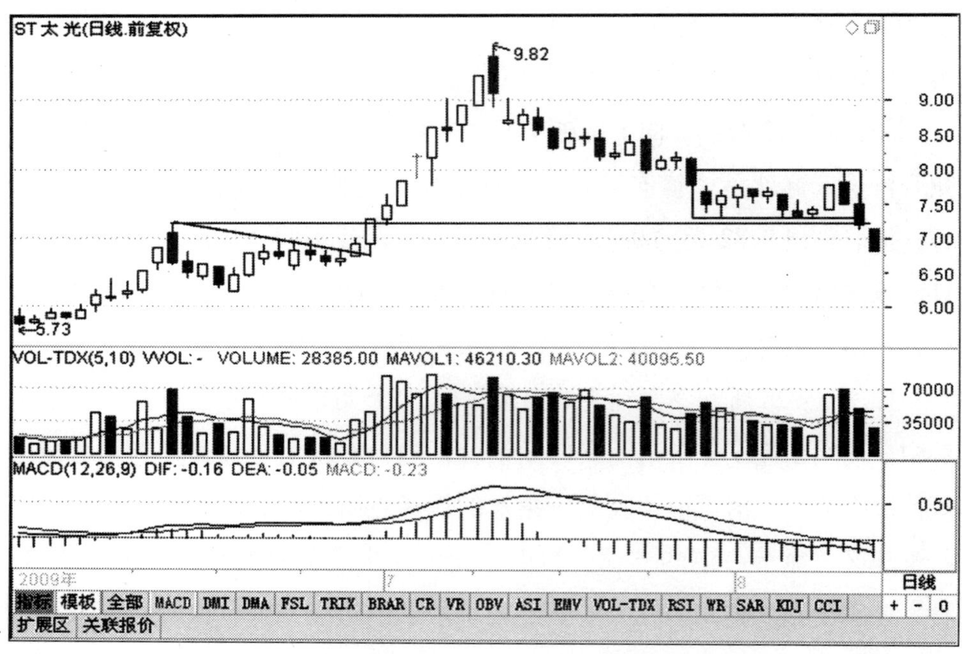

图6－28　ST太光　000555

如图6-29所示，跌破矩形整理下边线支撑之后，ST太光进入一波直线下跌的行情中。当股价下滑至6元附近时，该股止跌企稳，随后进入到又一个横盘整理区。2009年9月2日，该股日内破位下行，创出5.61元的低点，不过最终以长下影阳线报收，显示6元附近具有一定的支撑。由此开始，该股转入一波涨势中。

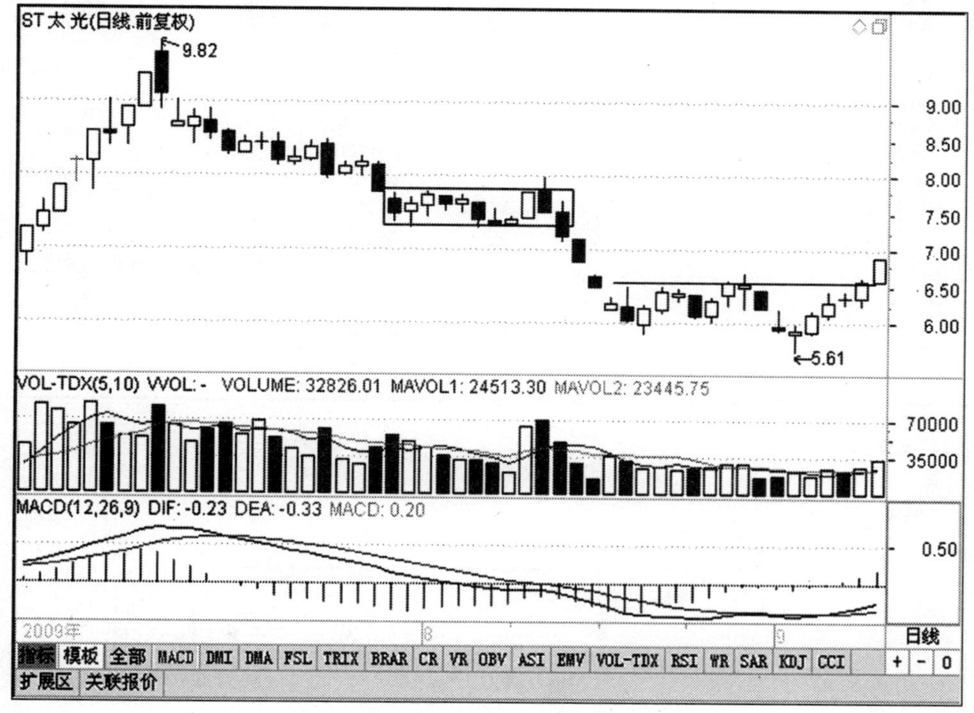

图6-29 ST太光 000555

2009年9月9日，该股出现一根涨停大阳线，向上突破整理区上边线压力，后市看涨，投资者可以考虑择机介入。翻看当日的分时走势图（见图6-30），可以发现典型的尾盘拉升走势，再考虑到当日成交量没有有效放大，投资者也可以再观察一下。

如图6-31所示，突破筑底行情的上边线压制之后，ST太光进入一波涨势中。当股价向上运行到此前的持续看跌矩形的上边线附近时，该股见

图 6－30 ST 太光 000555

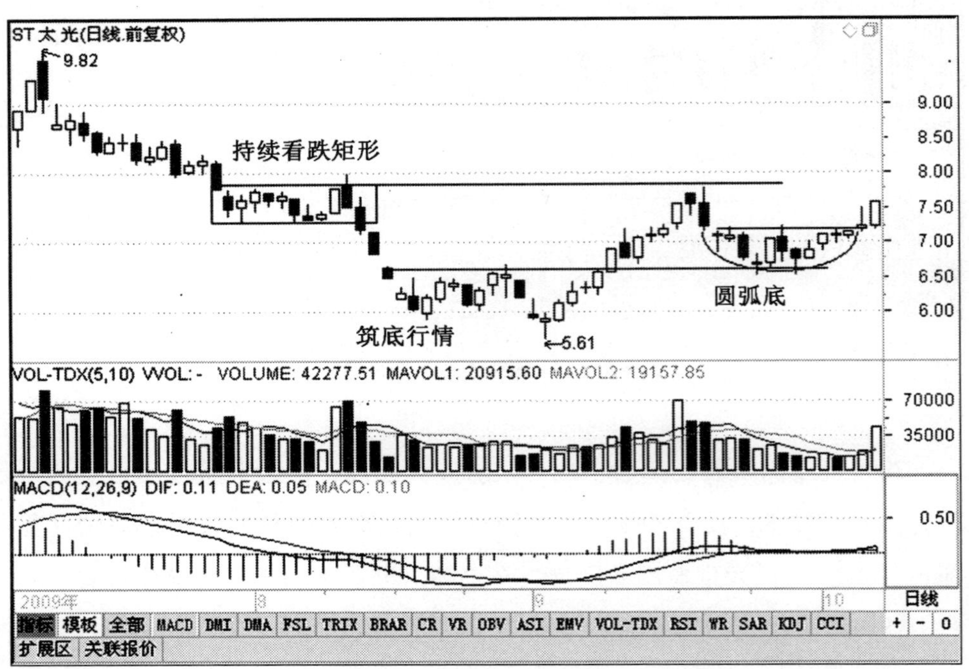

图 6－31 ST 太光 000555

顶回落。这波回调在筑底行情的上边线附近结束，随后进入圆弧形的整理行情中。2009 年 10 月 15 日，该股出现一根涨停阳线，突破圆弧形整理区的上边线，后市仍有反弹空间。

如图 6－32 所示，向上突破圆弧底之后，ST 太光仅冲高了 3 个交易日，随后再次在前期持续看跌矩形的上边线附近见顶。由于上行压力较重，该股在此位置进行了多个交易日的振荡整理。整理完毕以后，该股继续向上冲击新高。当股价上行至 9 元附近时，该股形成了一个上升三角形整理区。

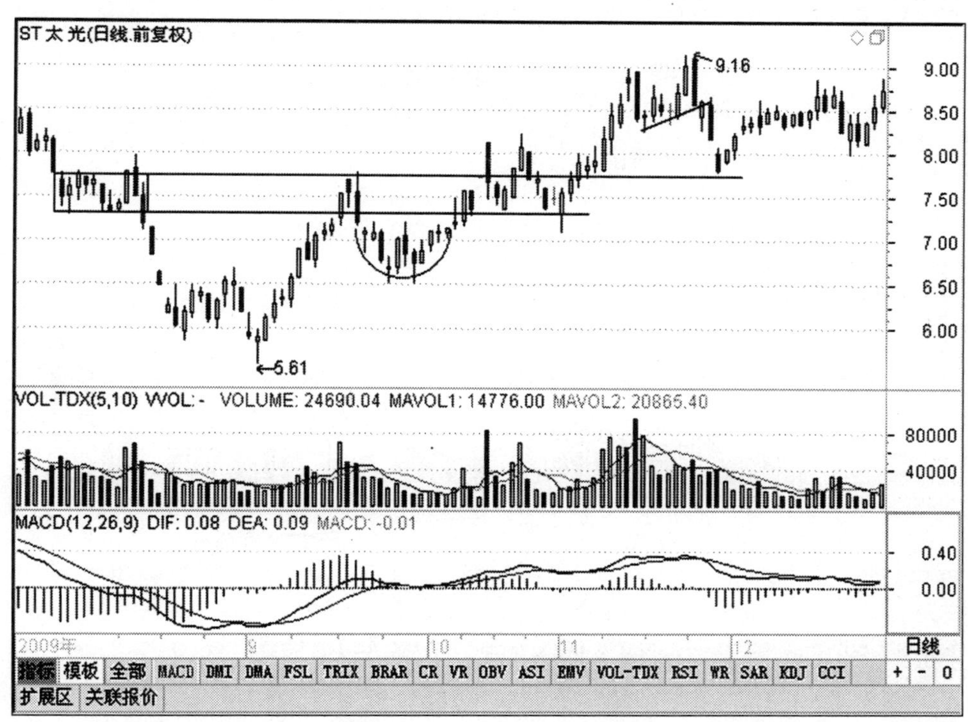

图 6－32　ST 太光　000555

2009 年 11 月 26 日，该股出现一根大阴线，跌破了上升三角形的下边线支撑，股价见顶。随后，该股进入到高位振荡整理行情中。至于整理结束后是涨是跌，投资者继续等待市场给出答案即可。

K 线综合运用案例四：中集集团（000039）

如图 6－33 所示，2010 年 9 月 30 日，中集集团出现一根大阳线，说明此前的回调行情结束，后市将继续上涨，次日顺势突破前高的可能性很高。因此，投资者可以利用这根阳线进行建仓。另外，根据此次回调的低点，可以增加一条长期移动平均线——60 日均线。

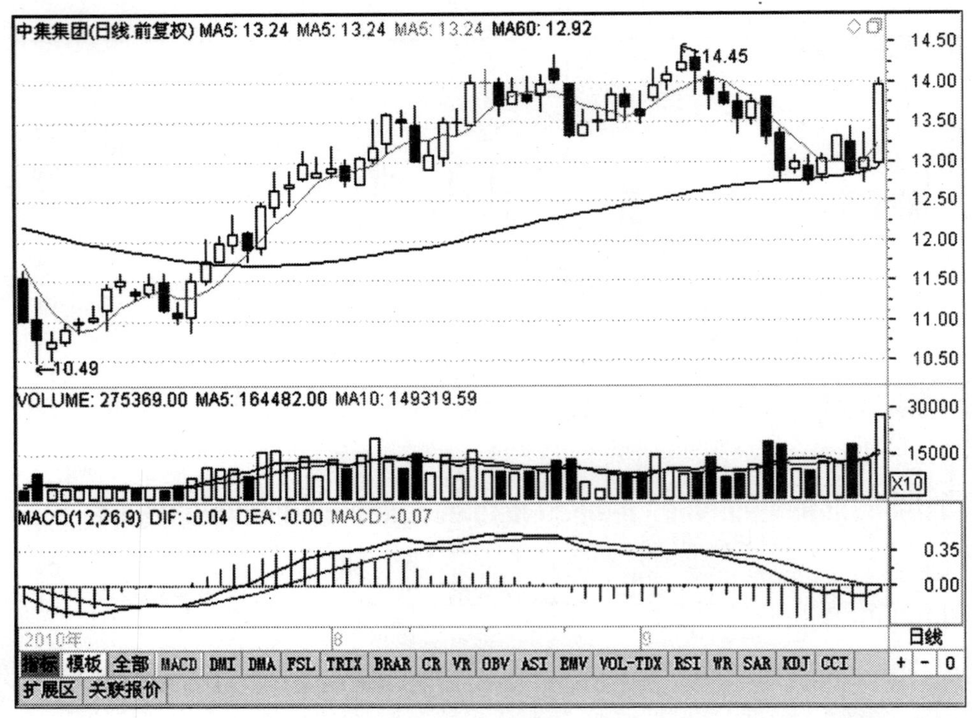

图 6－33　中集集团　000039

如图 6－34 所示，下一个交易日（10 月 8 日），中集集团开盘后不久就形成分时突破买点，同时突破日线前高 14. 45 元，形成日线买点。如果还是不放心，午后开盘后不久再次出现分时突破买点，日线买点基本可以确认，该入场了。

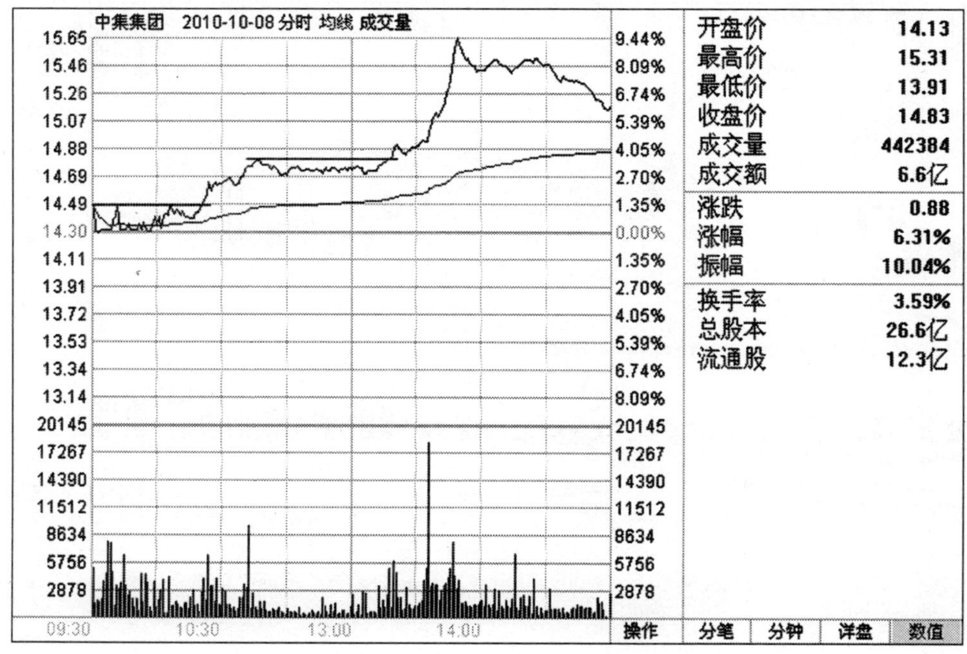

图 6－34　中集集团　000039

如图 6－35 所示，突破前高之后，中集集团形成了一波涨势。2010 年 10 月 18 日，该股出现一根阴线，跌破 5 日均线支撑，这波涨势结束，此后将进入调整行情中。无论投资者是在回调结束时的大阳线入场，还是在突破前高时入场，都能保证获利出场。

如图 6－36 所示，跌破 5 日均线支撑之后，中集集团并没有向下调整，而是采用振荡上行的方式进行调整。如果投资者重新择机入场，可以增加一条 10 日均线，能够应对这波振荡上行的行情。

当股价跌破 10 日均线支撑，该股才进入回调行情中。当股价回调到 60 日均线上方止跌，可以择机抄底介入。或者，等待 2010 年 12 月 3 日，该股向上突破前高时再介入。

如图 6－37 所示，2010 年 12 月 3 日，中集集团开盘后就进入快速拉升行情中，成交量明显放大，当日分时走强的可能性较高。很快，该股就突破了日线前高 19. 45 元，日线买点出现。此时，分时没有明显的买点，如

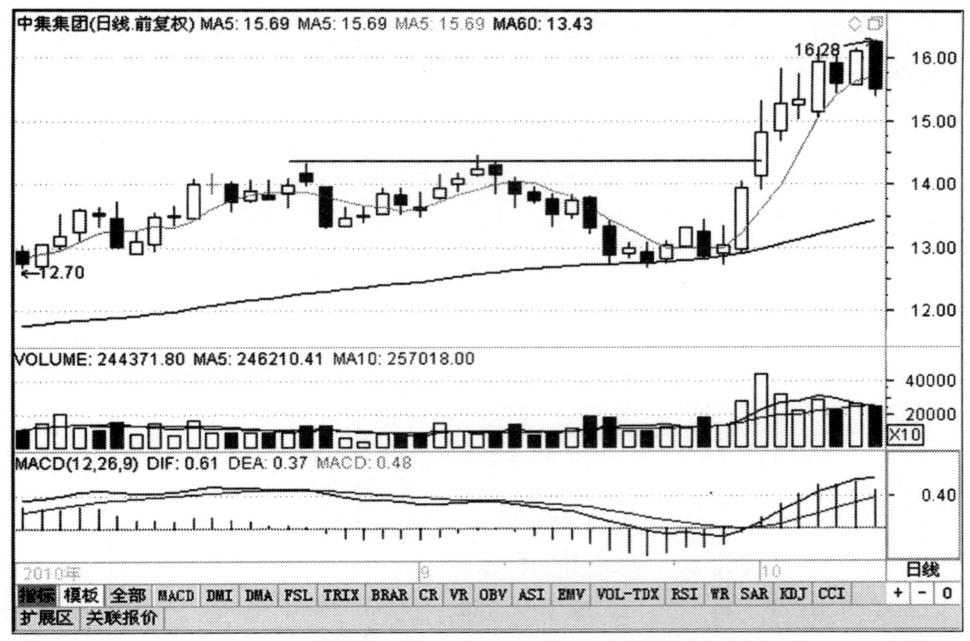

图 6－35　中集集团　000039

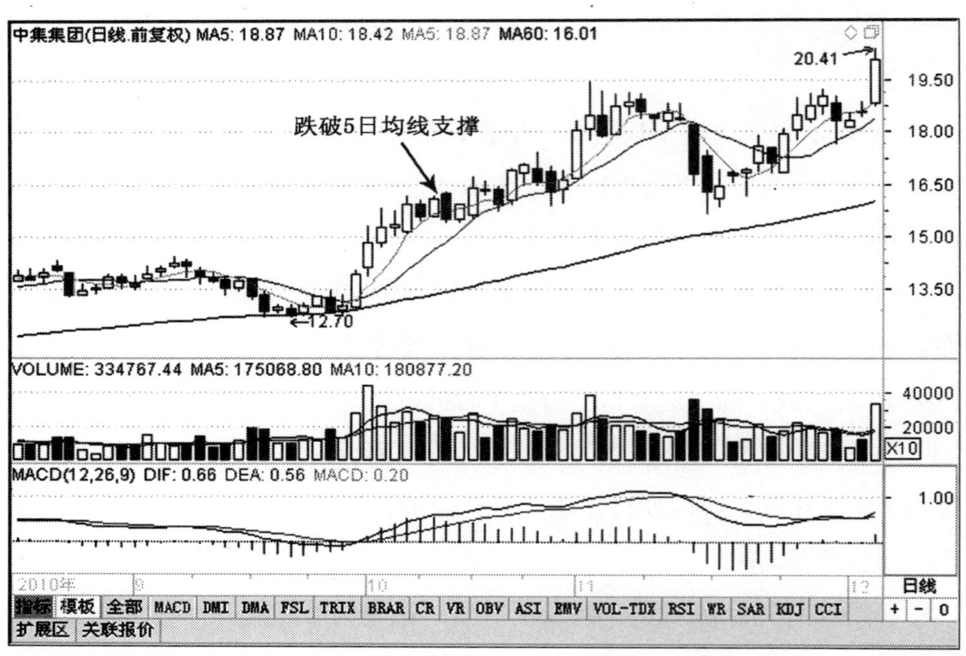

图 6－36　中集集团　000039

想介入只能追涨入场。除此之外，该股还有两个突破整理区的分时买点，非常明显，容易把握。

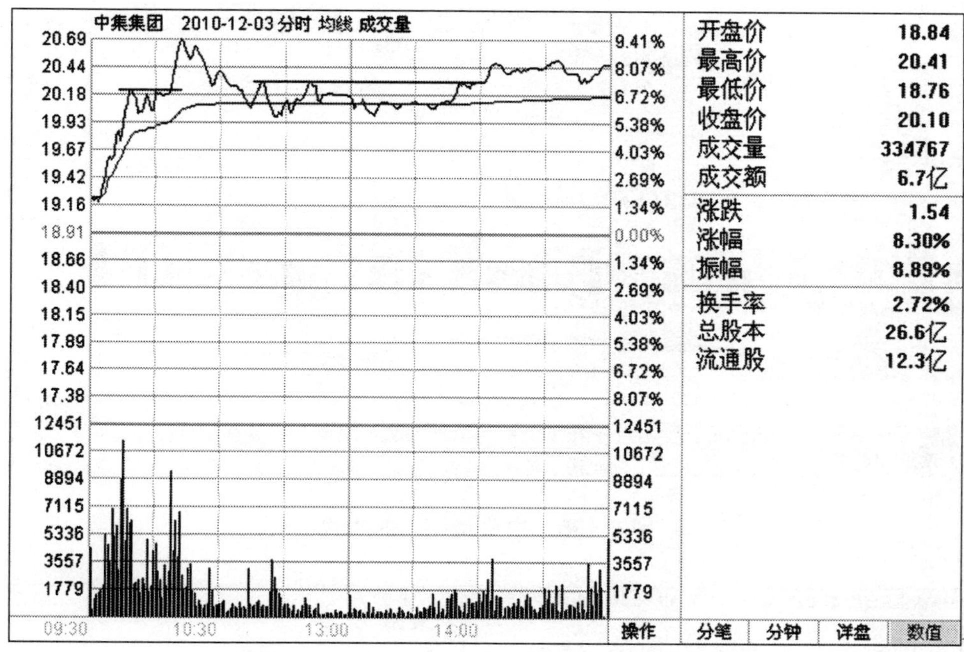

图6－37　中集集团　000039

如图6－38所示，突破前高之后，中集集团稍作整理就进入一波涨势中。这波涨势走得快速一些，可以采用5日均线进行持股，10日均线备选。2010年12月5日，该股跌破5日均线支撑，卖点出现。当然，此时距离10日均线也不远，愿意承受股价更大幅度回调的投资者，可以再等等形势发展，毕竟前一波涨势就是10日均线提供支撑的，而且这波涨势开始阶段的回调也获得10日均线支撑。

如图6－39所示，跌破5日均线之后，中集集团进入整理行情中。如果投资者等到跌破10日均线再出场，与跌破5日均线的出场价相差不多。经过一段时间的整理之后，2011年1月19日，该股在60日均线支撑上方出现一根大阳线，构成早晨之星组合，见底信号，可以抄底介入。

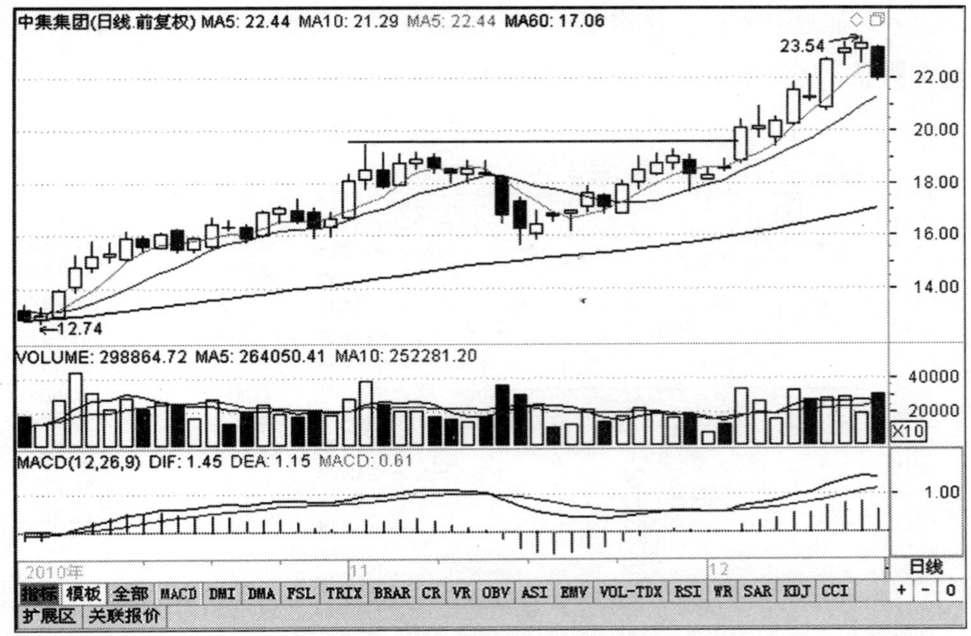

图 6－38　中集集团　000039

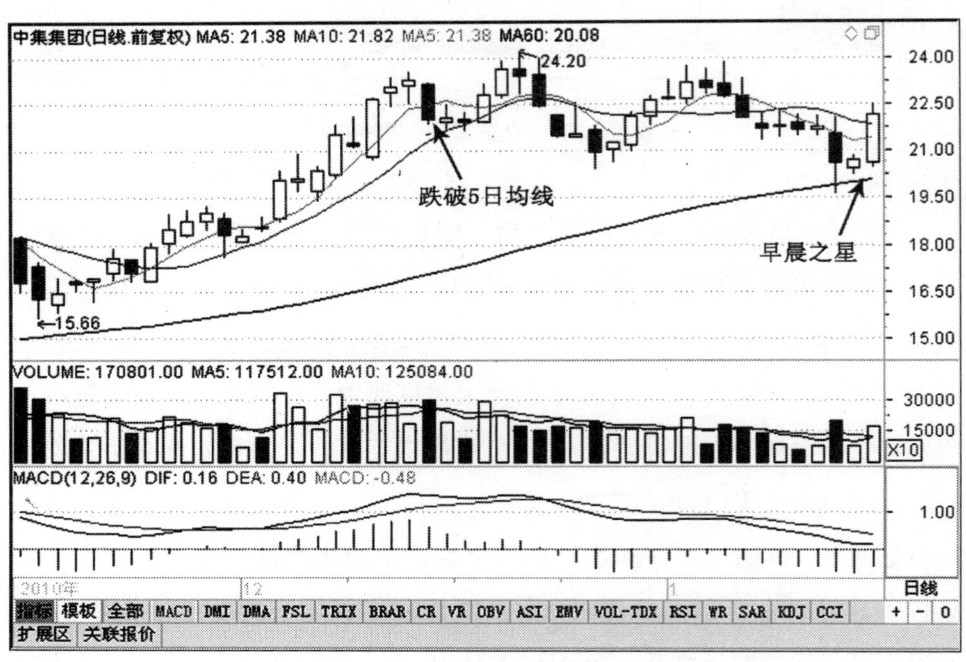

图 6－39　中集集团　000039

如图6－40所示，早晨之星出现之后，中集集团进入到一波涨势中。这波涨势走得很坎坷，因此采用10日均线支撑更合适。2011年2月22日，该股出现一根大阴线，跌破10日均线支撑，此前的这波涨势结束了。

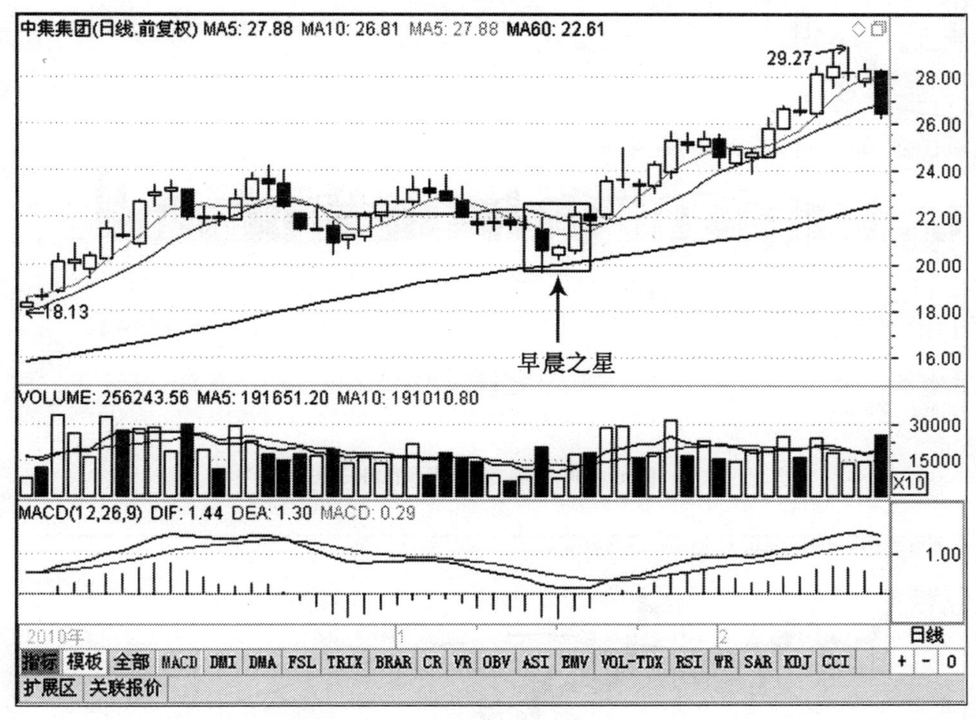

图6－40　中集集团　000039

如图6－41所示，跌破10日均线之后，中集集团进入到一波调整行情中。当股价回调到60日均线附近时，不论是看K线还是技术指标，始终无法发现良好的买点，只能继续空仓等待。2011年3月28日，该股出现一根阴线，放量跌破60日均线，后市不要再轻易入场了。

如图6－42所示，跌破60日均线之后，该股没有直接进入跌势中，反而经过一段时间整理后形成塔形底组合。不过，大势难挡，塔形底引发的反弹一结束，该股就急不可耐地进入到下跌趋势中。在此期间，股价明显受制于5日均线和10日均线的压力，即使在反弹时偶尔向上突破也不改下跌趋势。

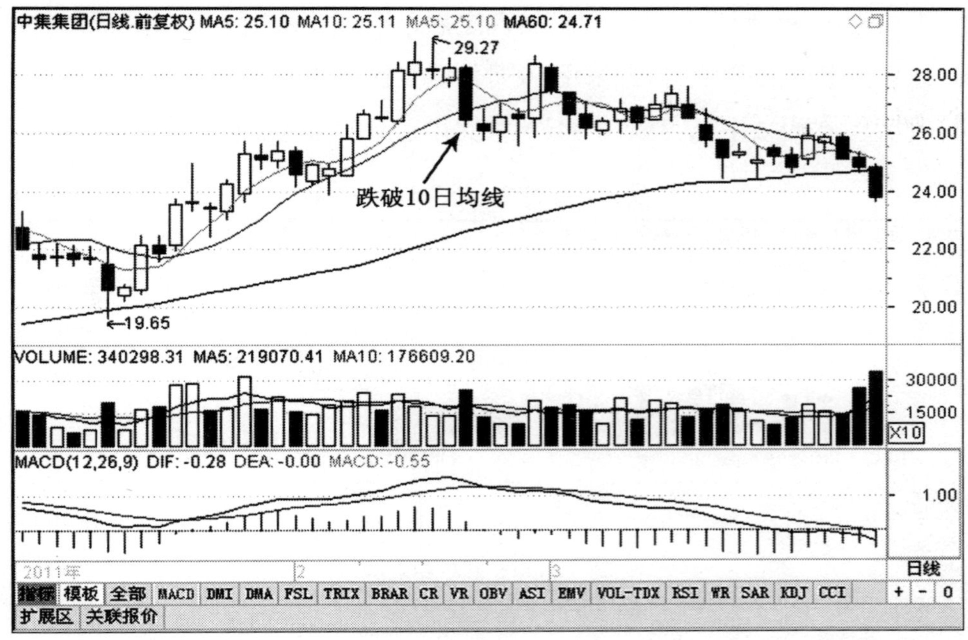

图 6－41　中集集团　000039

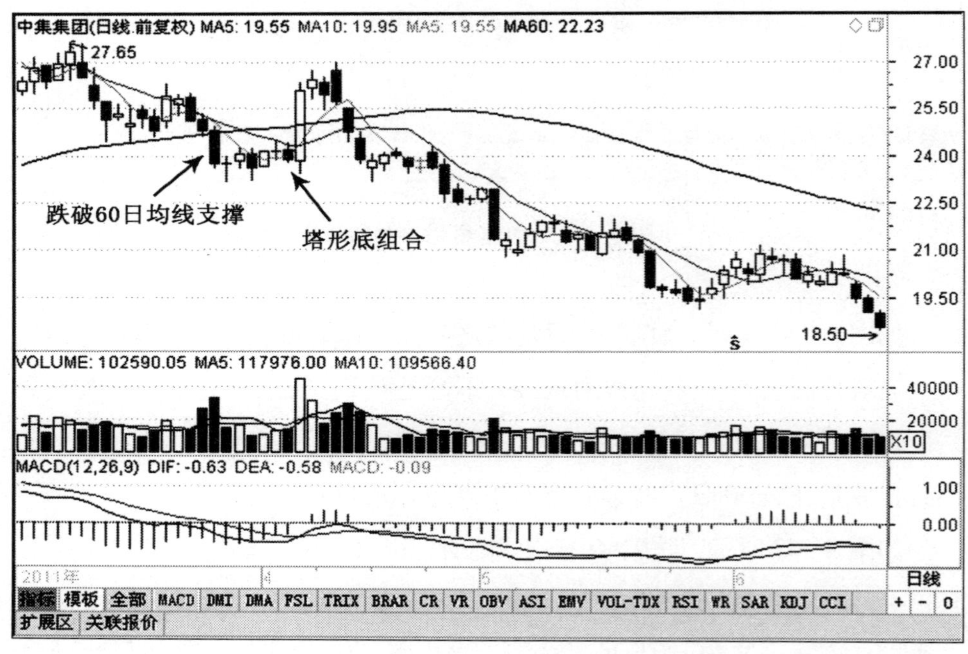

图 6－42　中集集团　000039

K 线综合运用案例五：辽通化工（000059）

如图 6－43 所示，2010 年 6 月 9 日，辽通化工出现一根长下影 K 线，创出新低点。与此同时，MACD 的低点却在抬高，这是底背离。2011 年 6 月 11 日，该股出现一根阳线，MACD 的红柱线开始放大，后市将有一波反弹。

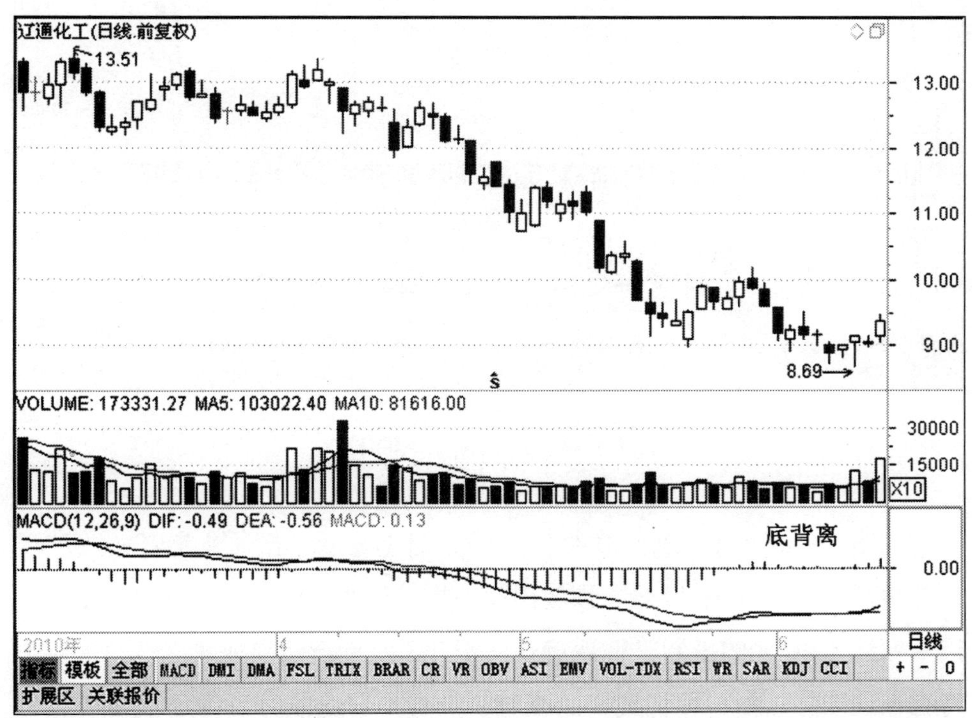

图 6－43　辽通化工　000059

如图 6－44 所示，MACD 的红柱线开始放大之后，辽通化工并没有形成明显的反弹。经过一段时间的弱势反弹，MACD 的红柱线重新开始缩小，反弹行情结束，一波跌势开始了。经过一波快速下跌，2010 年 7 月 6 日，该股出现一根阳线，MACD 绿柱线开始缩小，又一波反弹开始，MACD 底背离确认。

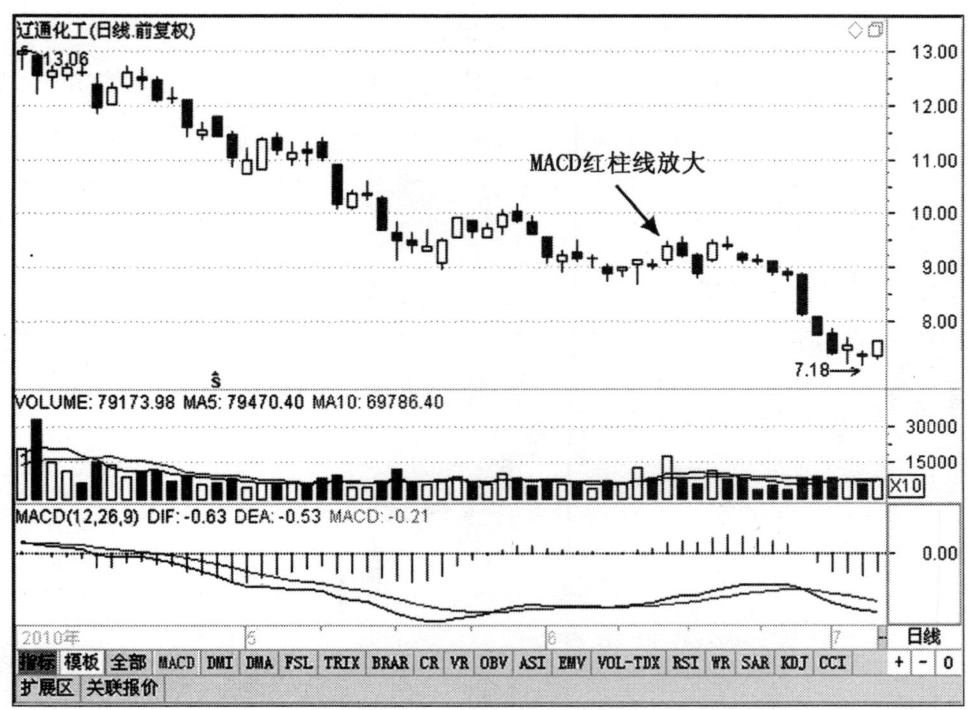

图 6－44　辽通化工　000059

如图 6－45 所示，MACD 绿柱线开始缩小之后，辽通化工开始一波反弹行情。2010 年 7 月 20 日，该股出现一根大阳线，伴随着明显的放量，突破了颈线 8.20 元的压制，W 底确认。至此，反弹行情变成筑底行情，后市将有一波涨势。面对即将到来的涨势，没有参与此前抢反弹的投资者，也应该择机入场了。

具体的介入点，可以在突破颈线当日的分时走势中寻找。如图 6－46 所示，7 月 20 日，辽通化工开盘后就在均价线支撑下开始上涨。午后开盘不久，该股放量向上突破分时前高压力，同时突破日线颈线 8.20 元，日线和分时买点同时出现，可以考虑入场了。如果你追求更加稳妥，可以选择

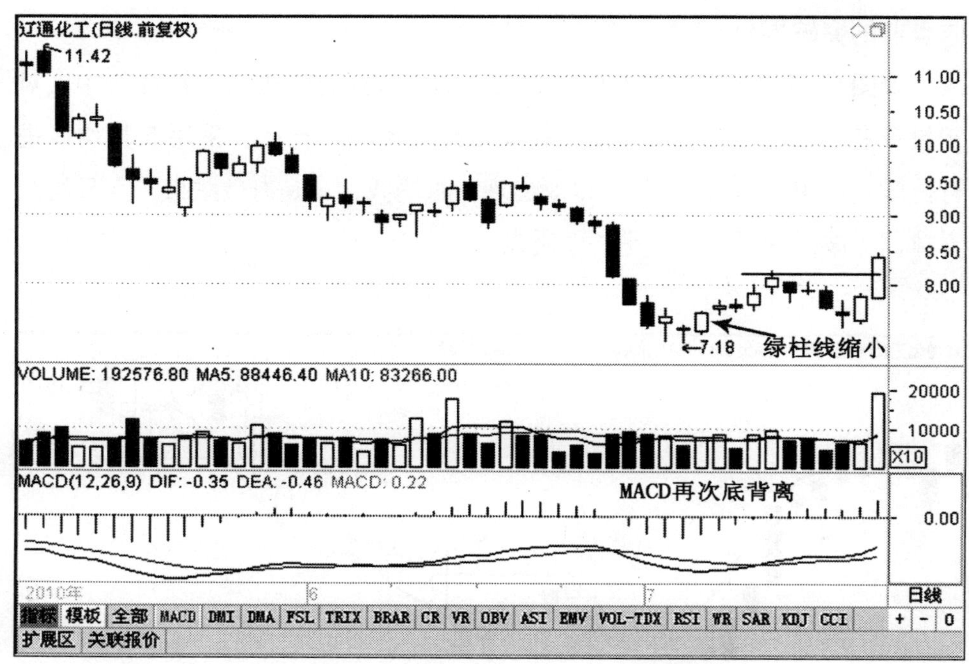

图6－45　辽通化工　000059

图6－46　辽通化工　000059

收盘前的突破再介入。

如图6－47所示，突破W底颈线之后，辽通化工进入一波涨势中。对于投资者而言，一旦买入追涨，就应该准备离场。比如，采用5日均线进行持股。2010年8月10日，该股出现一根阴线，算是有效跌破了5日均线支撑，一波回调开始，这是一个卖点。

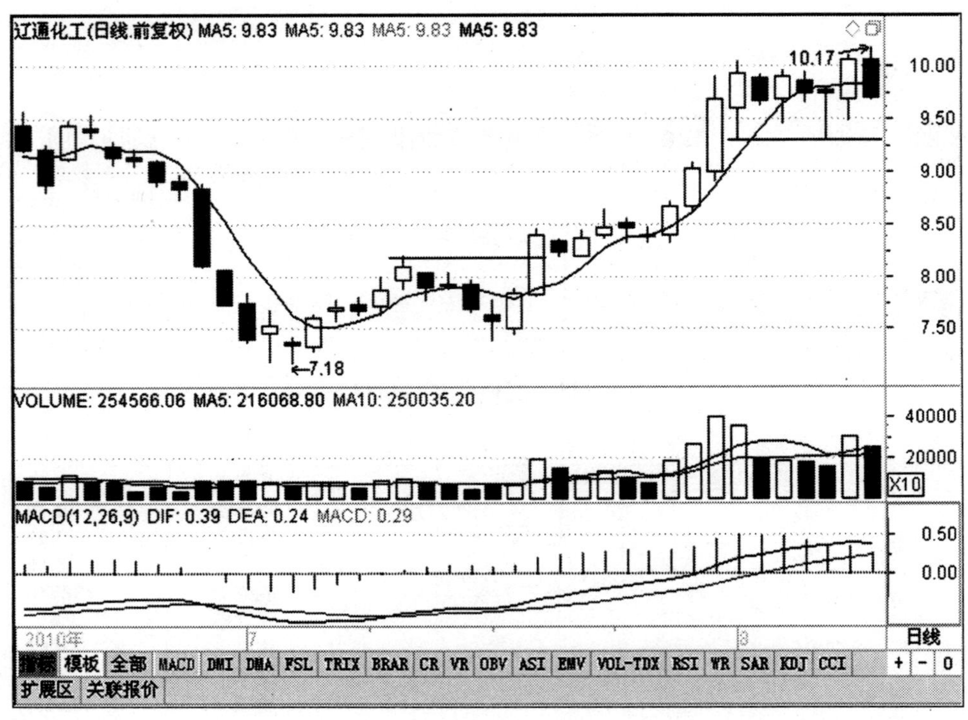

图6－47　辽通化工　000059

如图6－48所示，跌破5日均线支撑之后，辽通化工确实进入回调行情，不过回调的力度很小，当股价下跌到支撑线附近就结束了。此后，该股出现一根大阳线，向上突破了前高压力，买点出现。利用这次回调的低点，可以选择20日均线作为该股上涨的支撑线。

突破前高之后，该股开始上涨，不过道路非常崎岖，要想从中获利并不容易。当创出11.68元的高点之后，该股无力继续冲高，MACD的红柱

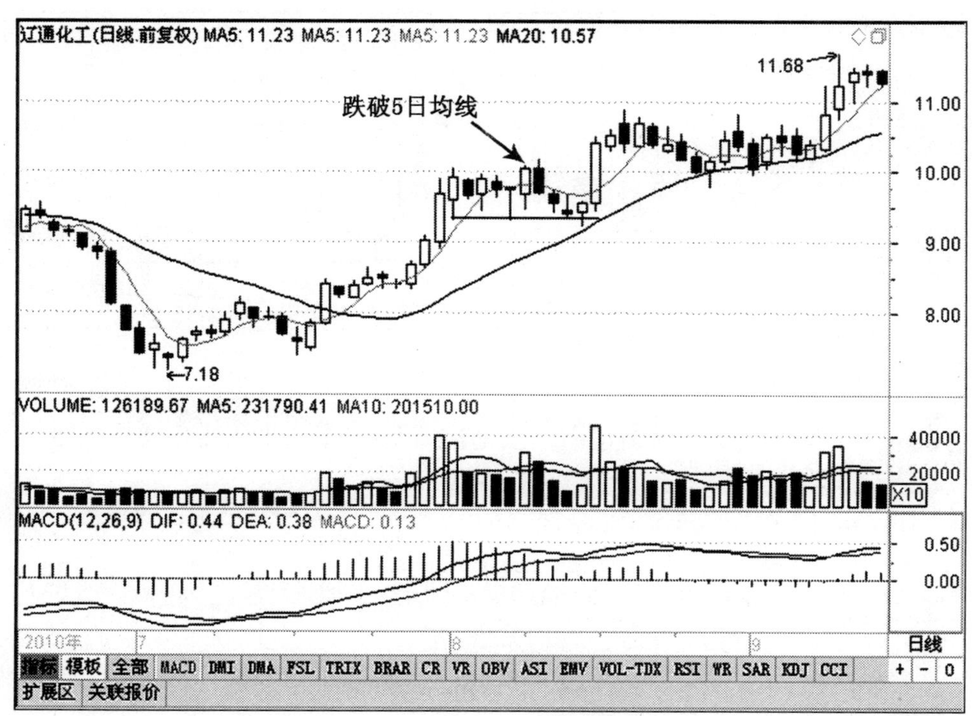

图6-48　辽通化工　000059

线开始缩小，顶背离确认，一波回调行情即将开始，这是卖点。

如图6-49所示，MACD红柱线缩小之后，该股开始了一波快速下跌。当股价下跌至前低支撑附近止跌，随后开始上涨。这波涨势在前高压力附近受阻，接着又一次快速下跌。当股价再次下跌到前低支撑附近时，该股出现阴孕线的见底信号。利用这个回调低点，确认新的支撑均线——90日均线。

如图6-50所示，阴孕线出现之后，辽通化工开始一波涨势，顺势突破了前高压力。这波涨势以股价跌破5日均线为终点，随后开始调整。调整结束，该股向上突破前高压力，继续上涨。然而，在创出14.79元的高点之后，该股明显滞涨，MACD红柱线开始缩小，顶背离确认。

如图6-51所示，MACD红柱线缩短之后，辽通化工重新回到调整行情中。在此期间，只有一些反弹行情可以参与，不过对交易技术的要求很

图 6－49　辽通化工　000059

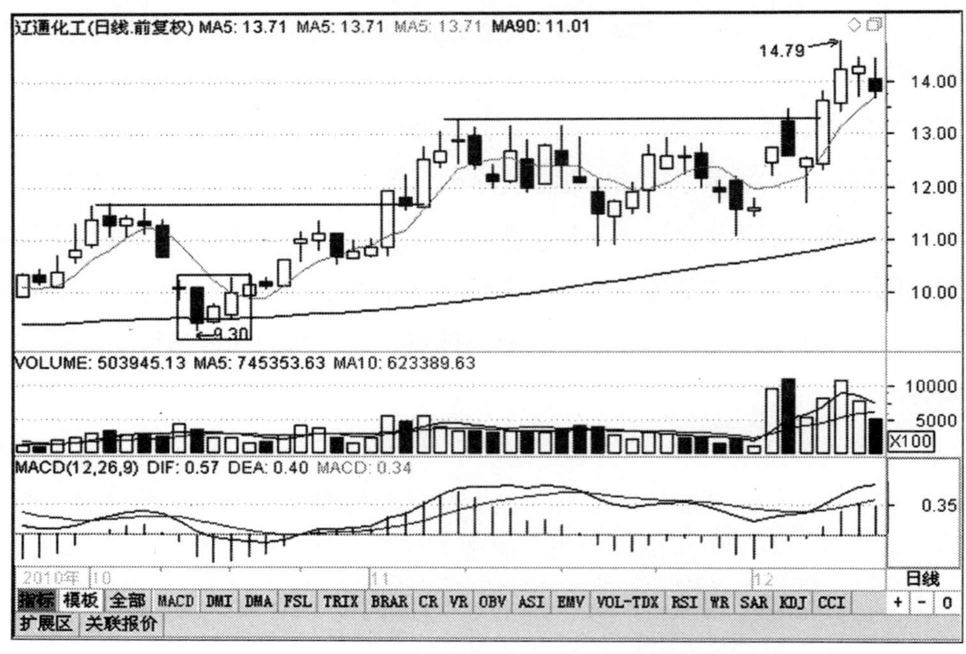

图 6－50　辽通化工　000059

高，稍有不慎就会亏损。2011 年 7 月 25 日，该股跌破 90 日均线支撑，后市不要轻易入场了。

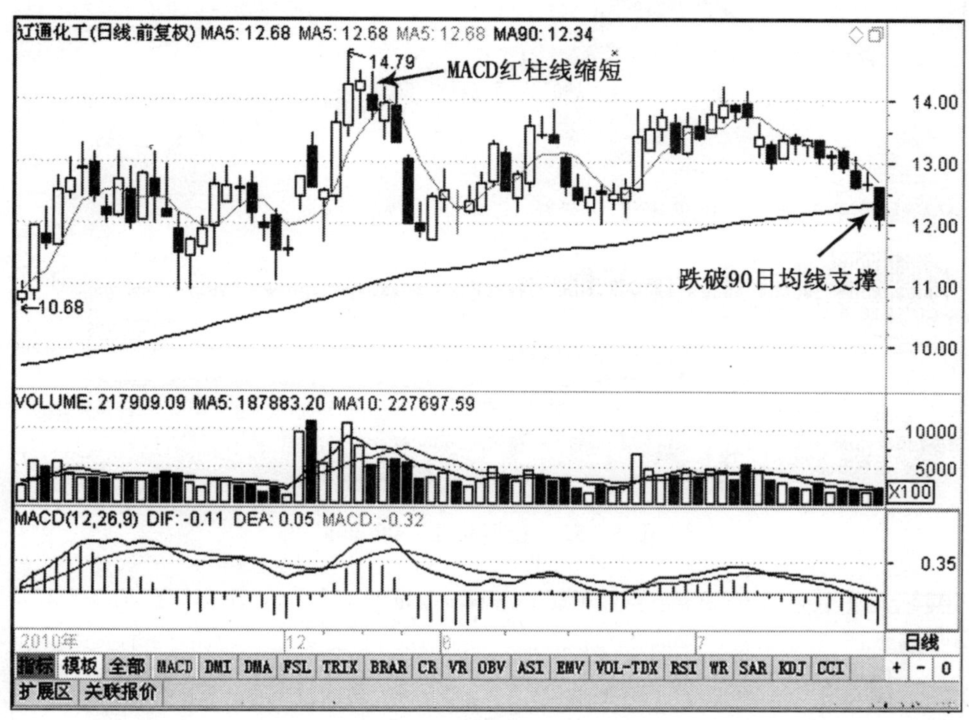

图 6－51　辽通化工　000059

如图 6－52 所示，跌破 90 日均线支撑之后，辽通化工进入到明显的跌势中。经过一段时间的下跌，2011 年 10 月 10 日，该股创出 8.76 元的低点。此后，该股开始反弹，MACD 黄金交叉，底背离确认，抢反弹的买点出现。

如图 6－53 所示，MACD 黄金交叉之后，辽通化工开始了一波明显的反弹。这波反弹向上突破了 90 日均线的支撑，不过并没有就此转入上涨趋势中。当反弹结束该股继续下跌时，应该选择新的压力均线——120 均线。至于 90 日均线，退居二线。

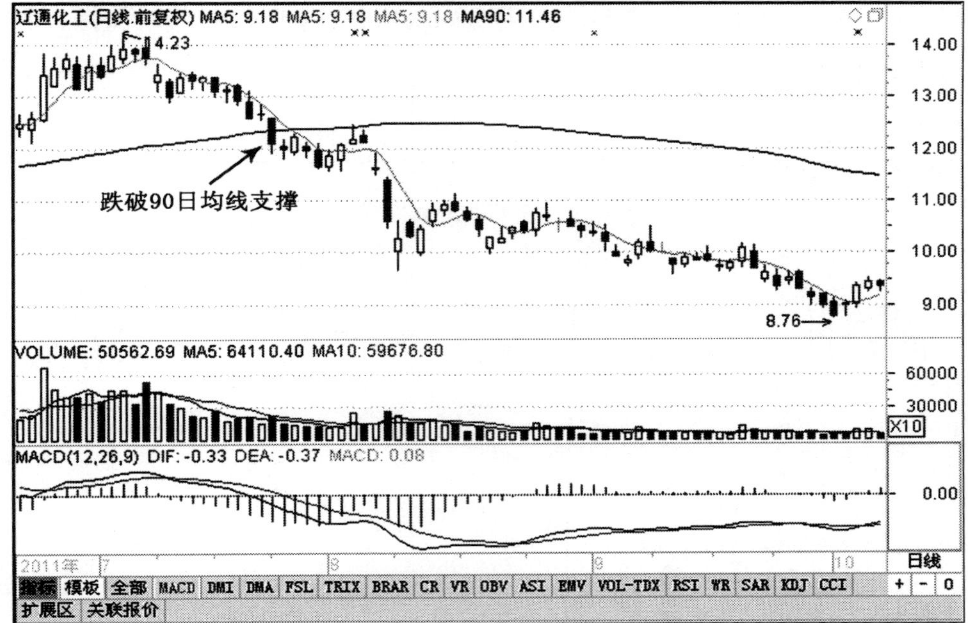

图6－52　辽通化工　000059

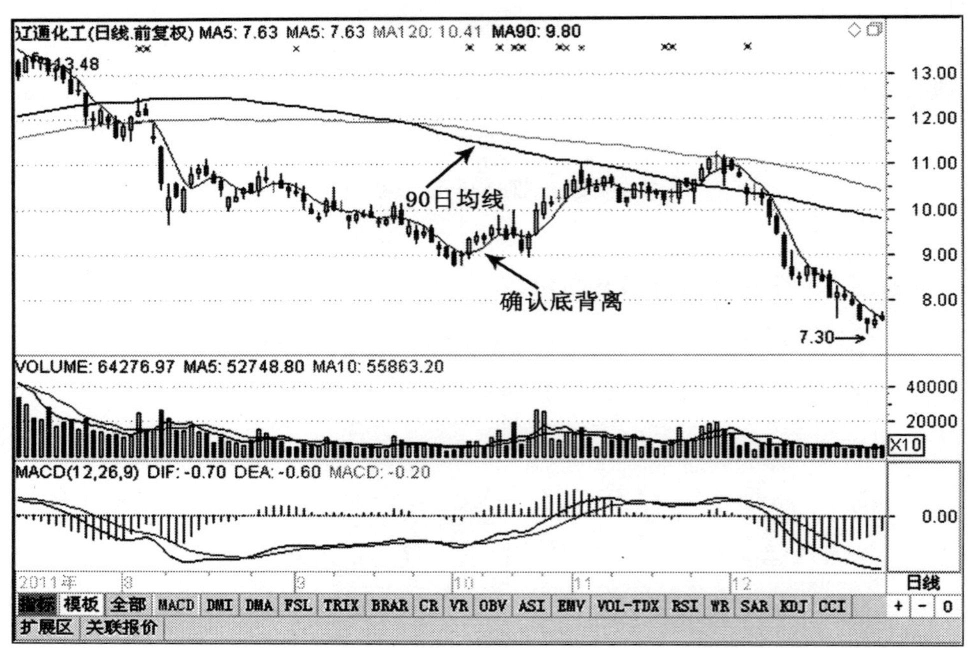

图6－53　辽通化工　000059